SCHRIFTEN
DES VEREINS FÜR SOZIALPOLITIK
184/I

Die Beamtenbesoldung im modernen Staat

Herausgegeben von

Wilhelm Gerloff

Erster Teil

VERLAG VON DUNCKER & HUMBLOT
MÜNCHEN UND LEIPZIG 1932

Die Beamtenbesoldung im modernen Staat

Herausgegeben von

Wilhelm Gerloff

Erster Teil:

Die deutsche Beamtenbesoldung. Von Hans Völter. — The Principles and Practice of Remuneration in the British Civil Service. By Herman Finer

VERLAG VON DUNCKER & HUMBLOT
MÜNCHEN UND LEIPZIG 1932

Pierersche Hofbuchdruckerei Stephan Geibel & Co., Altenburg, Thür.

Inhaltsverzeichnis

Vorwort des Herausgebers

Auf der Tagung des Ausschusses des Vereins für Sozialpolitik im September 1927 in Bad Homburg ist auf meinen Antrag beschlossen worden, eine Untersuchung über das Besoldungswesen und die Grundsätze der Besoldungspolitik in Deutschland und im Auslande zu veranstalten. Die Ausführung des Beschlusses wurde jedoch zunächst noch zurückgestellt, da der Verein mit größeren laufenden Untersuchungen belastet war. In der Folgezeit zeigte sich dann, daß die von mir vorgeschlagene Untersuchung von Jahr zu Jahr an aktuellem Interesse gewann; leider aber zwang gleichzeitig die Finanzlage des Vereins die anfangs in einem größeren Rahmen geplante Untersuchung erheblich einzuschränken.

Die hiermit beginnende Veröffentlichung der Ergebnisse dieser Untersuchung beschränkt sich deshalb zunächst auf Beiträge über das Besoldungswesen in Deutschland und in Großbritannien. Im Laufe dieses Jahres werden alsdann noch Beiträge über Frankreich und die Vereinigten Staaten von Nordamerika folgen. Damit ist die Untersuchung vorerst abgeschlossen. Es ist jedoch nicht ausgeschlossen, daß sie nach der einen oder andern Richtung noch weitergeführt wird, ebenso wie die Möglichkeit offen bleibt, das Thema als Verhandlungsgegenstand einer Hauptversammlung des Vereins zu wählen.

Frankfurt a. M., im Mai 1932.

W. Gerloff.

DR. HANS VÖLTER

Die deutsche Beamtenbesoldung

Inhaltsverzeichnis

Vorwort

Die nachstehende, auf Veranlassung des Vereins für Sozialpolitik verfaßte Abhandlung über das deutsche Besoldungswesen will nicht den Anspruch erheben, eine vollständige Darstellung dieser so umfangreichen Materie zu bieten. Sie versucht vielmehr, unter eingehender Betrachtung der wichtigsten Einzelfragen sowohl einen allgemeinen Überblick zu geben, wie die grundsätzlichen Fragen der Besoldungspolitik aufzuzeigen. Die Abhandlung konnte es sich daher keinesfalls zum Ziele setzen, ein Nachschlagewerk für den Praktiker zu bieten.

Die am Schlusse wiedergegebenen Forderungen der Beamtenverbände sind von diesen selbst aufgestellt und ohne Änderung oder Zusatz des Verfassers abgedruckt. Die Abschnitte IV C 2, 3 und 4, VII, IX und X hat Herr Diplomkaufmann Walter Kurz, Berlin, verfaßt; der Autor des Abschnitts VIII ist Herr Referendar Kurt Berlowitz, Berlin. Den Beamtenorganisationen sowie den beiden genannten Herren sei für ihre Mitarbeit an dieser Stelle gedankt. Besonderer Dank gebührt ferner Herrn Ministerialrat Sölch, Berlin, für die liebenswürdige Unterstützung der Arbeit durch Nachweis und Überlassung von Materialien.

Berlin, Dezember 1931.

Dr. Hans Völter

I. Einleitung

Die deutsche Beamtenbesoldung ist so vielgestaltig differenziert, daß eine auch nur einigermaßen erschöpfende Darstellung einen für die vorliegenden Zwecke viel zu großen Raum einnehmen würde. Umfaßt doch z. B. der führende Kommentar zum Reichsbesoldungsgesetz und seinen Ausführungsbestimmungen ein Buch von über 700 Seiten, während das Gesetz selbst nur 45 Paragraphen aufweist. Es ist deshalb von vornherein notwendig, den Kreis der Darstellung eng abzustecken. Auch in dem so gezogenen Rahmen muß sich jedoch die Abhandlung auf die Herausarbeitung des Wesentlichen beschränken, und nur gelegentlich wird zu Vergleichszwecken ein kurzer Seitenblick auf Spezialfragen oder Sonderverhältnisse getan werden können.

Zunächst sei bemerkt, daß sich die Darstellung auf Regelung der Besoldung für diejenigen Personen beschränkt, die öffentliche Beamte sind. Der Beamtenbegriff ist in Deutschland, von Grenzfällen abgesehen, scharf geschieden von dem Begriff des Angestellten und des Arbeiters. Das Hauptkennzeichen für die Unterscheidung liegt in der Art des Anstellungsverhältnisses. Beruht dieses auf einem Privatdienstvertrag bürgerlich-rechtlicher Art, oder ist es durch einen Kollektiv-Vertrag des Arbeitsrechts geregelt, so liegt kein Beamtenverhältnis vor. Auf Privatdienstvertrag angestellte Staatsbedienstete sind daher keine Beamten; der Ausdruck „öffentliche Angestellte" als Bezeichnung für Beamte ist daher für Deutschland nicht zutreffend und nicht üblich. Die Besoldung der öffentlichen Angestellten ist in Deutschland durch Tarif- und Arbeitsverträge geregelt, die sich in ihren materiellen Bestimmungen allerdings weitgehend an die Regelung der Beamtenbesoldung anschließen; insbesondere richtet sich die Bemessung der Bezüge und die Einteilung in Gruppen durchweg nach dem Beispiel der Beamtenbesoldung. Dem Zweck der Arbeit entsprechend ist jedoch davon Abstand genommen, auf die Regelung des Besoldungswesens der öffentlichen Angestellten und die Tarifverträge der öffentlichen Arbeiter einzugehen. Sie beschränkt sich vielmehr auf die Darstellung der für die Beamten maßgebenden Besoldungsbestimmungen.

Nun ist aber auch der Beamtenbegriff kein unbedingt feststehender. Im Sinne des Strafgesetzbuchs und seiner Vorschriften über Beamtendelikte ist der Kreis der Beamten erheblich größer als beispielsweise im Sinne des Reichsbeamtengesetzes. Von dem strafrechtlichen Beamtenbegriff können Personen erfaßt werden, deren Anstellung nicht auf Grund des Reichsbeamtengesetzes vorgenommen wurde und deren Bezahlung sich auch nicht nach dem Besoldungsgesetz richtet. Daher ist der strafrechtliche Begriff des Beamten für unsere Zwecke untauglich. Der Kreis derjenigen Personen vielmehr, auf die die gesetzliche Regelung der Beamtenbesoldung Anwendung findet, ist im allgemeinen identisch mit denjenigen öffentlichen Bediensteten, die auf Grund der Beamtengesetze in ein öffentliches Beamtenverhältnis berufen sind, und deren Dienstverhältnisse sich nach den Bestimmungen dieser Beamtengesetze regeln. Voraussetzung also für die Anwendung besoldungsrechtlicher Normen ist das Bestehen eines Beamtenverhältnisses im Sinne des Beamtengesetzes. Damit scheiden alle diejenigen aus unserer Untersuchung aus, auf die zwar vermöge ihrer Funktionen der strafrechtliche Beamtenbegriff Anwendung findet, die aber, da sie sich in einem privatrechtlichen Angestellten- oder Arbeitsverhältnis befinden, nicht Beamte im Sinne des Beamtengesetzes sind. Es erübrigt sich, nach dem Gesagten noch besonders zu betonen, daß somit natürlich auch Personen wie Bank- oder Versicherungsangestellte, auf die der Sprachgebrauch vielfach unzutreffenderweise die Bezeichnung „Beamte“ oder „Privatbeamte“ anwendet, aus unserer Untersuchung ausscheiden.

Will man die Frage nach der Regelung des Besoldungswesens für den verbleibenden Rest von eigentlichen Beamten (im Sinne der Beamten- und der Besoldungsgesetze) beantworten, so ist zuerst festzustellen, daß auch deren Besoldung keineswegs einheitlich nach gemeinsamen, für alle Beamte verbindlichen Normen geregelt ist. Nach der staatsrechtlichen Gliederung Deutschlands sind vielmehr zu unterscheiden: Reichsbeamte, Länderbeamte, Kommunalbeamte, Reichsbahnbeamte, Reichsbankbeamte und Beamte sonstiger öffentlich-rechtlicher Körperschaften (z. B. Beamte von öffentlich-rechtlichen Religionsgesellschaften, von Versicherungsträgern u. a. m.). Wir haben daher neben der Regelung der Besoldung für die Beamten des Reichs für jedes der 18 deutschen Länder ein besonderes Besoldungsgesetz, in dem die Besoldung für die Beamten des betreffenden Landes geregelt ist; ferner bestehen Besoldungsordnungen für die Beamten in ca. 60000 Gemeinden, dazu die Regelungen für die Beamten der Kreise, Provinzen sowie für die Beamten der sonstigen öffentlich-rechtlichen Körperschaften.

Die Gemeinden haben das Recht der Selbstverwaltung. Die Länder besitzen (im Rahmen der Deutschen Republik) gewisse staatliche Hoheitsrechte. Reichsbahn und Reichsbank sind auf Grund der Reparationsgesetze selbständige öffentliche Rechtspersonen, unabhängig vom Reich und seinem Haushalt. Je nach der Rechtsperson des Anstellungs- oder Dienstberechtigten gehen also von diesem auch die Befugnisse zur selbständigen rechtlichen Ordnung des Besoldungswesens für die in seinem Dienst stehenden Beamten aus. Hieraus ergibt sich zwangsläufig, daß es unmöglich ist, auch nur einen Überblick über die vorhandenen zahlreichen einzelnen Besoldungsordnungen von Reich, Ländern, Gemeinden, Gemeindeverbänden, von Reichsbahn, Reichsbank, Versicherungsträgern, Religionsgesellschaften, Kreisen, Provinzen, Zweckverbänden und sonstigen öffentlichen Körperschaften zu geben. Es erscheint jedoch auch nicht notwendig, einen solchen Versuch zu machen. Auch nachdem der eine Zeitlang vorhandene gesetzliche Zwang für die Länder, Gemeinden usw., ihre Besoldungen genau nach den Vorschriften des Reichs zu regeln, gefallen ist, schließen sich die Besoldungsordnungen der genannten Körperschaften im wesentlichen, in ihren Grundzügen, ihren Hauptelementen und ihrem Aufbau an die Besoldungsordnung des Reichs an. In der Klassifizierung allerdings, da und dort auch in der Bemessung der Bezüge, gibt es Abweichungen. Diese sind bedingt durch Unterschiede im Aufbau der staatlichen Verwaltungsorganisation und in der Verschiedenartigkeit der öffentlichen Aufgaben, die den einzelnen Trägern der öffentlichen Verwaltung in Deutschland obliegen. Postbeamte oder Zollbeamte z. B. gibt es nur im Reichsdienst, weil diese beiden öffentlichen Verwaltungszweige nach der Reichsverfassung ausschließlich Angelegenheit des Reiches sind. Lehrer wiederum oder Forstbeamte stehen überwiegend im Dienste der Länder, während z. B. Feuerwehrbeamte oder Fürsorgebeamte hauptsächlich Gemeindebeamte sind. Da aber die Darstellung der hierbei in Frage kommenden Details nicht Aufgabe dieser Abhandlung ist, und da ferner die vom Reiche für seine Beamten und ihre Besoldung aufgestellten Normen in ihren Grundzügen auch maßgebend in der Regelung der Besoldung der übrigen Beamten sind, kann sich die Abhandlung in der Hauptsache auf die Darstellung des Besoldungsrechts des Reichs beschränken. Die dabei erläuterten allgemeinen Grundtendenzen zeigen sich ebenso auch im Besoldungswesen der Länder, Gemeinden usw., so daß durch ihre Betrachtung ein Bild vom gesamten deutschen Besoldungswesen und der Besoldungspolitik in Deutschland gewonnen wird. Wo Verallgemeinerung der Besoldungsgrundsätze des Reichs oder einzelner Vorschriften nicht zulässig ist, ist dies besonders vermerkt.

Aus dem Gesagten ergibt sich bereits, daß die Gesamtheit dessen, was hier unter Beamtenbesoldung verstanden werden soll, seinen rechtlichen Niederschlag in den Besoldungsgesetzen findet. Für das Reich und die

Länder sind die Hauptfragen der Beamtenbesoldung in Gesetzen geregelt, die, wie jedes andere Gesetz, vom Parlament verabschiedet sind. Für die Gemeinden haben die Besoldungsordnungen den Charakter von Ortsgesetzen. Ebenso kommt auch den von den sonstigen öffentlich-rechtlichen Körperschaften im Rahmen ihrer allgemeinen Befugnis und der ihnen delegierten Hoheitsrechte beschlossenen Besoldungsordnungen die rechtliche Wirkung von Gesetzen zu. Sie sind für den Beamten, für die Behörde und für die Gerichte bindend. Dasselbe gilt für die Besoldungsordnungen der Reichsbank und der Reichsbahn, die von diesen auf Grund der Vollmachten der Reparationsgesetze erlassen sind. Das Reichsbesoldungsgesetz, mit dem wir es im folgenden in der Hauptsache zu tun haben, gliedert sich in einen Textteil, der die Besoldungsansprüche ihrer Art nach regelt, und in die sogenannte „Besoldungsordnung", die für die einzelnen Besoldungsgruppen die Höhe der Gehälter festsetzt und die Zuweisung der verschiedenen Beamtenklassen in die einzelnen Besoldungsgruppen vornimmt. Die Anwendung der Bestimmungen des Gesetzes regeln die Ausführungsbestimmungen zum Besoldungsgesetz, kurz „Besoldungsvorschriften" genannt. Neben diesem, um das Besoldungsgesetz sich gruppierenden Komplex von Rechtsnormen besteht ferner eine Reihe von Rechtsverordnungen, durch die hauptsächlich die unter IV C und D behandelten Fragen geregelt werden. Die Quellen werden, soweit erforderlich, an den einschlägigen Stellen nachgewiesen.

II. Die rechtliche Regelung des Beamtenverhältnisses

1. Anstellung, Entlassung; kündbare und unkündbare Anstellung

Das Beamtenverhältnis in dem in der Einleitung gekennzeichneten und abgegrenzten Sinne ist in Deutschland ein öffentlich-rechtliches Verhältnis und unterscheidet sich hierdurch von dem privatrechtlichen Dienstverhältnis des Angestellten oder Arbeiters, also auch des Angestellten bzw. Arbeiters im öffentlichen Dienst. Allen Staatsbürgern ohne Unterschied steht nach Maßgabe der Gesetze und entsprechend ihrer Befähigung und ihren Leistungen der Zugang zu den öffentlichen Ämtern offen (Art. 128 RV.); niemand kann andererseits gegen seinen Willen gezwungen werden, Beamter zu werden. Die hiernach erforderliche Einwilligung oder Bereitwilligkeit, Beamter zu werden, vorausgesetzt, wird das Beamtenverhältnis durch einen einseitigen Hoheitsakt des Staates begründet[1]. Der Einzustellende wird in das Beamtenverhältnis „berufen", die Beamteneigen-

[1] Wir folgen hier der herrschenden Meinung von Wissenschaft und Rechtsprechung, ohne uns mit abweichenden Auffassungen, wie sie unter anderen auch der Verfasser vertritt, auseinanderzusetzen.

schaft wird ihm „verliehen". Diese durch Berufung vollzogene Begründung des Beamtenverhältnisses ist noch nicht gleichbedeutend mit der Übertragung eines Amtes, d. h. eines bestimmt abgegrenzten Kreises von Geschäften im öffentlichen Dienst, auch nicht mit der Übertragung einer im Besoldungsetat des Reichs oder des Staates aufgeführten Stelle. Vollzieht sich zwar die Ausstattung des in das Beamtenverhältnis Berufenen mit einem Amte in der Regel gleichzeitig oder anschließend an die Berufung, so stellt sie doch einen zweiten selbständigen Rechtsakt dar, der auch getrennt für sich und später vollzogen werden kann. Die Verleihung einer Stelle des Besoldungsetats an den Beamten dagegen folgt in der Regel erst viel später (siehe Abschnitt IV, A 2). Die Anstellung als Beamter nun geschieht im Grundsatz auf Lebenszeit (Art. 129 RV.). Jedoch geht in der überwiegenden Mehrzahl aller Fälle der lebenslänglichen Anstellung die Anstellung auf Kündigung, auf Probe oder auf Widerruf voraus. Der Kündigungs- usw. -vorbehalt ist daher in der Anstellungs- oder Beförderungsurkunde, die der Beamte erhält, in der Regel ausdrücklich enthalten. Eine gesetzliche Regelung über die Dauer des Kündigungsverhältnisses und seine Überleitung in das lebenslängliche Beamtenverhältnis besteht nicht. Das Reichskabinett hat lediglich im Jahre 1920 einen Beschluß zur Ausführung jener Verfassungsvorschrift gefaßt, der Richtlinien über die Handhabung der lebenslänglichen Anstellung aufstellt. Hiernach ist eine mindestens fünfjährige Beamteneigenschaft und die Erreichung des 32. Lebensjahres neben der planmäßigen Anstellung (siehe IV, A 2) Voraussetzung für die lebenslängliche Anstellung. Hiernach kann für einen planmäßigen Beamten die lebenslängliche Anstellung durch bloßen Zeitablauf eintreten, ohne daß es einer besonderen Verleihung der Unkündbarkeit bedürfte. Doch erhält der Beamte in der Regel eine besondere Benachrichtigung über die Aufhebung des kündbaren Verhältnisses und seine Umwandlung in ein lebenslängliches. Während der Dauer des uneingeschränkten Kündigungsverhältnisses kann der Beamte jederzeit entlassen werden. Für Schwerkriegsbeschädigte bedarf es der Zustimmung der Hauptfürsorgestelle. Gesetzliche Kündigungsfristen bestehen nicht; doch wird nach einem Kabinettsbeschluß in der Regel eine Frist von einem Vierteljahr eingehalten. Umgekehrt kann auch der Beamte selbst, natürlich unter Verlust aller etwaigen Ansprüche, sein Dienstverhältnis jederzeit und ohne an eine Frist gebunden zu sein, kündigen. Gegebenenfalls macht sich der Beamte durch Nichteinhaltung der üblichen Fristen schadenersatzpflichtig. Der lebenslänglich angestellte Beamte kann nur wegen eines Dienstvergehens im Disziplinarwege nach vorausgegangenem förmlichen Dienststrafverfahren entlassen werden. Dieses Recht gehört zu den wohlerworbenen, durch die Reichsverfassung besonders geschützten Beamtenrechten, und kann daher auch durch ein einfaches Gesetz nicht aufgehoben, sondern nur im Wege eines einer qualifizierten Mehrheit bedürfenden verfassungsumgehenden Gesetzes geändert werden.

Das Verhältnis der Kündigungsbeamten zu den lebenslänglich angestellten Beamten wird sich ungefähr wie 1 zu 3 verhalten. Die Zahl der kündbar angestellten Beamten beträgt hiernach ungefähr 300000. An dieser Zahl sind die Kommunalbeamten und nächst ihnen die Reichsbahnbeamten besonders stark beteiligt.

2. Versetzung in den Wartestand; Regelung des Wartegeldes

Die planmäßigen Reichsbeamten können, wenn das von ihnen verwaltete Amt infolge einer organisatorischen Änderung der Behördenverwaltung wegfällt, in den einstweiligen Ruhestand versetzt werden. Diese „Wartestandsbeamte" sind also Beamte ohne Amt. Zur Versetzung in den Wartestand genügt nicht etwa die einfache Einsparung einer gewissen Zahl von Stellen, die wegfallen sollen, sondern es muß sich um eine echte Reorganisation der Verwaltung handeln, der zufolge das von dem betreffenden Beamten verwaltete Amt nicht nur individuell, sondern seiner Art nach in Wegfall kommt. Das verfassungsmäßig geschützte Recht, nur unter dieser Voraussetzung in den Wartestand versetzt zu werden, kann jedoch, wie alle wohlerworbenen Beamtenrechte, durch verfassungumgehendes Gesetz geändert, d. h. umgangen werden. Auf diesem Wege ist seinerzeit in Deutschland der sogenannte Beamtenabbau zur Durchführung gekommen.

Der in den Wartestand versetzte Beamte erhält „Wartegeld". Dieses wird berechnet in Prozentsätzen des zuletzt von ihm bezogenen Gehaltes. Es beginnt nach vollendeter 10jähriger Dienstzeit mit 50% und steigt für jedes weitere Jahr um je 2% auf höchstens 80% bei vollendeter 25jähriger Dienstzeit. Hat der Wartestandsbeamte das 65. Lebensjahr vollendet, so beträgt das Wartegeld höchstens 75% des aktiven Diensteinkommens.

Die oben dargelegten Voraussetzungen für die Versetzung in den einstweiligen Ruhestand sind nicht erforderlich bei einem gesetzlich bestimmt umschriebenen Kreis von Beamten, die politische Ämter bekleiden. Diese Beamten können vielmehr jederzeit in den Wartestand versetzt werden. Es handelt sich hierbei um einen kleinen Kreis von höheren Beamten.

3. Versetzung in den Ruhestand; Regelung der Pension

Bei Eintritt nachweislich dauernder Dienstunfähigkeit oder nach Vollendung des 65. Lebensjahres haben die Beamten einen Rechtsanspruch auf Ruhegehalt (Pension). Die Versetzung in den dauernden Ruhestand (Pensionierung) geschieht entweder auf Antrag des Beamten oder, beim Vorliegen der Voraussetzungen, zwangsweise. In diesem Falle sind dem Beamten gewisse Rechtsmittel gegen die Behörde gegeben, um die Rechtmäßigkeit der Pensionierung nachprüfen lassen zu können. Das Recht auf den Bezug von Pension beginnt nach zehnjähriger Dienstzeit. Die Hinterbliebenen eines Pensionsberechtigten besitzen Anspruch auf Hinterbliebenenversorgung.

Die Pension bemißt sich in Prozentteilen des zuletzt von dem Beamten bezogenen „ruhegehaltsfähigen" Diensteinkommens. Sie beginnt nach vollendeter 10jähriger Dienstzeit mit 35 %, steigt bis zum vollendeten 25. Dienstjahre um je 2 % jährlich, von da ab bis zum vollendeten 40. Dienstjahre um je 1 % jährlich auf höchstens 80 %. Vom 65. Lebensjahre an beträgt jedoch die Pension höchstens 75 %. Zu der auf diese Weise aus dem Grundgehalt errechneten Pension tritt der entsprechende Prozentsatz des Wohnungsgeldzuschusses der Ortsklasse B (siehe IV, B 3) sowie evtl. Kinderzuschlag (siehe IV, B 4) und Frauenzuschlag (siehe IV, B 5). Einem ohne Pension ausgeschiedenen Beamten (disziplinarisch entlassene Beamte oder mit weniger als zehn Dienstjahren ausgeschiedene Beamte oder außerplanmäßige Beamte) kann eine Pension im Gnadenwege bewilligt werden. Für die ohne Pensionsanspruch ausscheidenden Beamten, die wegen ihrer Anwartschaft auf Versorgung aus dem Beamtenverhältnis von der Beitragsleistung zur Sozialversicherung (Angestelltenversicherung, gegebenenfalls Invalidenversicherung) befreit waren, hat die Anstellungsbehörde die Beiträge (ohne Beteiligungspflicht des Beamten) für die ganze Dauer der zurückgelegten Dienstzeit nachzuentrichten.

III. Die Entwicklung der Besoldungsgesetzgebung bis 1927

1. Vorkriegszeit

Die Entwicklung der Beamtenbesoldung in der Zeit vor dem Kriege zeigt wenig Veränderungen. Die in der Zeit von der Reichsgründung bis zum Kriegsausbruch vorgenommenen Besoldungsverbesserungen sind wenig zahlreich. Im Jahre 1873 wurde zunächst der Wohnungsgeldzuschuß für die Reichsbeamten durch Gesetz geregelt. Hierbei hielt man sich in der Hauptsache an die in Preußen geltenden Bestimmungen und Sätze. Die eigentliche Besoldung, das Grundgehalt, der planmäßigen Beamten wurde durch den Etat festgesetzt. Die Diäten der außerplanmäßigen Beamten regelte der Reichskanzler durch Verordnung. Die alle

Jahre wiederkehrende Beschlußfassung über die Gehälter und ihre Höhe bei der Verabschiedung des Etats hatte naturgemäß zur Folge, daß in den Zeiten, in denen tatsächlich oder nach Auffassung der Beamten sich ein Mißverhältnis zwischen der Höhe ihrer Bezüge und den veränderten, d. h. gestiegenen Lebenshaltungskosten herausgestellt hatte, versucht wurde, durch Petitionen an das Parlament auf eine Verbesserung der Besoldung hinzuwirken. Diese Bestrebungen waren auch ein wesentlicher Faktor bei der Bildung der ersten organisatorischen Zusammenschlüsse der Beamtenschaft. Die Regelung, wie sie bis zum Jahre 1909 bestand, bot, gemessen an den heutigen gesetzlichen Bestimmungen, eine sehr geringe Rechtssicherheit in bezug auf das Besoldungswesen. Die Festsetzungen des Etats bezogen sich nur auf die Bestimmung der Anfangs- und Endgehälter. Die Aufrückungsbeträge in den einzelnen Gruppen wurden von der Verwaltung bestimmt. Ebenso waren die Vorschriften über die Berechnung des Besoldungsdienstalters und vieles andere mehr der Verwaltungsverordnung überlassen. Immerhin zeigt gegenüber diesen Verhältnissen, wie sie für die Reichsbesoldung bestanden, die Entwicklung in einzelnen Ländern gewisse Fortschritte. Im Jahre 1909, als das erste Reichsbesoldungsgesetz geschaffen wurde, bestanden gesetzliche Regelungen der Beamtenbesoldung bereits in folgenden Ländern: Baden, Hessen, Sachsen-Weimar, Oldenburg, Braunschweig, Sachsen-Koburg-Gotha, Anhalt, Schwarzburg-Rudolstadt, Schwarzburg-Sondershausen, Schaumburg-Lippe, Lippe, Lübeck und Hamburg.

Die erste wesentliche Aufbesserung erfuhren die Bezüge der Reichsbeamten im Jahre 1897. Für die gesamte Reichsverwaltung einschließlich Post, Reichsbahn und Heer wurden damals Zulagen im Gesamtbetrage von 9,25 Mill. Mk. eingeführt. Die nächste wesentliche Änderung war die Erhöhung des Wohnungsgeldzuschusses der Tarifklasse VI für die unteren Beamten und die Leutnants um 50%. Der Aufwand hierfür betrug 7,8 Mill. Mk. jährlich. Im übrigen blieb die Beamtenbesoldung während der ganzen Zeit des großen, nur durch vorübergehende Stagnationsperioden unterbrochenen wirtschaftlichen Aufstiegs stabil. Die Höhe der Bezüge geriet dadurch immer mehr in Mißverhältnis zu den übrigen Verhältnissen. In den Jahren 1897 bis 1908 hat z. B. das Einkommen pro Kopf der Bevölkerung in Deutschland um 31% zugenommen. Die Lebenshaltungskosten waren um etwa 20% gestiegen. Auch die Arbeiterlöhne hatten sich ungefähr um 30% erhöht. Schon im Jahre 1907 trat daher im Reichstag die Forderung auf Neuregelung der Beamtenbesoldung zutage. Man begnügte sich jedoch zunächst mit der Gewährung einer einmaligen Zulage, die für die unteren Beamten auf 100 Mk., für die mittleren Beamten mit einem Grundgehalt bis zu höchstens 4200 Mk. auf 150 Mk. festgesetzt wurde. Hierfür war ein Aufwand von über 23 Mill. Mk. erforderlich. Die in Aussicht genommene Gesetzesvorlage über eine Besoldungsreform blieb jedoch zunächst aus. Im Frühjahr 1908 entschloß man sich, die Reform gleichzeitig mit der Finanzreform, die damals bevorstand, durchzuführen. Aus diesem Grunde wurde den Beamten für das Etatsjahr 1908 zunächst nochmals dieselbe einmalige Zulage bewilligt mit der Maßgabe jedoch, daß die Reform mit rückwirkender Kraft ab 1. April 1908 durchgeführt und die vorläufig für dieses Etatsjahr gewährten Zulagen auf die durch die Reform bewirkten Erhöhungen angerechnet werden sollten. Die Gesetzesvorlage ging auch dem Reichstag im Herbst 1908 zu; das Gesetz wurde im Juli 1909 verabschiedet. Die neuen Bezüge traten ab 1. April 1908 in Kraft. Nach amtlichen Angaben bewegten sich die Erhöhungen bei den unteren Beamten in einem Betrage von durchschnittlich 200 Mk. jährlich, bei den mittleren Beamten zwischen 200 und 500 Mk. und bei den höheren Beamten zwischen 600 und 1000 Mk. Die Gesamtkosten der Neuregelung für die Reichsverwaltung, die Reichspost sowie die Reichseisenbahnverwaltung und das Heer betrugen 117 Mill. Mk. Das Wichtigste an der Neuregelung war der Umstand, daß zum ersten Male nicht nur die Grundgehälter in ihren Anfangs- und Endbeträgen, sondern auch die Aufrückungsstufen und Fristen zugleich mit dem Wohnungsgeld gesetzlich geregelt wurden. Ferner wurden die hauptsächlichsten Vorschriften über das Besoldungsdienstalter, über die Anrechnung der Diätardienstzeit, über die Aufrückung in den Dienstaltersstufen, über die Anrechnung der Militärdienstzeit im Gesetz selbst geregelt. Hierbei ist interessant, festzustellen, daß in der Regierungsvorlage ursprünglich solche Bestimmungen nicht vorgesehen waren. Sie gelangten vielmehr erst auf Beschluß des Reichstages in das Gesetz. Eine weitere Neuerung bestand darin, daß die Stellen- und Funktionszulagen nicht mehr wie bisher von der Verwaltung festgesetzt und aus den im Etat enthaltenen Fonds bestritten werden durften, sondern daß diese Zulagen von nun an ihrer Höhe nach im Etat bewilligt werden mußten. Gelegentlich der Beratung dieser letzten Frage wurde dem Reichstag von der Regierung Material unterbreitet, aus dem hervorging, daß bisher 2200 verschiedenartige Zulagen gezahlt wurden. Der Aufwand hierfür betrug 28 Mill. Mk. Die Regelung der Diätarvergütungen durch Verordnung des Reichskanzlers wurde beibehalten. Die Regelung selbst sah 6 Gruppen für die Diätare der höheren, 20 Gruppen für die der mittleren, 8 Gruppen für die Kanzleilaufbahn und 14 Gruppen für die Laufbahn der unteren Beamten vor. Der Wohnungsgeldzuschuß wurde ebenfalls neu geregelt. Bis 1909 wurde die Einteilung in die Tarifklassen durch den Reichstag vorgenommen.

Im neuen Besoldungsgesetz wurden nunmehr die einzelnen Besoldungsgruppen unmittelbar den verschiedenen Tarifklassen des Wohnungsgeldzuschusses zugewiesen. Die Grundlage für die Neubemessung des Wohnungsgeldzuschusses sowie für die neue Ortsklasseneinteilung bildete eine eingehende Erhebung über die tatsächlichen, am 1. Januar 1907 von den Beamten gezahlten Mieten. Auf Grund dieser Erhebungen wurden für die einzelnen Orte durchschnittliche Einheitszimmerpreise ermittelt, die die Grundlage für die Einteilung in die Ortsklassen gaben. Der Wohnungsgeldzuschuß war nach 6 Tarifklassen und innerhalb jeder Tarifklasse nach 5 Ortsklassen abgestuft. Eine Unterscheidung zwischen ledigen und verheirateten Beamten im Wohnungsgeldzuschuß zu machen, wurde abgelehnt. — Die Besoldungsreform 1909 bedeutete auf jeden Fall einen großen Fortschritt im Besoldungswesen.

2. Kriegszeit

Als im Kriege infolge der allgemeinen Verhältnisse, insbesondere der zunehmenden Knappheit der Lebensmittel und sonstigen Bedarfsgegenstände sowie der Geldentwertung, die Kosten der Lebenshaltung mehr und mehr stiegen, trat sehr bald das Bedürfnis nach einer erneuten Anpassung der Beamtenbezüge an diese Verhältnisse auf. Schon im Oktober 1915 wurden für die planmäßigen Beamten und die ständig beschäftigten außerplanmäßigen Beamten mit einem Diensteinkommen bis zu 2100 Mk. laufende Kriegsteuerungszulagen eingeführt. Beschränkten sich diese zunächst auf Beamte mit Kindern, so wurden schon von Januar 1916 an auch für ledige Beamte wenigstens einmalige Zulagen gewährt. In der Folgezeit blieb dieses System differenzierter einmaliger und laufender Zulagen bestehen. Einen Überblick über die Höhe der Zulagen gibt folgende Tabelle:

Besoldungs-gruppe*	I. Lediger Beamter Kriegsteuerungszulagen		II. Verheirateter Beamter mit 2 Kindern. Kriegsteuerungszulagen einschließl. Kinderzulagen	
	laufende im Jahr M	einmalige im Jahr M	laufende im Jahr M	einmalige im Jahr M
	Vom 1. Januar bis 31. Dezember 1916			
III	—	40,—	126,—	160,—
VIII	—	40,—	—	160,—
XI	—	—	—	—
	Vom 1. Januar bis 31. Dezember 1917			
III	240,—	150,—	634,—	240,—
VIII	150,—	150,—	683,—	240,—
XI	—	—	621,—	240,—

* III: Schaffner; VIII: Inspektor; XI: Regierungsrat.

Besoldungs-gruppe*	I. Lediger Beamter Kriegsteuerungszulagen		II. Verheirateter Beamter mit 2 Kindern. Kriegsteuerungszulagen einschließl. Kinderzulagen	
	laufende im Jahr M	einmalige im Jahr M	laufende im Jahr M	einmalige im Jahr M
	Vom 1. Januar bis 31. Dezember 1918			
III	573,—	700,—	1236,—	600,—
VIII	516,—	876,—	1338,—	750,—
XI	504,—	1260,—	1332,—	1080,—
	Vom 1. Januar bis 31. Dezember 1919			
III	1920,—	600,—	3600,—	1400,—
VIII	1872,—	600,—	3540,—	1400,—
XI	1824,—	600,—	3480,—	1400,—
	Vom 1. Januar bis 31. März 1920			
III	720,—	—	1200,—	—
VIII	702,—	—	1178,—	—
XI	684,—	—	1155,—	—

* III: Schaffner; VIII: Inspektor; XI: Regierungsrat.

Diese Zulagen waren in der Hauptsache Kinderzulagen und erhöhten sich also mit steigender Kinderzahl gegenüber den in der Tabelle angegebenen Sätzen. Wie aus der Tabelle weiter hervorgeht, blieb das System der Kriegsteuerungszulagen sogar in noch erweiterter Form auch nach dem Kriege zunächst bestehen.

3. Nachkriegszeit bis 1927

Im Jahre 1919 jedoch entschloß man sich, an Stelle des immer unübersichtlicher werdenden Zulagesystems eine neue Besoldungsordnung zu setzen. Dies geschah durch das Besoldungsgesetz vom 30. April 1920, das mit Wirkung vom 1. April desselben Jahres in Kraft trat. Durch dieses Gesetz wurden die bisher bestehenden ungefähr 180 Gehaltsklassen der Reichsbesoldungsordnung von 1909 in 13 Besoldungsgruppen mit aufsteigenden und 7 Besoldungsgruppen mit Einzelgehältern zusammengefaßt. Die bisherige Kriegsteuerungszulage fiel weg. Sie wurde durch die neuen Grundgehälter abgegolten, die darüber hinaus eine nicht unwesentliche Erhöhung erfuhren. Gleichzeitig wurde der Wohnungsgeldzuschuß neu geregelt, d. h. er wurde durch den sogenannten Ortszuschlag ersetzt. Daneben wurde als neuer Besoldungsbestandteil zur künftigen Anpassung der Bezüge an die Veränderungen der allgemeinen Wirtschaftslage der Teuerungszuschlag eingeführt. Dieser wurde in Prozentsätzen des Grundgehalts und Ortszuschlags bemessen. Auch die sonstigen Besoldungsvorschriften, die Bestimmungen über das Besoldungsdienstalter, über die Anrechnung von Vordienstzeiten und vieles andere mehr erfuhren eine wesentliche Verbesserung. Im allgemeinen kann gesagt werden, daß die Besoldungsreform von 1920 der bisher größte, im Besoldungswesen erzielte Fortschritt war. Im Anschluß an dieses Reformwerk des Reichs schufen auch die Länder und Gemeinden neue Besoldungsordnungen, die durch das sogenannte Besoldungssperrgesetz von 1922 den Reichsvorschriften genau angepaßt wurden.

Während der Inflationszeit wurden die Bezüge durch häufige Erhöhungen des Teuerungszuschlages der Geldentwertung angepaßt. Von Zeit zu Zeit wandelte man die so entstandenen Bezüge aus Gründen der Vereinfachung wieder in neue Grundbeträge an Grundgehalt und Ortszuschlag um und begann mit der Anpassung durch Teuerungszuschläge von neuem. Nach der Stabilisierung der Währung wurden zunächst im Dezember 1923 neue, in stabiler Währung bemessene Bezüge festgesetzt, die allerdings äußerst gering waren. Sie erfuhren eine zweimalige Aufbesserung, und zwar am 1. April 1924 und am 1. Juni 1924. Zu den bei der letzten Regelung festgesetzten Grundgehältern trat dann vom 15. November bzw. 1. Dezember 1924 ab ein Zuschlag, der bei den damaligen Besoldungsgruppen I bis VI (d. h. bis zum Sekretär einschließlich) 12½%, bei den übrigen, höher besoldeten Beamten 10% betrug. Auf diesem Stande blieben die Bezüge der Beamten bis zur Besoldungsreform vom Herbst 1927.

4. Besoldungsreform von 1927

Die Besoldungsreform von 1927 bezweckte in erster Linie eine Anpassung der Beamtenbezüge an die seit 1924 erheblich gestiegene Teuerung. Gleichzeitig war sie mit einem völligen Umbau des gesamten Besoldungssystems verbunden. Das Wesentlichste über diese Neuerung ist bei dem Abschnitt über das Grundgehalt ausgeführt. Da man auf Seiten der Regierung damals davon ausging, daß die Verhältnisse in der Zukunft sich stabil gestalten würden und infolgedessen die neue Regelung der Besoldung auf lange Zeit hinaus Bestand haben könnte, wurde der Teuerungszuschlag, der bisher den sogenannten „beweglichen Faktor" in der Besoldung gebildet hatte, abgeschafft. Die Besoldungsreform des Reichs fand ebenso wie die im Jahre 1920 ihre Übertragung auf die Länder und Gemeinden. Jedoch wurde hierbei, abgesehen von der Ortsklasseneinteilung und der Bemessung des Wohnungsgeldzuschusses, nicht mehr so schematisch wie früher die Besoldungsordnung des Reichs kopiert. Die Gesamttendenz des neuen Besoldungsaufbaus ging nach einer wesentlichen Annäherung an die Vorkriegsverhältnisse. Die Zahl der Besoldungsgruppen wurde gegenüber 1920 bedeutend vermehrt. Die damit verbundene weitgehende Differenzierung bedeutete eine Aufteilung bisher zusammengefaßter Beamtenkategorien. Die neuen Unterschiede in der Besoldung wurden noch durch die Wiedereinführung von Stellenzulagen vermehrt und vergrößert. Bei der Beamtenschaft, die in diesem Reformwerk den Verlust zahlreicher, von ihr als sozialer Fortschritt empfundener Errungenschaften des Jahres 1920 sah, erregte die Reform wenig Befriedigung. Auch in der Öffentlichkeit fand sie keine günstige Beurteilung, besonders wegen der Höhe der mit ihr verbundenen Kosten. In der Folgezeit zeigte sich auch, daß es richtiger gewesen wäre, der seit 1924 erhobenen Forderung des größten Teiles der Beamtenschaft Rechnung zu tragen und lediglich die bestehenden Gehälter durch entsprechende Erhöhung den gestiegenen Lebenshaltungskosten anzupassen. Das Aufsehen in der Öffentlichkeit wäre geringer und die Möglichkeit, sich dabei im Rahmen des finanziell Tragbaren zu halten, größer gewesen.

5. Entwicklung von 1928 bis 1931

Die erste Zeit nach dem Inkrafttreten des Besoldungsgesetzes von 1927 war zunächst mit der umfangreichen Arbeit seiner Durchführung ausgefüllt. Es wurden neue Besoldungsvorschriften erlassen, auf Grund deren die Beamten von der alten in die neue Besoldungsordnung überführt wurden. Noch stärker als im Gesetz selbst traten in diesen Ausführungsbestimmungen die neuen Tendenzen des Gesetzes zutage. Entsprechend den wiederholten nachdrücklichen Forderungen der Beamtenschaft beschäftigte sich auch der zuständige Ausschuß des Reichstags mehrfach mit diesen Vorschriften; von den von ihm gewünschten Änderungen und Verbesserungen wurde jedoch nur ein kleiner Teil von der Regierung durchgeführt. Bis in die ersten Monate des Jahres 1930 hinein war diese Aktion im Gange.

Mit der zunehmenden Verschlechterung der deutschen Wirtschaftslage und damit der Finanzen des Reichs und aller sonstigen öffentlichen Körperschaften mehrten sich auch in der Öffentlichkeit die schon früher laut gewordenen Stimmen der Kritik, die sich gegen das ganze Reformwerk von 1927 und insbesondere gegen die Höhe der Beamtenbezüge richtete. Schon im Zusammenhang mit den ersten, von der Reichsregierung durch die Notverordnung vom Sommer 1930 durchgeführten Sparmaßnahmen begann alsdann die Senkung der Beamtenbezüge. Sie betrug zunächst, und zwar vom September 1930 ab, 2½%, erhöhte sich ab 1. Februar 1931 auf 6%, ab 1. Juli 1931 auf 10% bis annähernd 13% bzw. in den Ortsklassen B, C und D auf 11% bis annähernd 14% im Reiche. Hierzu traten im Laufe des Herbstes 1931 zusätzliche Sonderkürzungen in den Ländern und Gemeinden, die vielfach noch verbunden waren mit einer auf Grund der Angleichungsvorschriften der Notverordnung verbundenen Verschlechterung in der Eingruppierung für einzelne Beamte oder ganze Beamtenkategorien. Vom Jahre 1932 ab trat zu den bisherigen Kürzungen eine neue Kürzung von 9 %. Alle diese Kürzungen werden nicht aus den tatsächlichen, um die bisherigen Kürzungen verminderten Gehältern berechnet, sondern aus den im Besoldungsgesetz selbst festgesetzten Bezügen. Sie gelten für sämtliche Beamte des Reichs, der Länder und Gemeinden, der Reichsbahn und aller sonstigen öffentlichen Körperschaften. Eine besondere zusätzliche Kürzung erfuhren außerdem durch die Verordnung vom 6. Oktober 1931 die Bezüge der Diätare. Die Einzelheiten dieser Gehaltskürzungen sind in dem Abschnitt VII besonders dargestellt.

IV. Das gegenwärtige Besoldungssystem

A. Allgemeine Fragen

1. Etatrechtliches

So wie die besoldungsrechtlichen Bestimmungen im Besoldungsgesetz, die Höhe der Gehälter und die Einteilung der Besoldungsgruppen in der Besoldungsordnung vom Parlament durch Gesetz festgesetzt werden, so bestimmt auch der Reichstag durch Gesetz die Zahl der Beamten, die bei jeder einzelnen Verwaltung aus den verschiedenen Besoldungsgruppen besoldet werden. Im Haushaltsplan, der als Anlage zum jährlichen Haushaltsgesetz vom Reichstag beschlossen wird, ist unter den Personalausgaben, für jede Verwaltung besonders und nach Besoldungsgruppen getrennt, die Gesamtsumme der Gehaltsausgaben für die bei der betreffenden Verwaltung aus dieser Gruppe besoldeten Beamten angegeben. Daneben ist die Zahl der in Frage kommenden Beamten vermerkt. Die Bewilligung dieser Summe durch das Parlament stellt eine Ermächtigung dar für den Minister, die im Plan angegebene Zahl von Beamten bei der betreffenden Verwaltung aus der angeführten Besoldungsgruppe zu besolden. Die auf diese Weise im Haushaltsplan aufgeführten „Stellen" werden daher planmäßige oder Planstellen genannt. Die Bewilligung einer bestimmten Zahl von solchen Planstellen und die Ermächtigung für den Minister, eine entsprechende Zahl von Beamten der betreffenden Besoldungsgruppe zu besolden, begründet jedoch kein subjektives Recht des einzelnen Beamten, weder auf eine solche Stelle noch auf das entsprechende Gehalt; vielmehr müssen die Stellen erst den einzelnen Beamten verliehen werden. Die Beleihung mit einer Planstelle nennt man planmäßige Anstellung. In der Regel wird der Beamte erst planmäßig angestellt, wenn er nach den hierfür geltenden Vorschriften auch zur lebenslänglichen Anstellung heransteht. Daher fällt meist die planmäßige Anstellung mit der Verleihung der Unkündbarkeit zusammen. Dies ist jedoch nicht unbedingt der Fall, weswegen man aus der Tatsache der Planmäßigkeit der Anstellung nicht ohne weiteres auf ihre Lebenslänglichkeit schließen kann.

2. Planmäßige und außerplanmäßige Beamte

Neben diesen im Haushaltsplan zahlenmäßig aufgeführten Beamtenstellen gibt es jedoch noch eine Anzahl von Dienstposten, die nicht im Haushaltsplan nach ihrer Zahl und Art spezifiziert aufgeführt sind, jedoch trotzdem von Beamten wahrgenommen werden. Diese Stellen heißen außerplanmäßige Stellen, die Beamten, die eine solche Stelle bekleiden, außerplanmäßige Beamte. Abgesehen von Sonderfällen beginnt der Beamte seine Laufbahn als solcher zuerst in der Eigenschaft eines außerplanmäßigen Beamten[2]. Die außerplanmäßigen Beamten erhalten nicht die Besoldung der planmäßigen Beamten, insbesondere also kein „Grundgehalt". Ihre Besoldung regelt sich vielmehr nach einer besonderen „Diätenordnung", die als Anlage zum Besoldungsgesetz ebenfalls Bestandteil des Gesetzes ist. Nach der Bezeichnung „Diäten" für die Besoldungssätze der außerplanmäßigen Beamten heißen diese „Diätare". Beide Bezeichnungen sind nur historisch erklärbar und können nicht wörtlich verstanden werden. Die Besoldungssätze für die Diätare sind vielmehr (ebenso wie die Grundgehälter für die planmäßigen Beamten in der Besoldungsordnung) in der Diätenordnung nach Jahresbeträgen aufgeführt und in monatlichen Teilbeträgen zahlbar. Das „Diätariat", d. h. die Einrichtung einer der planmäßigen Anstellung mit Bezahlung nach den Besoldungssätzen des Gesetzes vorausgehenden Zeit mit geringerer Bezahlung, hat eigentlich, besoldungsrechtlich gesehen, in der heutigen Zeit seine Berechtigung verloren und stellt nur noch eine der „tarifmäßigen" Bezahlung vorausgehende Zeit „untariflicher Entlohnung" dar. Der Diätar ist beamtenrechtlich ein vollwertiger Beamter und hinsichtlich seiner dienstlichen Verwendungsfähigkeit und tatsächlichen Verwendung dem planmäßigen Beamten gleich zu achten. Prüfungen, praktische Vor-

---

[2] Die ebenfalls vorkommende Bezeichnung „nichtplanmäßige Beamte" unterscheidet sich von dem Begriff der außerplanmäßigen Beamten dadurch, daß bei den außerplanmäßigen Beamten regelmäßig bereits ein festes Dienstverhältnis vorliegt, was bei den nichtplanmäßigen Beamten nicht der Fall ist. Gemeinsam ist beiden Begriffen also, daß der Beamte nicht planmäßig angestellt ist. „Überplanmäßig" beschäftigt sind diejenigen Beamten, die über die im Stellenplan vorgesehene Zahl von Beamten hinaus auf Grund einer vorherigen oder nachträglichen Bewilligung durch den Reichstag meist vorübergehend bei einer Behörde tätig sind.

bereitung, Ausbildungsdienst usw. fallen regelmäßig in die Zeit vor Beginn des Diätariats, so daß etwa ein Vergleich mit der Lehrzeit eines Angestellten oder Arbeiters nicht am Platze ist. Dem berechtigten Bedürfnis, der festen Bindung, wie sie die lebenslängliche Anstellung darstellt, eine Zeit der Bewährung vorhergehen zu lassen, wird durch die Einrichtung der kündbaren Anstellung Rechnung getragen, die mit dem Diätariat nichts zu tun hat. Wirtschaftlich und sozial gesehen muß also das Diätariat als eine überholte Einrichtung angesehen werden, der auch im Anstellungsverhältnis und in der Regelung der Bezahlung bei den Privatangestellten keine Parallele zur Seite steht.

3. Empfänger von Unterhaltszuschüssen

Diejenigen Personen, die sich zur praktischen Ausbildung für den Beamtenberuf einer bestimmten Laufbahn im Dienst der Verwaltung befinden, heißen Beamte im Vorbereitungsdienst oder Beamtenanwärter. Sie besitzen noch nicht die rechtliche Eigenschaft eines Beamten. Das Besoldungsgesetz findet auf sie keine Anwendung; soweit sie eine geringfügige Bezahlung erhalten, wird diese ohne Rechtsanspruch auf Antrag und nach Prüfung der Bedürfnisse freiwillig gewährt, wobei allerdings für die Anwärter der einzelnen Laufbahnen bestimmte Normen bestehen. Je nach der Laufbahn, auf die sich der Beamte vorbereitet, und je nach der Höhe des Gehalts, mit dem die Anfangsgruppe der betreffenden Laufbahn ausgestattet ist, sind auch diese „Unterhaltszuschüsse" höher oder geringer. Ebenso steigen die Sätze mit der Dauer der Vorbereitungszeit in geringem Umfange. In der Regel schließt sich an die Vorbereitungszeit die Prüfung an, deren Bestehen Voraussetzung für den Erwerb der Befähigung zum Beamtendienst ist.

Schematisch dargestellt gibt es folgende hauptsächlichsten Möglichkeiten für den Zugang zur Beamtenlaufbahn:

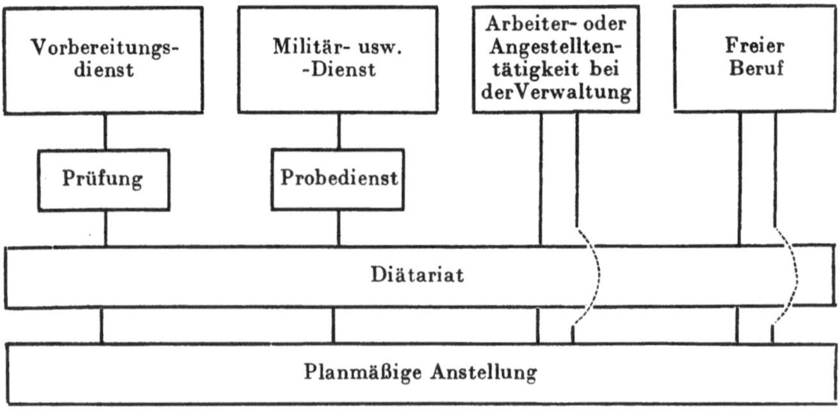

B. Die einzelnen Besoldungsbestandteile

1. Grundgehalt

Den wichtigsten Bestandteil der Beamtenbesoldung bildet das „Grundgehalt“. Vielfach wird im Sprachgebrauch für Grundgehalt und Wohnungsgeldzuschuß zusammen die Bezeichnung „das Gehalt“ oder „das Diensteinkommen“ verwendet. Das Grundgehalt nimmt auch seiner Höhe nach den hauptsächlichsten Teil der gesamten Beamtenbezüge ein. Im Grundgehalt und seiner Höhe drückt sich die Bewertung der einzelnen Stellen und der mit ihr verbundenen Beamtentätigkeit aus. (Über die Frage, ob die Bemessung des Grundgehalts auf der Bewertung der Leistung des einzelnen Beamten beruht oder welcher theoretische Charakter sonst dem Gehalt zukommt, vgl. unter VI, 3.) Die verschiedenartige Höhe der Grundgehälter gibt die Möglichkeit zur Einteilung der Beamten in Besoldungsgruppen. Diese Besoldungsgruppen sind jedoch keinesfalls mit einer Rangordnung gleichzusetzen. Eine Rangordnung, die in den Beamtengesetzen der Kaiserzeit vorgesehen war, ist selbst damals nie geschaffen worden und besteht jedenfalls gegenwärtig nicht. Die Einteilung in Besoldungsgruppen soll lediglich die Möglichkeit geben, für die Bemessung der Beamtenbesoldung gleichartige und gleich zu bewertende Beamte zusammenzufassen, verschiedenartige und ungleich zu bewertende zu trennen.

Die Besoldungsordnung unterscheidet zwischen Besoldungsgruppen mit aufsteigenden Gehältern und Besoldungsgruppen mit festen Grundgehältern, sogenannten „Einzelgehältern“. Daneben gibt es noch, z. B. in Preußen, Mindestgrundgehälter, die bei der Regelung der Besoldung von Hochschulprofessoren zur Anwendung kommen und ihre Bedeutung in dem verschiedenartigen Verhältnis zwischen fester Besoldung und Anteil an den Honorarbezügen haben. Die Besoldungsgruppen mit aufsteigenden Gehältern sehen neben dem niedrigsten Betrag des Anfangsgrundgehalts eine gewisse Reihe von stufenweise sich erhöhenden Grundgehältern vor. Den höchsten Satz in jeder Gruppe bildet das Endgrundgehalt. Die einzelnen Stufen heißen Dienstaltersstufen. Die Beamten rücken in den Dienstaltersstufen von zwei zu zwei Jahren (bis zur Besoldungsreform von 1920 von drei zu drei Jahren) auf. Der Unterschiedsbetrag zwischen den Gehältern zweier Dienstaltersstufen heißt Dienstalterszulage. Auf die Gewährung der Dienstalterszulage haben die planmäßigen Beamten einen Rechtsanspruch. Dieser ruht jedoch, solange ein förmliches Dienststrafverfahren oder wegen eines Verbrechens oder Vergehens ein strafrechtliches Hauptverfahren oder eine Voruntersuchung schwebt. Eine Dienstalterszulage erhält also, von dieser Ausnahme abgesehen, der Beamte zu Beginn des dritten Jahres, nachdem er in die vorige Dienstaltersstufe eingerückt ist. Im Endgrundgehalt bleibt der Beamte stehen bis zur Beendigung seiner Dienstzeit, falls er nicht vorher durch Beförderung in eine höhere Gruppe aufgerückt ist. Die Gewährung von Dienstalterszulagen soll den mit zunehmendem Lebensalter steigenden Ansprüchen des Beamten Rechnung tragen. Aus diesem Grunde sind die Besoldungsgruppen mit festen Grundgehältern auch nur für einige wenige Stellen vorgesehen, die von den höchsten Beamten bekleidet werden und diesen auch nur im Wege der Beförderung zugänglich sind, so daß allgemein die Beamten beim Eintritt in eine solche Stelle bereits ein höheres Lebensalter erreicht haben.

Die Zahl der Dienstaltersstufen in den einzelnen Besoldungsgruppen ist außerordentlich verschieden. Sie schwanken in der Reichsbesoldungsordnung zwischen 5 und 11. Die Zeit bis zur Erreichung des Endgrundgehalts beträgt also bei zweijährigem Verbleiben in einer Stufe, von den Anfangsgrundgehältern an gerechnet, zwischen 8 und 20 Jahre. Im Besoldungsgesetz von 1909 betrug die Aufrückungsfrist in der Mehrzahl der Eingangsstellen zwischen 21 und 27 Jahre. Im Besoldungsgesetz von 1920 war die Frist in sieben Gruppen 16 Jahre, in vier Gruppen 14 Jahre, in einer Gruppe 12 Jahre und in einer Gruppe 8 Jahre. Im jetzigen Reichsbesoldungsgesetz kommen 20jährige Aufrückungsfristen viermal, 18jährige viermal, 16jährige siebenmal, 12jährige viermal und 10jährige einmal vor. Die Tendenz dieser verschiedenartigen Bemessung der Fristen bis zur Erreichung des Endgrundgehalts geht dahin, die langen Fristen in den Hauptbesoldungsgruppen vorzusehen, die für die Laufbahnen des unteren, des einfachen mittleren, des gehobenen mittleren und des höheren Dienstes in Frage kommen. Beförderungsgruppen, ferner Gruppen, in die Beamte mit längerer Vordienstzeit eingereiht sind, sowie Spezialgruppen haben im allgemeinen kürzere Aufrückungsfristen.

In der Besoldungsordnung von 1920 standen die Anfangsgehälter zu den Endgrundgehältern ungefähr im Verhältnis von 2 zu 3. In der jetzigen Besoldungsordnung ist eine solche Regel nicht erkennbar. Außerdem waren in der Besoldungsordnung von 1920 die Dienstalterszulagen in den ersten Stufen größer als in den letzten Stufen, „um den Beamten schon im jüngeren Alter die Erreichung einer auskömmlichen Besoldung und damit die rechtzeitige Erreichung eines eigenen Hausstandes sowie die Eheschließung zu erleichtern“ (Begr.). In der jetzigen Besoldungsordnung ist die Gesamtdifferenz zwischen Anfangs- und Endgrundgehältern in möglichst gleichgroßen Teilbeträgen auf die Dienstaltersstufen verteilt. Offenbar hat man sich davon überzeugt, daß der an sich geringfügige Unterschied in den Steigerungsbeträgen keinen solchen Anreiz, wie man ihn 1920 erhoffte, ausüben kann.

Was die Zahl der Besoldungsgruppen anlangt, so hatte die Besoldungsordnung von 1909 82 Gruppen mit aufsteigenden Gehältern, dazu 22 Gruppen mit Einzelgehältern und 10 Gruppen in der Besoldungsordnung II (Auswärtiger Dienst). Mit den Sonderbesoldungsordnungen und den verschiedenen Untergruppen zusammen gab es damals 180 Gehaltsklassen. Das Besoldungsgesetz von 1920 kannte nur 13 Besoldungsgruppen mit aufsteigenden und 7 Gruppen mit Einzelgehältern, obwohl gleichzeitig mit dem Inkrafttreten dieser neuen Besoldungsordnung die große Zahl von Eisenbahn-, Zoll-, Finanz- und Postbeamten der Länder in den Reichsdienst übernommen wurde. Auch die Länder schufen damals anschließend an das Reich Besoldungsordnungen, in denen die Zahl der Gruppen nicht größer war als in der Reichsbesoldungsordnung. Das Besoldungsgesetz von 1927 zeigt wieder eine erhebliche Vermehrung der Gruppenzahl; in ihm finden sich 20 Gruppen mit aufsteigenden Gehältern und 8 Gruppen mit Einzelgehältern für die Reichs- und Reichspostbeamten, 8 Gruppen für die Beamten des Reichswasserschutzes und 22 Gruppen für die Besoldung der Reichswehr, zusammen also 58 Gruppen.

Die Zahl der verschiedenen Besoldungsgruppen ist selbstverständlich nicht nur eine rein äußerliche Angelegenheit, über die willkürlich so oder so entschieden werden könnte. Sie hängt vielmehr eng mit der Frage der besoldungsmäßigen Bewertung der verschiedenen Beamtenkategorien zusammen. Bei der Vorbereitung der neuen Besoldungsordnung nach der Staatsumwälzung war das Verlangen der Beamtenschaft nach einer Vereinheitlichung, die ihren Ausdruck in einer wesentlichen Verringerung der früher bestehenden Zahl von Besoldungsgruppen finden sollte, allgemein sehr stark. Die Forderung maßgeblicher Beamtenverbände ging damals auf eine Besoldungsordnung mit nur 10 Gruppen bei den aufsteigenden Gehältern. Von der Zusammenfassung großer Beamtenkategorien in wenigen Besoldungsgruppen erhoffte man sich nicht nur eine Vereinheitlichung und größere Übersichtlichkeit des Besoldungswesens, sondern gleichzeitig eine finanzielle Besserstellung für große Teile der Beamten. Es leuchtet auch ein, daß die mit einer großen Zahl von Besoldungsgruppen verbundene feinere Differenzierung zwar einerseits die Möglichkeit gibt, einigen wenigen Beamten etwas höhere Gehaltssätze zu geben, als sie bei der Unterbringung in wenigen großen Gruppen vielleicht erreichen würden, daß andererseits aber die Zusammenfassung in wenigen großen Gruppen für große Massen von Beamten den Vorteil bietet, den sicheren Bestand dieser Gruppen zu wahren und, da es sich um eine große Zahl von Beamten handelt, die eine kompakte Masse bilden, leichter zu etwaigen Verbesserungen zu gelangen. Die Entwicklung von den 180 Gruppen in der Vorkriegszeit auf 20 im Jahre 1920 und dann wieder auf 58 bei der Besoldungsreform von 1927 bildet einen deutlichen Gradmesser für das Maß des Einflusses, den sich die große Masse der Beamtenschaft auf die Gestaltung der Besoldung jeweils zu sichern wußte. Selbst die amtliche Begründung zum Besoldungsgesetz von 1920 spricht davon, daß die Herabsetzung der Zahl der Gruppen „dem Zuge der Zeit nach sozialem Ausgleich" entspreche. Auf der anderen Seite glaubte man mit den 20 Gruppen der damaligen Besoldungsordnung „allen Anforderungen" genügen zu können. Maßgebend für die Bildung von Besoldungsgruppen und für die Zusammenfassung bestimmter Beamtenkategorien in einer Gruppe war der Gesichtspunkt, Beamte „mit gleicher Vorbildung und gleich zu bewertender Leistung" gleich hoch zu besolden. Man ging dabei von dem Gedanken aus, daß die Anwendung dieses Maßstabes in den Gehaltssätzen der einzelnen Besoldungsgruppen voll zum Ausdruck kommen müsse und auch gekommen sei, so daß höherwertige Leistungen schon durch ihre Unterbringung in einer entsprechend höheren Besoldungsgruppe abgegolten würden und daher für besondere Zulagen an die Inhaber einzelner Stellen kein Raum mehr sei. Sehr treffend wird in der Begründung ausgeführt: „Die Gewährung solcher Zulagen an einzelne Beamtengruppen würde sogleich Forderungen einer Reihe von anderen Beamtengruppen nach sich ziehen, und es bestände alsdann die Gefahr, daß bei Ablehnung dieser Forderungen allgemeine Unzufriedenheit in die Erscheinung träte, bei Bewilligung aber auf einem Umweg die frühere Anzahl der Gehaltsklassen wiederkehren würde und die Vereinfachung des Besoldungswesens durch die Zusammenlegung dieser Klassen nur eine scheinbare wäre." In diesen Gedanken spiegelt sich deutlich die Auffassung wider, die die Mehrheit der Beamtenschaft auch heute noch über das System allzu weitgehender Gruppendifferenzierung und die Gewährung von Stellenzulagen hat. Die Beamtenschaft bevorzugt eine einfache, übersichtliche Einteilung in nicht allzu zahlreiche Gruppen.

Die wichtigste Frage bei der Gruppeneinteilung ist die nach dem Maßstab, der für die Zuweisung der einzelnen Beamtenkategorien an bestimmte Gehaltsgruppen zur Anwendung kommt. Hierüber gibt es eine unübersehbare Literatur in Beamtenfachzeitschriften und Broschüren. Trotzdem ist bisher das Problem nicht restlos befriedigend gelöst worden. Die Begründung von 1920 stellt als Maßstab die „geforderte Leistung" auf. Für den Wert, den man der Leistung beizumessen habe, sei die Vorbildung von Bedeutung, die der Beamte erhalten habe, sowie die Aus- und Fortbildung im Dienste. Hiermit ist das Problem zwar treffend umschrieben, aber nicht gelöst. Woran erkennt man den „Wert der

Leistung"? Wie will man nachweisen, ob der Wert der Leistung eines Lokomotivführers, von dessen Tätigkeit Menschenleben und große Sachwerte abhängen, größer ist oder kleiner als der Wert etwa der Leistung eines Kassenbeamten? Es sind letztes Endes doch immer wieder soziale, gesellschaftliche Wertungen, die bei der Beurteilung des Wertes der Leistung zum Durchbruch kommen. Dies zeigt sich deutlich bei dem Hinweis auf die Vorbildung, dessen Erwähnung gerade im Gesetz von 1920 sehr charakteristisch ist. Wie schwankend und wie stark der jeweils vorherrschenden allgemeinen Auffassung unterworfen derartige Maßstäbe sind, zeigt die Begründung zum Besoldungsgesetz von 1927, das in vieler Hinsicht mit den Prinzipien des Gesetzes von 1920 gebrochen hat. Dort ist ausgeführt, man habe im Jahre 1920 keineswegs für jede Beamtenkategorie passende Gehaltssätze gefunden, sondern man habe ein Schema von 13 Gruppen errichtet, und dann die vorhandenen Beamten in dieses Schema hineingepreßt. Auf diese Weise seien verschieden geartete Beamten zusammengebracht, zusammengehörende auseinandergerissen worden. Junge Beamte seien mit alten in eine Gruppe zusammengekommen; die Beförderungsmöglichkeiten seien bei den verschiedenen Verwaltungszweigen verschieden günstig gewesen und die Beamten seien „nicht klar genug nach ihrer Tätigkeit und ihrer Zugehörigkeit zu den einzelnen Verwaltungen und Behörden erfaßt" gewesen usw. Während man 1920 besonders rühmte, daß die Besoldungsordnung die Möglichkeit gebe für jeden Beamten, bei fachlicher Befähigung und erprobter Bewährung nach Maßgabe seiner dienstlichen Leistung ohne Rücksicht auf die Art seiner Vorbildung in höhere Stellen aufzusteigen, hat man 1927 gerade diesen Aufstieg, die Überführung einzelner Beamter oder ganzer Gruppen von Beamten in höhere Besoldungsgruppen, am Gesetz von 1920 und seiner Anwendung besonders stark kritisiert, und sie als Beweis für die Unhaltbarkeit des bisherigen Systems bezeichnet. Man sieht schon an diesem Beispiel deutlich, wie stark solche „Grundsätze für die Besoldungsbewertung" dem Wandel der gesellschaftlichen Auffassungen unterworfen sind, und es ist kennzeichnend, daß bei der Reform von 1927, an deren Ausarbeitung der Beamtenschaft und ihren Organisationen keine Beteiligung eingeräumt war, gerade solche Elemente des Besoldungsaufbaus von 1920 beseitigt wurden, deren Verwirklichung im Gesetz von 1920 hauptsächlich auf die Einwirkung der Beamtenverbände zurückzuführen ist und von diesen als Erfolg ihrer Bestrebungen angesehen wurde.

Diese starke Gebundenheit des jeweiligen Systems für die Gruppeneinteilung an das Spiel der gesellschaftlichen Kräfte und ihren Ausgleich zeigt auch die Betrachtung einer anderen, für die Gruppeneinteilung wichtigen Frage. Es ist viel darüber geredet und gestritten worden, ob man dem jungen Dienstanfänger einer höheren Laufbahn, der eben erst beginnt, sich in den Verwaltungsdienst einzuleben, mit Rücksicht auf die höhere Bewertung der von ihm eingeschlagenen Laufbahn schon von Anfang an ein höheres Gehalt geben solle als dem alten, im Dienste erprobten langjährigen Beamten in der Endstellung der darunter liegenden Laufbahn, der in die höchste, ihm erreichbare Stufe aufgestiegen ist und keine weitere Aufrückungsmöglichkeit mehr vor sich hat, dessen Laufbahn aber im Gesetze geringer bewertet wird als die des ersten Beamten. Die Mehrheit der Beamtenschaft trat von jeher mit Leidenschaft dafür ein, daß die Gehaltssätze beider Gruppen ineinander übergehen sollten, dergestalt, daß z. B. der mittlere Beamte am Ende seiner Laufbahn in der höchsten ihm innerhalb seiner Laufbahn erreichbaren Beförderungsstelle mindestens das gleiche Gehalt erreicht wie es der höhere Beamte im Anfang seiner Laufbahn erhält. Dieser Grundsatz der sogenannten „Verzahnung" fand im Gesetz von 1920 deutlich Ausdruck. Das Endgehalt beispielsweise der Schaffnergruppe, einer typischen Gruppe der unteren Laufbahn, ragte weit hinein in die Gehaltssätze für die Beamten des einfachen mittleren Dienstes und war höher als das Anfangsgehalt des Sekretärs. Dessen Endgehalt wiederum überstieg die Anfangsbezüge des Oberinspektors, also der obersten Beförderungsstelle für den Beamten der gehobenen mittleren Laufbahn. Das Endgehalt des Oberinspektors wiederum war noch um 100 Mk. höher als das Anfangsgehalt des Oberregierungsrats in der Gruppe XII, der zweiten Beförderungsgruppe der höheren Beamten. Und nicht nur auf diese Weise, allein in den Gehaltssätzen, fand die Verzahnung Ausdruck; sondern es finden sich auch Beamte des unteren und des mittleren Dienstes, sowie Beamte des mittleren und des höheren Dienstes in einer Besoldungsgruppe vereinigt. Im Jahre 1927 dagegen erklärte man, daß es zwar richtig sei, „daß die Beamten in den Spitzenstellungen einer Laufbahn die gleichen Gehaltssätze erhalten sollen wie die Beamten in den Anfangsstellungen der nächsthöheren Laufbahn", jedoch habe die Tatsache, daß sie „auch äußerlich in gleiche Besoldungsgruppen aufgenommen" wurden, zu den „größten Schwierigkeiten" geführt. So wurde im Jahre 1927 die Verzahnung, eine der bedeutungsvollsten Errungenschaften des Gesetzes von 1920, wieder abgeschafft. Man trennte „nichtzusammengehörende Beamte" und schuf so innerhalb der 20 Besoldungsgruppen mit aufsteigenden Gehältern 4 Hauptabteilungen von Gruppen. Die Gruppen 2 und 1 für die höheren Beamten, 4 und 3 für die gehobenen mittleren Beamten, 8 bis 5 für die Beamten des einfachen mittleren Dienstes und einige Spezialgruppen, insbesondere technische und handwerksmäßige Beamte,

12 bis 9 für die Beamten des unteren Dienstes. Deutlich hat man so vier Laufbahnen gegeneinander abgehoben, Laufbahnen, die sich auch hinsichtlich der verlangten Vorbildung scharf abgrenzen: Akademiker, Beamte mit höherer Schulbildung, Beamte mit Volksschulbildung, die entweder als gelernte Handwerker und Fachleute zur Verwaltung kommen, oder Militäranwärter sind, und schließlich die einfachen Volksschüler ohne Spezialkenntnisse.

Es läßt sich nach dem Gesagten kein in der deutschen Besoldungsgesetzgebung eindeutig zutage tretender Gesichtspunkt für die Bewertung der einzelnen Beamtendienste in der Besoldung feststellen. Am stärksten tritt gegenwärtig das Moment der Vorbildung in Erscheinung. Bei seiner Anwendung wird offenkundig so argumentiert, daß die für eine Stelle verlangte höhere Vorbildung in der besonderen Verantwortlichkeit dieser Stelle und der mit ihr verbundenen höheren Leistung begründet sei und daher für ihre Inhaber auch eine höhere Besoldung rechtfertige. Der Gesichtspunkt der Vorbildung kommt also mehr auf indirektem Wege zum Ausdruck, findet aber in der Praxis weitestgehende Anwendung. Dies wird durch die tatsächliche Gruppeneinteilung bewiesen. Die Beamtenschaft selbst fordert von jeher, daß ausschlaggebend die verlangte Leistung sein müsse und daß weiterhin die Verantwortlichkeit einer Stelle und die Abnutzung im Dienste, sei es der körperlichen, sei es der geistigen und der Nervenkräfte, zu berücksichtigen seien.

Neben der Frage der Bildung verschiedener Gruppen überhaupt spielt ihr gegenseitiges Verhältnis, die vergleichsweise Höhe ihrer Bezüge und der Abstand, in dem sie voneinander stehen, eine große Rolle beim Aufbau der Besoldungsordnung. Dieser Abstand, „Spannung“ genannt, gilt in den Augen der großen Masse der Beamten als ein Maßstab für den mehr oder weniger stark ausgeprägten sozialen Charakter einer Besoldungsordnung, dergestalt, daß eine geringe Spannung zwischen oben und unten als Zeichen eines in der Besoldungsordnung zum Ausdruck kommenden weitgehenden sozialen Verständnisses gewertet wird. In der Besoldungsordnung von 1909 hatten die Vortragenden Räte (heute Ministerialräte) im Anfangsgehalt das 6,7fache, im Endgehalt das 8,6fache des niedrigsten Besoldungssatzes der untersten Gruppe. In der Besoldungsordnung von 1920 verringerten sich diese Spannungen auf das rund 4fache. Diese Annäherung geschah weniger durch einen Sturz der höheren Gruppen als durch eine verhältnismäßig stärkere Hebung der unteren. Auch die amtliche Begründung kennzeichnet diese Verringerung der Spannungen als „sozialen Ausgleich“. Schon damals jedoch wurden Bedenken gegen eine zu weitgehende Verringerung der Spannungen geltend gemacht, wobei hauptsächlich auf die Notwendigkeit hingewiesen wurde, daß im

Interesse des Staatsdienstes höhere Leistungen auch höher entlohnt werden müßten, um genügend gut befähigte Kräfte zu gewinnen und zu erhalten. In der Folgezeit ruhte der Streit über diese Frage eigentlich niemals. Er flammte bei jeder auch nur interimistischen Besoldungsneuregelung auf. Und nachdem die im Herbst 1923 bei der Stabilisierung der deutschen Währung geschaffenen unzureichenden Gehälter erstmals im Sommer 1924 eine Aufbesserung erfuhren, wurde eine neue Gehaltsskala festgesetzt, die gegenüber der früheren bei den höchsten Gehältern eine Aufbesserung um 71 % bedeutete, wogegen bei den untersten Gruppen nur 17 % Zulage zu verzeichnen waren. In der gegenwärtig gültigen Besoldungsordnung stehen die niedrigsten und die höchsten Grundgehälter bei den Besoldungsgruppen mit aufsteigenden Gehältern im Anfangsgehalt im Verhältnis von 1 zu 5,6, im Endgehalt von 1 zu 6. Eine Übersicht über die sonstigen Spannungen ist der Gehaltstabelle im Anhang zu entnehmen.

Was nun die absolute Höhe der Gehaltssätze selbst anlangt, so sind sie jeweils in freier Würdigung aller hierfür in Betracht kommenden Umstände, insbesondere der Finanzlage der öffentlichen Körperschaften einerseits und der allgemeinen Wirtschaftslage andererseits, gefunden worden. Im Jahre 1909 lehnte man sich weitgehend an die preußischen Gehaltssätze an. 1920 wurden als Grundsätze für die Bemessung der Gehälter die Berücksichtigung der Art und Verantwortlichkeit des Amts, der Vorbildung und Ausbildung des Beamten, des Einkommens, das Angehörige freier Berufe für gleichartige Tätigkeit beziehen, sowie der allgemeinen wirtschaftlichen Lage und Lebenshaltung der Volksgesamtheit aufgestellt. Daneben suchte man damals der Geldentwertung, die man als „Teuerung" bezeichnete, durch einen veränderlichen Teuerungszuschlag Rechnung zu tragen. Charakteristisch für die Beurteilung der Höhe der Beamtenbezüge sind folgende Sätze aus der amtlichen Begründung von 1927: „Schon in der Vorkriegszeit reichten die Gehälter bei den Beamten der unteren Gruppen nur knapp für den Lebensunterhalt aus und auch die mittleren und höheren Beamten konnten, wenn sie nicht Vermögen besaßen, nur bei sparsamer Wirtschaft auskommen. Heute sind die Bezüge in allen Gruppen so knapp geworden, daß sie nur bei allerbescheidenster Lebensführung ein Auskommen gestatten, aber ohne jede Möglichkeit, ausreichende Rücklagen für außerordentliche und unvorhergesehene Bedürfnisse zu machen, und unter weitgehendem Verzicht auf die Befriedigung kultureller Bedürfnisse. Werden besondere Ausgaben irgendwelcher Art nötig, sei es bei der Geburt eines Kindes, bei Krankheiten oder Todesfällen, sei es auch nur infolge dringender Erneuerungsbedürftigkeit von Gebrauchsgegenständen, die in den langen

Kriegs- und Nachkriegsjahren unbrauchbar geworden sind, so steht dem der Beamte hilflos gegenüber und muß Gehaltsvorschüsse, Notstandsbeihilfen und Unterstützungen in Anspruch nehmen, da er infolge der Inflation nicht mehr auf Sparbeträge oder gar eigenes Vermögen zurückgreifen kann. Aber trotz aller dieser Notbehelfe, die nur vorübergehend wirken können, ist die Beamtenschaft in immer tiefere Verschuldung geraten." „Das notwendige Vertrauensverhältnis", so heißt es weiter in der Begründung, „zwischen Beamten und Staat erfordert, die Beamten so zu stellen, daß sie, wenn auch auf bescheidener Grundlage, so doch einigermaßen zufrieden leben und ihre Kinder weiterbilden können."

Großer Wert wird amtlich darauf gelegt, daß man sich bei der Bemessung der Beamtenbesoldung nicht „von lohnwirtschaftlichen Gesichtspunkten" leiten lassen dürfe. Trotzdem sind Vergleiche mit der Lage der Arbeiterlöhne, besonders der in den Staatsbetrieben, von den Verwaltungen sowohl bei Besoldungserhöhungen wie insbesondere bei Gehaltskürzungen stets in stärkstem Maße gemacht worden. Während der Inflationszeit wurde sogar mehrere Jahre hindurch die Anpassung der Bezüge an die Geldentwertung sowohl für die Staatsarbeiter wie für die Beamten auf der Grundlage zweier angenommen vergleichbarer „Stichmänner", eines Beamten der unteren Gruppen und eines Arbeiters, vorgenommen.

Man wird aus den wiedergegebenen amtlichen Darlegungen keine besonders deutlichen Anhaltspunkte für die Bemessung der Gehaltsbezüge gewinnen. Dies gilt auch, wenn man sich die Einzelausführungen für die verschiedenen Gruppen vor Augen führt. In der Begründung von 1927 wird dargelegt, daß für alle Beamten der sozialpolitische Gesichtspunkt der Erhaltung sicherer Lebensstellung und der Erreichung des Gefühls der Zufriedenheit im Vordergrunde stehe. Die Beamten müßten ihrer sozialen Stellung entsprechend an den Errungenschaften der Kultur einen „angemessenen Anteil" haben; die Besoldung müsse sie anreizen, bei sparsamer Lebensführung sich, wenn auch bescheidene Mittel für die Erhaltung ihrer Familie zurückzulegen. Wenn man bedenkt, daß die Erhöhung der Beamtengehälter immer zeitlich hinter dem Ansteigen der Teuerung stark nachhinkte, während umgekehrt Gehaltskürzungen kommenden oder auch nur angekündigten Preissenkungen vorangingen, so erhellt der nur relative Wert solcher amtlichen Grundsätze. Von Interesse dürften dennoch die Ausführungen sein, mit denen die Begründung von 1927 die Besoldungserhöhung für die Gruppen der mittleren und höheren Beamten motivierte:

„Bei den Beamten des gehobenen mittleren Dienstes und des höheren Dienstes tritt nun zu dem Gesichtspunkt der Sicherung der Beamtenstellung und der Zufriedenheit in steigendem Maße der Gesichtspunkt hinzu, ihre Besoldung auch nach dem Prinzip der Leistung einzurichten. In der Hand dieser Beamtengruppen befinden sich in weitestem

Umfange diejenigen Aufgabenkreise des Staates, nach deren richtiger und zutreffender Erledigung die Leistung des Staates selbst beurteilt wird. Gerade in diesen Gruppen entscheidet der Grad der Erfahrung und Einsicht über die Interessen des Staates selbst. Daher fordert der Staat auch für die Anwärter dieser Gruppen eine erhöhte und lang andauernde Ausbildung und setzt bei ihnen die ständige Weiterarbeit an der Entfaltung ihres Könnens und ihrer Persönlichkeit voraus. Hier zeigt sich auch die Gefahr besonders stark, die besteht, wenn die Beamten nicht in der Lage sind, an den kulturellen Errungenschaften unserer Zeit teilzunehmen, die den aus gleichen Schichten hervorgegangenen, in der Wirtschaft tätigen Persönlichkeiten offen stehen. Hier wird es auch erforderlich, die Beamten nicht vom gesellschaftlichen Anschluß an solche Kreise auszuschließen. Nur wer sich selbst in solchen Kreisen bewegt, die für unsere Wirtschaft von ausschlaggebender Bedeutung sind, und in denen die Fragen des öffentlichen Lebens ihren starken Niederschlag finden, wird diesen Kreisen einerseits nicht mit Neid oder Mißgunst gegenüberstehen, andererseits sich aber auch nicht von ihnen blenden lassen und zur Kritik imstande sein. Nun kann es aber keinem Zweifel unterliegen, daß diese Beamtengruppen heute weit schlechter stehen, als sie im Frieden standen. Es soll ganz davon abgesehen werden, daß gerade diese Beamtengruppen im Frieden besonders stark Nutznießer der angesehenen Stellung des Beamtenstandes waren, und daß der Staat es verstand, sie durch Ehrungen aller Art stark an sich zu fesseln. Diese Imponderabilien müssen heute zurücktreten. Aber eine Betrachtung der rein materiellen Verhältnisse zeigt eine starke Benachteiligung dieser Kreise. Der Entwurf hält es für notwendig, aus den hier angeführten staatspolitischen Gründen auch hier eine fühlbare Aufbesserung eintreten zu lassen.

Wenn die zuvor vorgetragenen Gesichtspunkte aus staatspolitischen Gründen bei Aufstellung der Besoldungsordnung haben beachtet werden müssen, so ist es nur folgerichtig, wenn für Beamte in besonders qualifizierten Stellungen diesen Gesichtspunkten besonders Rechnung getragen wird. Gerade die Beamten in diesen Stellungen sind ja in stärkerem Umfange die Träger der für Staat und Volk maßgebendsten Entscheidungen. Für diese Stellungen bedarf es der Persönlichkeiten, die nicht nur in ihrer Ausbildung und ihrem Können hervorragen, sondern denen auch freier Blick und eine gewisse Unabhängigkeit sichergestellt ist. Sie sollen in ihren Entscheidungen oder bei ihren Ratschlägen, die sie den höchsten Organen des Staates zu geben haben, mit ihrer wachsenden Verantwortung und mit der bei ihnen naturgemäß vorhandenen größeren Gefährdung ihrer Stellung auch die Sicherheit in angemessenen Gehältern finden. Nur so wird es auch möglich sein, bei zunehmend aufblühender Wirtschaft zu verhindern, daß hochqualifizierte Persönlichkeiten dem Staatsdienst entzogen werden."

Aus der tatsächlichen Entwicklung ergibt sich sonach, daß ein feststehender Maßstab für die Bemessung der Bezüge der Beamten nicht besteht. Maßgebend ist vielmehr in erster Linie die gesellschaftliche Bewertung der Beamtentätigkeit im ganzen sowie der einzelnen Beamtenkategorien im besonderen, ferner die Finanzlage des Staates und die gesamte wirtschaftliche Lage des Volkes. Je nachdem, ob die während einer Besoldungsneuregelung herrschenden allgemeinen Umstände, insbesondere auch die politischen Verhältnisse der Hervorhebung des einen oder anderen Gesichtspunkts, der zugunsten der einen oder anderen Auffassung oder der oder jener Beamtengruppe spricht, günstig sind, wird dann dieser Rahmen im einzelnen so oder so ausgefüllt. Bei der Bedeutung der Beamtenschaft im Staate und angesichts des Umstands, daß die Bemessung ihrer Besoldung, die sich als Akt der Gesetzgebung in voller Öffentlichkeit und unter sorgfältiger Erwägung aller Umstände vollzieht, immer von weittragender

Wirkung ist, kann man wohl sagen, daß bei der Festsetzung der Beamtenbezüge alle diese Faktoren in besonders genauer und eindringlicher Weise zur Geltung gelangen. Deswegen wird die Höhe der Beamtenbezüge immer ein ziemlich maßgeblicher Gradmesser dafür sein, welche Bewertung die jeweils im Staate zur Geltung kommenden Kräfte diesen Faktoren zuteil werden lassen.

Um einen Anhaltspunkt für die derzeitige Gruppeneinteilung zu geben, würde eine Aufzählung der in den einzelnen Besoldungsgruppen eingereihten Beamten mit ihren Amtsbezeichnungen nicht zweckmäßig sein. Sie ist einerseits sehr umfangreich und daher für Laien wenig übersichtlich, andererseits ist vielfach mit der bloßen Anführung einer Amtsbezeichnung allein die Stellung und die Tätigkeit des betreffenden Beamten nicht genügend klar gekennzeichnet. Es sei daher im folgenden die Aufstellung über die Gruppeneinteilung wiedergegeben, die der Referent für das Besoldungswesen im Reichfinanzministerium in seinem Kommentar zum Besoldungsgesetz veröffentlicht hat:

Bes.Gr. A 12: Beamte mit einfachen Dienstverrichtungen, z. B. Heizer, Wächter und Postboten;

Bes.Gr. A 11: untere Beamte ohne handwerksmäßige Vorbildung, z. B. Amtsgehilfen und Postschaffner;

Bes.G. A 10: untere Beamte mit handwerksmäßiger Vorbildung, z. B. Maschinisten und Drucker; außerdem Betriebsassistenten (d. h. Beamte mit einfacheren Verrichtungen des Assistentendienstes) und Ministerialamtsgehilfen;

Bes.Gr. A 9: Kanzleiassistenten, herausgehobene Beamte mit handwerksmäßiger Vorbildung, Geldzähler, Postkraftwagenführer;

Bes.Gr. A 8b: weibliche Assistenten und Betriebsassistenten im einfacheren mittleren Dienst der Deutschen Reichspost;

Bes.Gr. 8a: Assistenten als Beamte des Büro- und Registraturdienstes (d. h. des einfacheren mittleren Dienstes) und des gleichzubewertenden technischen Dienstes und Betriebsdienstes, außerdem Beamte mit handwerksmäßiger Vorbildung als Werkführer;

Bes.Gr. A 7: Sekretäre als Beamte in Beförderungsstellen des Büro- und Registraturdienstes und des gleichzubewertenden technischen Dienstes und Betriebsdienstes;

Bes.Gr. A 6: Beamte mit handwerksmäßiger Vorbildung in besonders gehobener Stellung (Werkmeister, Oberwerkmeister, Telegraphenbauführer);

Bes.Gr. A 5c: Förster, Revierförster;

Bes.Gr. A 5b: Ministerialkanzleisekretäre, Kanzleivorsteher;

Bes.Gr. A 5a: Beamte mit handwerksmäßiger Vorbildung in besonders gehobener Stellung (Telegraphenoberwerkmeister u. a.);

Bes.Gr. A 4d: frühere Sekretäre, die auf Grund der „Ergänzungsprüfung“ zu Obersekretären ernannt worden sind;

Bes.Gr. 4c: Obersekretäre als Beamte des Sekretariatsdienstes (d. h. des schwierigeren mittleren Dienstes) und des gleichzubewertenden technischen Dienstes und Betriebsdienstes;

Bes.Gr. A 4b: Oberinspektoren als Beamte des Sekretariatsdienstes und des gleichzubewertenden technischen Dienstes und Betriebsdienstes auf besonders wichtigen und durch Verantwortlichkeit herausgehobenen Dienstposten;

Bes.Gr. A 4a: Obersekretäre und Oberinspektoren als Beamte des Sekretariatsdienstes und des gleichzubewertenden technischen Dienstes bei einzelnen in der Besoldungsordnung namentlich aufgeführten Behörden, bei denen eine Herausschälung der besonders wichtigen und durch Verantwortlichkeit herausgehobenen Dienstposten nicht möglich oder nicht tunlich ist;

Bes.Gr. A 3: Amtmänner als Beamte in Spitzenstellungen des schwierigeren mittleren Dienstes;

Bes.Gr. A 2d: Ministerialamtmänner als Beamte des Sekretariatsdienstes in den Ministerien auf schwierigen Dienstposten, Zoll- und Steuerräte als Amtsvorstände oder als Referenten bei den Landesfinanzämtern, Postamtmänner als Amtsvorstände in Stellen von besonderer Bedeutung;

Bes.Gr. A 2c: Regierungsräte als Referenten (auch in den Ministerien) sowie als Leiter von Lokalbehörden und Abteilungsleiter bei großen Lokalbehörden, und zwar in Stellen, für die im allgemeinen hochschulmäßige Vorbildung erforderlich ist;

Bes.Gr. A 2b: Oberregierungsräte als Gruppenleiter oder Träger großer und wichtiger Referate (auch als Referenten in den Ministerien) sowie als Leiter von großen und wichtigen Lokalbehörden;

Bes.Gr. A 2a: Regierungsräte und Oberregierungsräte (Mitglieder) und Gruppenleiter bei einzelnen in der Besoldungsordnung namentlich aufgeführten Behörden;

Bes.Gr. A 1: Ministerialräte sowie Direktoren (oder Senatspräsidenten) bei einzelnen in der Besoldungsordnung namentlich aufgeführten Behörden.

2. Diäten

Die außerplanmäßigen Beamten, die in der Besoldungsgesetzgebung mancher Länder auch „Anwärter“, „Stellenanwärter“ oder „nichtständige Beamte“ heißen, erhalten an Stelle des Grundgehalts Vergütungen, die im Reichsbesoldungsgesetz Diäten genannt sind. Früher und auch noch nach dem Besoldungsgesetz von 1909 wurden die Bezüge der außerplanmäßigen Beamten durch den Reichskanzler bestimmt. Erst im Jahre 1920 wurde die Regelung der Diäten in das Gesetz selbst aufgenommen. Die Diäten waren bemessen nach Prozentsätzen des Anfangsgrundgehalts derjenigen Besoldungsgruppe, in der der Beamte beim regelmäßigen Verlauf seiner Dienstlaufbahn zuerst planmäßig angestellt wird. Die Diätensätze selbst sind nach Dienstaltersstufen gestaffelt wie die Grundgehälter, doch sind die Aufrückungsfristen bedeutend kürzer und betragen, abgesehen von einer Ausnahme für eine bestimmte Gruppe weiblicher Beamten bei der Reichspostverwaltung, fünf Jahre. Nach dem Gesetz von 1920 waren die Sätze 70%, 80%, 85%, 90% und 95% des entsprechenden Anfangsgrundgehalts. Die Aufrückung in den Dienstaltersstufen geschah in Abständen von einem Jahre. Diese Sätze wurden jedoch sehr bald als zu niedrig angesehen und im Laufe der Jahre mehrfach erhöht. Zuletzt betrugen sie in den ersten beiden Jahren 95%, im dritten Jahre 98% und im vierten und fünften Jahre 100%. Vom sechsten Jahre an erhielten die Diätare das Anfangsgrundgehalt ihrer Eingangsbesoldungsgruppe; außerdem stiegen sie nach zweijährigem Bezug des Anfangsgehalts, auch ohne planmäßig angestellt zu sein, in den Dienstaltersstufen wie die planmäßigen Beamten auf, mit dem Unterschiede, daß ihnen die entsprechenden Beträge nicht als Grundgehalt, sondern als Diäten gewährt wurden. Außerdem sah das Besoldungsgesetz von 1920 vor, daß die Diätare nach Vollendung einer diätarischen Dienstzeit von fünf Jahren (Versorgungsanwärter vier Jahre) planmäßig anzustellen sind. Diese Bestimmung ist jedoch formell nie in Kraft getreten. Bei der Besoldungsreform von 1927 wurde sie beseitigt und durch eine Vorschrift ersetzt, wonach die außerplanmäßige Dienstzeit fünf Jahre nicht übersteigen „soll". Ferner wurde 1927 die prozentuale Berechnung der Diäten beseitigt und durch eine Vergütungstabelle mit festen Sätzen ersetzt. Hiernach sind die Diäten sowohl nach Dienstaltersstufen wie nach Besoldungsgruppen gestaffelt. Jedoch schließt sich die Staffelung nach Besoldungsgruppen nicht mehr genau an die Gruppeneinteilung der planmäßigen Beamten an; vielmehr sind für die Bemessung der Diäten jeweils mehrere Besoldungsgruppen zusammengefaßt. Bei Vergleich der festen Sätze von 1927 mit den Prozentsätzen des früheren Besoldungsgesetzes ergibt sich, daß die neue Staffel in den ersten beiden Jahren durchschnittlich 83%, im dritten und vierten Jahre 89% und im fünften Jahre etwa 94% der Anfangsgrundgehälter ausmacht. Vom sechsten Jahre an erhalten die Diätare auch jetzt noch das Anfangsgrundgehalt ihrer Eingangsgruppe, jedoch rücken sie bis zu ihrer planmäßigen Anstellung nicht mehr weiter in den Dienstaltersstufen ihrer Grundgehälter auf. Ein gewisser Ausgleich hierfür ist dadurch gegeben, daß die ein bestimmtes Maß übersteigende außerplanmäßige Dienstzeit später bei der planmäßigen Anstellung auf das Besoldungsdienstalter (siehe IV E 2) angerechnet wird, wodurch unter Umständen der Zeitverlust in der Aufrückung nachgeholt werden kann.

Zum Unterschied von den planmäßigen Beamten haben die außerplanmäßigen Beamten keinen Rechtsanspruch auf die Dienstalterszulagen. Diese können ihnen vielmehr versagt werden, „wenn gegen das dienstliche oder außerdienstliche Verhalten des Beamten eine erhebliche Ausstellung vorliegt". Gegen die Versagung der Zulagen gibt es ein Beschwerderecht. Die Versagung wirkt höchstens für ein Jahr.

3. Wohnungsgeldzuschuß

Neben dem Grundgehalt oder den Diäten erhalten die planmäßigen sowie die außerplanmäßigen Beamten einen weiteren Besoldungsbestandteil, der nach dem geltenden Besoldungsrecht „Wohnungsgeldzuschuß" heißt. (Bis zum Jahre 1920 erhielten den Wohnungsgeldzuschuß nur die planmäßigen Beamten.) Die Ursache dafür, daß sich eine solche Aufteilung des Diensteinkommens der Beamten in zwei Hauptbestandteile, das Grundgehalt bzw. die Diäten einerseits und den Wohnungsgeldzuschuß andererseits, herausentwickelt hat, ist in dem Umstande zu suchen, daß sich die Reichsbeamten nach dem Beamtenrecht jederzeit die Versetzung in ein anderes gleichwertiges Amt an einem anderen Orte gefallen lassen müssen. Da mit einer solchen Versetzung wegen der teueren Lebensverhältnisse, insbesondere der höheren Mieten, die an dem neuen Dienstort des Beamten unter Umständen bestehen, eine Verringerung der Kaufkraft seines Einkommens verbunden sein kann, suchte man, um die materielle Gleichstellung in den verschiedenen Orten zu erreichen, einen Ausgleich durch die verschieden hohe Bemessung eines Besoldungsbestandteils, nämlich des Wohnungsgeldzuschusses, herbeizuführen. Während also das Grundgehalt für die Beamten einer Kategorie an allen Orten gleich hoch ist, unterstellt man, daß durch die verschiedene Bemessung des Wohnungsgeldzuschusses die tatsächliche Kaufkraft des Diensteinkommens gleich hoch erhalten wird, so daß für den Beamten mit der Versetzung keine geldlichen Nachteile verbunden sind. Es liegt auf der Hand, daß dieser in der Grundidee gerechte Gedanke in der praktischen Anwendung auf gewisse Schwierigkeiten stößt und Streitfragen aufwirft, die wohl niemals ganz befriedigend gelöst werden können.

Die Hauptschwierigkeit liegt in der Beantwortung der Frage, wie groß die örtlichen Kaufkraftunterschiede sind und an welchen Maßstäben sie einigermaßen einwandfrei gemessen werden können. Ferner ist eine alte Streitfrage die, ob dieser Besoldungsbestandteil sämtliche Unterschiede der Lebenshaltungskosten oder nur die verschiedene Höhe der Mieten ausgleichen soll. Und schließlich gehen, soweit man die letzte Auffassung zugrunde legt, die Meinungen noch auseinander darüber, ob das Wohnungsgeld eine volle Abgeltung der Mietkosten oder nur einen Zuschuß zu den Mietaufwendungen der Beamten darstellen soll. Ohne an dieser Stelle in eine Auseinandersetzung über diese verschiedenen Streitfragen einzutreten, sei lediglich die tatsächliche Entwicklung kurz skizziert.

Vor dem Jahre 1909 war der Wohnungsgeldzuschuß der einzige gesetzlich geregelte Besoldungsbestandteil. Ihm lag neben den oben genannten Motiven ohne Zweifel noch der Gedanke zugrunde, einen gewissen Ausgleich für den allgemeinen örtlich verschiedenen Aufwand der Beamten zu bilden mit dem Ziele, die gesellschaftliche Stellung der Beamten entsprechend dem Lebenszuschnitt der verschiedenen Gesellschaftsklassen auf einem bestimmten, für die einzelnen Beamtengruppen als richtig angenommenen Niveau zu erhalten. Ein besonderes Merkmal für diesen „gesellschaftlich notwendigen" Aufwand stellte nach den herrschenden Auffassungen die Wohnungsgröße und damit die Höhe der Wohnungsmieten dar. Das Besoldungsgesetz von 1920 ließ jedoch derartige Auffassungen in den Hintergrund treten und bezeichnete als Zweck des von ihm „Ortszuschlag" genannten zweiten Besoldungsbestandteils, „den Beamten einen Ausgleich für die örtlichen Verschiedenheiten der Lebensverhältnisse unter Berücksichtigung namentlich des vollen Wohnungsbedürfnisses, aber auch der Unterschiede in den übrigen Kosten der Lebenshaltung" zu gewähren. Die Berücksichtigung des vollen Wohnungsaufwands entsprach den seit langer Zeit von der Beamtenschaft erhobenen Forderungen. Nun waren aber zu der Zeit, als das Gesetz von 1920 geschaffen wurde, unter der Einwirkung der Kriegswirtschafts- und der Nachkriegsverhältnisse mit ihrer Lebensmittelknappheit auch die Preise für den sonstigen Lebensunterhalt, insbesondere für Nahrungsmittel, örtlich sehr verschieden. Schon für das Jahr 1907 war in einer vom Statistischen Reichsamt durchgeführten Erhebung von Haushaltsrechnungen minderbemittelter Familien festgestellt worden, daß der Aufwand für Nahrungsmittel und für Miete mit der Größe der Orte absolut und im Verhältnis zu den Gesamtausgaben eines Haushalts steigt. Zudem hatten sich in der Kriegszeit die Ausgaben für Nahrungsmittel bedeutend stärker erhöht als die für Mieten. In Berücksichtigung dieser Umstände kam man 1920 dazu, an Stelle des Wohnungsgeldzuschusses den Ortszuschlag einzuführen, der alle Teuerungsunterschiede der einzelnen Orte erfassen und ausgleichen sollte. Aus Zweckmäßigkeitsgründen wurde jedoch für die Bemessung des Ortszuschlages die im Jahre 1909 geschaffene Ortsklasseneinteilung beibehalten. Diese Einteilung beruhte auf Erhebungen der Jahre 1907 und 1908, und war im Jahre 1920 bereits vollkommen veraltet. Jedoch fehlte es an einer neuen einwandfreien Grundlage für eine sachgemäße Änderung der Ortsklasseneinteilung. Erst nach Inkrafttreten des Besoldungsgesetzes von 1920 wurde im Laufe des Jahres 1921 eine neue Ortsklasseneinteilung geschaffen, bei der in langwierigen Verhandlungen und Prüfungen der einzelnen Verhältnisse versucht wurde, den Gesichtspunkt einer Berücksichtigung der örtlichen Teuerungsunterschiede zur Geltung zu bringen. Zunächst jedoch behalf man sich damit, daß man den nach der bestehenden Ortsklasseneinteilung abgestuften Ortszuschlag auf durchschnittlich das 2½fache des früheren Wohnungsgeldzuschusses erhöhte. Diese Erhöhung ging über das Verhältnis der Geldentwertung hinaus und versuchte auf diese Weise den Grundgedanken der Berücksichtigung des vollen Wohnungsbedürfnisses sowie der sonstigen Teuerungsverhältnisse zu verwirklichen. Während der Inflationszeit blieb dieses System grundsätzlich bestehen. Der Ortszuschlag wurde jeweils im selben Verhältnis wie die Grundgehälter durch prozentuale Teuerungszuschläge der Geldentwertung angepaßt. Ein vorübergehender, wohl mehr durch finanzielle Rücksichten als durch sachliche Erwägungen beeinflußter Versuch, den Teuerungszuschlag nach Ortsklassen abzustufen und in den niedrigeren Ortsklassen geringer zu bemessen als in den höheren, stieß auf stärksten Widerstand der Beamtenschaft und wurde nach kurzer Zeit wieder fallengelassen. Nach der Stabilisierung der Währung wurde zunächst der Ortszuschlag in Goldwährung neu festgesetzt, ohne daß am System selbst etwas geändert wurde.

Nachdem jedoch im Sommer 1924 die Grundgehälter erstmals neu geregelt worden waren, wurde auf Grund des Ermächtigungsgesetzes am 1. November 1924 auch der Ortszuschlag einer Neuregelung unterworfen. Er wurde gänzlich abgeschafft und durch einen Wohnungsgeldzuschuß ersetzt. Gleichzeitig wurde ein neues Ortsklassenverzeichnis aufgestellt und eingeführt. Beide Maßnahmen geschahen ohne Mitwirkung der Beamtenschaft und gegen ihren ausdrücklichen Widerspruch. Die eingeführten Neuerungen hatten ihren Grund auch darin, daß mit dem bisherigen System nach Auffassung der Verwaltungen keine befriedigende Regelung zu erzielen war. Man war zu der Ansicht gekommen, daß sich „die Teuerungszulage eines Ortes nicht in einer bestimmten, zum Vergleich mit anderen Orten geeigneten Zahl ausdrücken lasse". In der Tat hatten auch Meinungsverschiedenheiten zwischen Beamtenschaft und Verwaltung darüber, ob die Teuerungszahl einer Gemeinde richtig festgestellt sei oder ob ihre wirkliche Höhe nicht die Einreihung des betreffenden Ortes in eine höhere Ortsklasse rechtfertige, während der Geltungsdauer des früheren Systems zu sehr vielen Berufungen geführt. Deshalb kehrte man im Jahre 1924 wieder zu einem System zurück, das nur auf der Grundlage der Wohnungsmiete aufgebaut war. Es wurde eine umfangreiche Erhebung über die Friedensmiete der tatsächlich von den Beamten bewohnten Wohnungen durchgeführt. Auf Grund dieser Erhebung, bei der ca. 600000 Beamte befragt wurden, wurden nach einem bestimmten Verfahren für jede Erhebungsgemeinde Durchschnittsmietzahlen als Vergleichszahlen mit den anderen Orten errechnet. Diese Vergleichszahlen wurden sodann in Verhältnis gesetzt zu den gleichzeitig neu eingeführten tatsächlichen Beträgen des Wohnungsgeldzuschusses. Bei deren Festsetzung lehnte man sich in gewissem Umfange an die Höhe des Wohnungsgeldzuschusses in der Vorkriegszeit an. Es wurde also keine zwangsläufige Abhängigkeit zwischen tatsächlich gezahlten Mieten und Höhe des Wohnungsgeldes geschaffen, sondern die auf Grund der Mietshöhe sich ergebende Gruppierung wurde dazu verwandt, den aus sonstigen Gründen nach fünf Ortsklassen abgestuften und in seiner Höhe anderweitig festgesetzten Wohnungsgeldzuschuß auf die einzelnen Ortsklassen zu verteilen. Hierbei wurde so verfahren, daß zunächst fast sämtliche Großstädte der Ortsklasse A zugewiesen wurden. Aus der Mietzahl dieser Orte ergab sich dann die Abgrenzung gegen die nächstniedrigeren Orte bzw. die Ortsklasse B, sowie auch die Grenze zwischen den übrigen Ortsklassen, indem einfach systematisch stufenweise herabgegangen wurde. Durch diese Methode ist also zwar eine feste Grundlage für die Zuweisung der einzelnen Orte an eine bestimmte Ortsklasse gegeben, nicht erreicht ist jedoch ein durch die tatsächlichen Miet- usw. Verhältnisse begründeter Zusammenhang zwischen der Höhe des Wohnungsgeldzuschusses, den die einzelnen Beamten erhalten, und den wirklichen Unterschieden in den Aufwendungen für Mieten und sonstige örtlich verschiedene Lebensbedürfnisse. Die Folge davon ist, daß ebenso wie bis zur Einführung des Ortszuschlages im Jahre 1920 von den Beamten die Versetzung in einen Ort einer niedrigeren Ortsklasse als Maßnahme mit disziplinärem Beigeschmack aufgefaßt wird, weil die damit verbundene Einkommensminderung nicht ohne weiteres in den tatsächlichen Verhältnissen begründet erscheint. Von den Beamten in den Kleinstädten und Landorten, die allgemein in den niedrigeren Ortsklassen liegen, wird geltend gemacht, daß sie häufig infolge schlechterer Verkehrsverhältnisse, größerer Aufwendungen für Kindererziehung und -ausbildung, ungünstigerer Einkaufsmöglichkeiten usw. teuerer lebten als die Beamten in den größeren Städten. Umgekehrt besteht jedoch auch die Auffassung, daß der Mehrbetrag des Wohnungsgeldzuschusses in den Großstädten kein ausreichender Ausgleich für die mit den Lebensverhältnissen in solchen Orten verbundenen Mehraufwendungen sei.

Der Wohnungsgeldzuschuß ist ebenso wie der frühere Ortsklassenzuschlag nicht nur abgestuft nach Ortsklassen, sondern auch nach der Höhe des Grundgehalts. Hierbei liegt die Auffassung zugrunde, daß der allgemeine Lebensaufwand, insbesondere der Mietaufwand, sich mit steigendem Einkommen erhöhe. Die Beamtenschaft in den unteren und mittleren Gruppen betrachtet von jeher diese Unterscheidung als ein Merkmal sozialer Klassenscheidung, gegen das sie sich mit Nachdruck wendet. Besonders wird stets, und zwar mit einem gewissen Recht, geltend gemacht, daß der Wohnungsaufwand hauptsächlich durch die Größe der Familie bedingt sei und infolgedessen bei einem Beamten einer unteren Gruppe mit zahlreicher Familie größer sei als etwa bei einem höheren Beamten, der kinderlos ist. Bis zu einem gewissen Grade ist diesen Auffassungen im Besoldungsgesetz von 1920 Rechnung getragen worden, indem damals die zweite Abstufung des Ortszuschlages (neben der Abstufung nach Ortsklassen) nicht wie früher nach Tarifklassen oder Besoldungsgruppen vorgenommen wurde, sondern nach Grenzen des Grundgehalts. Auf diese Weise wurde bei dem damals vorhandenen, weitgehenden Überschneiden der Grundgehälter erreicht, daß ältere Beamte in den niedrigeren Besoldungsgruppen denselben Ortszuschlag erhielten wie jüngere Beamte in den höheren Gruppen. Bei der Besoldungsreform von 1927 wurde auch die Abgrenzung des Wohnungsgeldzuschusses nach Gehaltsgrenzen beseitigt und an ihre Stelle wieder, wie vor dem Kriege, die Einteilung nach Besoldungsgruppen gesetzt. Hiermit sind die alten Tarifklassen wieder aufgelebt, die von den Beamten allgemein gleichzeitig als Klasseneinteilung der Beamtenschaft selbst empfunden werden. Der in der Höhe des Wohnungsgeldzuschusses sich ausdrückende „amtlich zugebilligte Wohnungsaufwand“ ist beispielsweise in der höchsten Ortsklasse in der Tarifklasse I 15,9mal so hoch wie in der Ortsklasse D in der niedrigsten Tarifklasse.

Die Sätze des Wohnungsgeldzuschusses sind seit der Neuregelung von 1924 unverändert geblieben. Sie gelangten jedoch nicht stets in voller Höhe zur Auszahlung; vielmehr wurden die auszuzahlenden Prozentsätze des tarifmäßigen Betrages vom Reichsfinanzminister entsprechend der Steigerung der Zuschläge zu den Friedensmieten für die der Wohnungswirtschaft unterliegenden Altwohnungen mehrfach neu festgesetzt. Diese Prozentsätze des zur Auszahlung gelangenden Wohnungsgeldzuschusses betrugen:

Ab 1. November	1924	. . . .	85 %
„ 1. April	1925	. . . .	95 %
„ 1. April	1926	. . . .	100 %
„ 1. April	1927	. . . .	110 %
„ 1. Oktober	1927	. . . .	120 %

Ohne Rücksicht auf die bis 1. Januar 1932 gleich gebliebene Höhe der Mieten, die zuletzt in allen Landesteilen nicht unerheblich über 120 % der Friedensmiete lagen, wurden mit den im Sommer 1930 einsetzenden Gehaltskürzungen auch die Wohnungsgeldzuschüsse in zunehmendem Maße der Kürzung unterworfen. Seit Juli 1931 ist dabei die Kürzung in den Ortsklassen B bis D um ungefähr 1 % höher als in den Orten der Sonderklasse und der Ortsklasse A. Bei dieser durch Verordnung ohne Mitwirkung des Gesetzgebers eingeführten Kürzung hat offenbar der Gedanke von den billigeren allgemeinen Lebensverhältnissen in den kleineren Orten eine Rolle gespielt. Damit hat man eigentlich die Grundlagen der im Jahre 1924 geschaffenen Ortsklasseneinteilung und die Festsetzung des Wohnungsgeldzuschusses, für die doch nur die genau ermittelte tatsächliche Miethöhe maßgebend sein sollte, offenbar wieder verlassen. Da die Kürzungen an den Gesamtbezügen vorgenommen werden und je nach der Höhe dieser Gesamtbezüge verschieden hoch sind, läßt sich die genaue Einwirkung der Gehaltskürzung auf den Wohnungsgeldzuschuß allein nicht feststellen. Ab 1. Januar 1932 wird jedoch (ohne die Kürzung des Kinderzuschlages) die Gehaltssenkung in jedem Falle über 20 % liegen, so daß der zur Auszahlung gelangende Teil des Wohnungsgeldzuschusses höchstens ca. 95 % der Tarifsätze beträgt bei einer Miethöhe von beispielsweise in Berlin 121,5 % der Friedensmiete (nach der Mietsenkung). Hierbei ist noch zu beachten, daß die Tarifsätze selbst keine volle Abgeltung der tatsächlichen Friedensmieten, sondern nur einen Zuschuß zu den Mietkosten darstellen. Unter diesen Umständen ist der Anteil des für Wohnungsmieten aufzuwendenden Gehaltsteils naturnotwendig mit jeder Gehaltskürzung nicht unerheblich gestiegen, wodurch die für die sonstigen Ausgaben zu verwendenden Gehaltsteile sowohl absolut wie relativ sinken mußten.

Die außerplanmäßigen Beamten erhalten den Wohnungsgeldzuschuß in der Höhe, die für ihre Eingangsbesoldungsgruppe maßgebend ist. Während der Geltung des Besoldungsgesetzes von 1920 erhielten sie entsprechend der Aufrückung in den Diätensätzen vom 8. Jahre an den vollen der Höhe ihrer Diäten entsprechenden Ortszuschlag. Jedoch bestand auf diese Steigerungen kein Rechtsanspruch. Die am 1. Oktober 1927 im Dienste gewesenen außerplanmäßigen Beamten erhalten, ebenso wie sie in den Diäten nach dem alten System weiter aufrücken, auch jetzt noch bei der Erreichung der betreffenden Dienstaltersstufe gegebenenfalls auch das Wohnungsgeld einer höheren Tarifklasse in den Fällen, in denen dies für planmäßige Beamte bestimmt ist.

Keinen Wohnungsgeldzuschuß erhalten verheiratete weibliche Beamte, wenn der Ehemann Beamter oder Angestellter des Reichs, eines Landes, einer Gemeinde oder einer sonstigen Körperschaft des öffentlichen Rechts ist. Diese Beamtinnen können jedoch den Wohnungsgeldzuschuß bewilligt erhalten, wenn sie wegen völliger Erwerbsunfähigkeit (nicht Erwerbslosigkeit) des Ehemannes allein für den Unterhalt der Familie zu sorgen haben oder zur ehelichen Gemeinschaft nicht verpflichtet sind. Verwitwete und geschiedene weibliche Beamte erhalten den vollen Wohnungsgeldzuschuß. Sonst erhalten verheiratete weibliche Beamte den Wohnungsgeldzuschuß zur Hälfte. Keinen Wohnungsgeldzuschuß erhalten ferner die ledigen Polizeibeamten beim Reichswasserschutz in den Besoldungsgruppen 5 bis 8, wenn ihnen kasernenmäßige Unterkunft gewährt wird. Ledige Beamte erhalten im übrigen bis zum vollendeten 45. Lebensjahre an Stelle des sich aus dem Tarif ergebenden Wohnungsgeldzuschusses den der nächstniedrigen Tarifklasse; dies gilt nicht für Geistliche, die die Seelsorge ausüben.

Dagegen kann schwerkriegsbeschädigten ledigen Beamten der volle Wohnungsgeldzuschuß bewilligt werden, wenn sie infolge ihrer Beschädigung eine Person ständig in ihren Hausstand aufnehmen müssen oder wegen ihrer Beschädigung eine größere Wohnung nehmen müssen, als sie ledige Beamte in der Regel innehaben.

4. Kinderzuschlag

Kinderzulagen bestanden in der Vorkriegsbesoldung nicht. Während des Krieges, als mit dem beginnenden Währungsverfall an die Beamten Teuerungszulagen gewährt wurden, begann man auch zum Ausgleich für die besonders bei kinderreichen Familien unzureichende Höhe der Bezüge Kinderzulagen einzuführen. Nachdem diese einmal einen gewissen Umfang angenommen hatten, wäre ihr Abbau bei der Besoldungsgesetzgebung im Jahre 1920 mit Schwierigkeiten verbunden gewesen. Außerdem war damals auch eine gewisse allgemeine Stimmung für die Gewährung solcher Zulagen vorhanden. In der Begründung zum Besoldungsgesetz wurde die Gewährung von Kinderzulagen als ein Ausfluß der öffentlich-rechtlichen Fürsorgepflicht des Staates gegenüber der Beamtenschaft bezeichnet. Ausdrücklich wurde hervorgehoben, daß das System der Kinderzulagen kein „Verstoß gegen die Leistungstheorie" sei, da beim Entgelt jeder Arbeit neben dem Wert der Arbeitsleistung für den Arbeitgeber die Selbstkosten für den Arbeitnehmer, zu denen auch die Unterhaltungskosten der Familie gehören, zu berücksichtigen seien.

Im übrigen seien die Kinderzuschläge nur ein Beitrag zu den „Kosten der Aufzucht". In der Beamtenschaft waren die Meinungen über die Kinderzuschläge geteilt. Während zuerst die Zahl der Gegner überwog, hat sich mit der Zeit eine mehr duldende Haltung der Beamtenschaft entwickelt, die jedenfalls auf der als unzureichend empfundenen Höhe der übrigen Besoldungsbestandteile beruht. Allgemein jedoch wenden sich die Beamtenorganisationen stets gegen eine allzu große Höhe der Kinderzulagen, von der sie eine Herabdrückung oder Niedrighaltung der Grundgehälter befürchten.

Ursprünglich wollte der Entwurf von 1920 die Kinderzulagen unter Einfügung von Mindest- und Höchstgrenzen prozentual aus dem Ortszuschlag berechnen. Jedoch wurde dieses System vom Reichstag abgelehnt und der Kinderzuschlag in festen Sätzen wie folgt festgesetzt:

Für Kinder bis zum 6. Lebensjahre	40 RM	monatlich
„ „ „ „ 14. „	50 RM	„
„ „ „ „ 21. „	60 RM	„

In der Inflationszeit wurden diese Sätze jeweils mit den Gehältern selbst durch entsprechende Erhöhungen der Geldentwertung angepaßt. Ende 1923, nach der Stabilisierung der Währung, betrugen die Kinderzuschläge in den drei Lebensaltersstufen 11 RM, 12,50 RM und 14 RM. Sie wurden im Mai 1924 auf 16 RM, 18 RM und 20 RM, und im Dezember 1924 auf 18 RM, 20 RM und 22 RM erhöht. Auf diesem Satze blieben sie bis zur Besoldungsreform von 1927 bestehen. Ab 1. Oktober 1927 wurde der Kinderzuschlag in allen Altersstufen einheitlich auf 20 RM festgesetzt. Durch die Zweite Gehaltskürzungsverordnung vom 5. Juni 1931 wurde der Kinderzuschlag für das erste Kind auf 10 RM herabgesetzt, für das zweite Kind verblieb es bei 20 RM, für das dritte und vierte Kind trat eine Erhöhung auf 25 RM, für das fünfte und jedes weiteres Kind auf 30 RM ein. Die Kürzung des ersten Kinderzuschlages wirkte sich naturgemäß für die Beamten in den unteren Besoldungsgruppen besonders hart aus, weil bei ihnen, zumal angesichts der sonstigen Gehaltskürzungen, die Kinderzulage einen weitaus größeren Bestandteil des Gesamteinkommens ausmacht als bei den Beamten mit höheren Gehältern. Zum Beispiel betrug beim Inkrafttreten des Besoldungsgesetzes von 1920 ein Kinderzuschlag 8,7 % des Endgehalts der Schaffnergruppe, 6,5 % des Endgehalts der Obersekretärgruppe und 4,8 % des Endgehalts der Regierungsratsgruppe. Vor der Besoldungsreform von 1927 betrugen diese Sätze 15,4 %, 7,0 % und 4,0 %.

Über die Gewährung des Kinderzuschlages ist noch zu bemerken, daß er grundsätzlich an die Beamten aller Besoldungsgruppen in gleicher Höhe gezahlt wird und daß auch Wartestandsbeamte und Pensionäre den

Kinderzuschlag erhalten. Außer für die ehelichen Kinder wird der Kinderzuschlag auch für solche Kinder des Beamten gezahlt, die für ehelich erklärt sind oder die an Kindesstatt angenommen sind. Ferner für Stiefkinder und für uneheliche Kinder, wenn die Vaterschaft des Beamten festgestellt ist und der Beamte nachweislich für den vollen Unterhalt des Kindes aufkommt. In der Altersstufe von 16 bis 21 Jahren wird der Kinderzuschlag nur gewährt, wenn das Kind sich noch in der Schul- oder Berufsausbildung befindet und kein eigenes Einkommen von mehr als 30 RM monatlich hat. Bis zu dieser Einkommensgrenze des Kindes wird der Kinderzuschlag auch über 21 Jahre hinaus gewährt, wenn das Kind wegen eines körperlichen oder geistigen Gebrechens dauernd erwerbsunfähig ist. Der Kinderzuschlag kann unter den sonstigen Voraussetzungen auch gewährt werden für Pflegekinder und Enkel, die der Beamte in seinen Hausstand aufgenommen hat und für deren Unterhalt oder Erziehung er keine Vergütung erhält. Verheiratete oder geschiedene weibliche Beamte erhalten Kinderzuschläge nur, wenn der Ehemann bei Berücksichtigung seiner sonstigen Verpflichtungen außerstande ist, ohne Gefährdung des standesgemäßen Unterhalts der Familie diese zu unterhalten.

5. Frauenzuschlag

Die Gewährung eines besonderen Frauenzuschlages neben dem sonstigen Einkommen und den Kinderzuschlägen war ursprünglich dem deutschen Besoldungsrecht fremd. Erst im Jahre 1922 wurde der Frauenzuschlag eingeführt. Er betrug ab 1. April 1922 2500 Mk. jährlich und wurde in der Folgezeit laufend der Geldentwertung angepaßt. Nach der Stabilisierung waren die Beträge des Frauenzuschlages

ab	1. Dezember	1923	7 RM	monatlich
„	1. April	1924	8 RM	„
„	1. Juni	1924	10 RM	„
„	1. Dezember	1924	12 RM	„

Auf diesem Satze blieb der Frauenzuschlag bis zur Besoldungsreform von 1927 bestehen. Bei der Reform des Besoldungsgesetzes wurde der Frauenzuschlag in die Grundgehälter „eingebaut", d. h. er wurde abgeschafft. Nur die vor dem 1. Oktober 1927 pensionierten Beamten erhalten den Frauenzuschlag weiter, da auch ihre Pensionen, abgesehen von den Zuschlägen, die sie bei der Besoldungsreform erhielten, sich aus den Gehaltssätzen des Gesetzes von 1920 berechnen. Der Frauenzuschlag wurde in der Zeit seines Bestehens gewährt für die unterhaltsberechtigten Ehefrauen der Beamten sowie an verwitwete Beamte, die im eigenen Hausstand für den vollen Unterhalt von Kindern aufkamen, für die Kinderzuschläge zu zahlen waren. Nach der Abschaffung des Frauenzuschlages wurde die unterschiedliche Bemessung der Bezüge bei ledigen und kinderlos verheirateten Beamten, auf die man nicht verzichten zu können glaubte, durch die Herabstufung der ledigen Beamten im Wohnungsgeldzuschuß herbeigeführt.

Schon die kurze Dauer des Bestehens eines Frauenzuschlages zeigt, daß mit seiner Einführung keine guten Erfahrungen gemacht worden sind. Er ist von der Beamtenschaft im allgemeinen abgelehnt worden und hat wegen seiner geringfügigen Höhe auch bei den Empfängern der Zulage keine Befriedigung ausgelöst. Im übrigen steht die Beamtenschaft auf dem Standpunkt, daß eine unterschiedliche Besoldung der ledigen und der kinderlos verheirateten Beamten ungerechtfertigt ist.

6. Stellenzulagen

In der Besoldung der Vorkriegszeit bestanden neben der großen Zahl von Besoldungsgruppen noch vielfach besondere Stellenzulagen, die an Beamte in besonders verantwortungsreichen Stellen oder in Beförderungsstellen gewährt wurden. Bei der Schaffung des Besoldungsgesetzes von 1920 war man der Meinung, daß die zwanzig Gehaltsgruppen „allen Anforderungen genügen", und daß keine Beamtengruppe eine Besserstellung oder auch nur eine Sonderstellung für sich in Anspruch nehmen dürfe. Deswegen müßten Stellenzulagen oder ähnliche fortlaufende Vergütungen aus dem Hauptamte vermieden werden. Es war deshalb auch im Besoldungsgesetz bestimmt, daß Zulagen nur insoweit fortgezahlt oder bewilligt werden dürften, als dies durch den Reichshaushaltsplan ausdrücklich unter Bereitstellung von Mitteln zugelassen werde. Lediglich für gewisse Kategorien von Eisenbahnbeamten im Betriebsdienste waren ursprünglich Stellenzulagen von durchschnittlich 400 Mk. jährlich vorgesehen; diese wurden jedoch schon im Dezember 1920 mit rückwirkender Kraft wieder aufgehoben. Der Wegfall aller persönlichen und aller Stellenzulagen entsprach damals einem lebhaft geäußerten Wunsche der Beamtenschaft. Sie vertrat die Meinung, daß höher zu bewertende Stellen entsprechend höher in die Besoldungsgruppen einzureihen seien, daß aber im übrigen innerhalb gleichzubewertender Gruppen keine besondere Hervorhebung einzelner Beamter oder einzelner Stellen stattfinden dürfe.

Im Gegensatz hierzu gelangte die Besoldungsreform von 1927 wieder zur Einführung von Stellenzulagen, die damit begründet wurde, daß bei der vom neuen Gesetz vorgenommenen Zusammenfassung zusammengehörender Beamten in einer Besoldungsgruppe, die früher in zwei oder mehr Gruppen getrennt waren, solche Stellen innerhalb einer zusammengefaßten Gruppe, die sich durch schwierigere Leistungen und größere

Verantwortlichkeit aus der Allgemeinheit hervorheben, zweckmäßigerweise mit einer Zulage ausgestattet werden müßten. Man hat also zunächst bisher getrennte Gruppen zusammengefaßt und dann, um die trotzdem notwendige Unterscheidung in der Besoldung zu erreichen, die einheitliche Besoldung wieder durch Zulagen differenziert. Welcher Gewinn für die Beamten mit diesem Verfahren erzielt werden soll, ist nicht deutlich. Für die Verwaltung allerdings ergibt sich der Vorteil, daß die Zahl der Zulagen jeweils fest begrenzt ist, und daß die Zulagen an ganz bestimmte Stellen gebunden sind, so daß im Enderfolg die geldliche Verbesserung einem geringeren Kreise von Beamten zugute kommt als beim Bestehen einer Beförderungsgruppe, in die schließlich jeder sachlich qualifizierte Beamte einrücken konnte. Die Einführung der Zulagen wirkt sich also als Einschränkung des Aufstiegs und als Kostenersparnis aus. Der von der Begründung angeführte Zweck der Zulagen, daß sie „ein Ansporn zu besonderen Leistungen“ sein sollen, hat sie in der Beamtenschaft von jeher unbeliebt gemacht, weil man darin die Gefahr persönlicher Begünstigung einzelner Beamten sah. In der Tat sind auch die Befürchtungen, die 1920 zur Abschaffung der Stellenzulagen führten, nach ihrer Wiedereinführung sofort wieder aufgetreten. Da die Zahl der Stellenzulagen durch den Haushaltsplan oder durch das Gesetz festgesetzt wird, werden naturgemäß alljährlich anläßlich der Etatberatungen die Wünsche und Forderungen einzelner Beamten sowie ganzer Beamtengruppen hervorgerufen, die unter Berufung auf andere Beamten für sich die Gewährung von Stellenzulagen erstreben.

Die gegenwärtige Besoldungsordnung kennt zwei Arten von Stellenzulagen: Unwiderrufliche und pensionsfähige, sowie widerrufliche und nichtpensionsfähige Zulagen. Von der ersten Art sind im Gesetz folgende Zulagen vorgesehen:

*800 RM jährlich an Oberregierungsräte als Abteilungsvorsitzende und als Mitglieder der Beschwerdeabteilung beim Reichspatentamt, in der Besoldungsordnung A, Gr. 2a.

600 RM jährlich an Ministerialamtmänner beim Büro des Reichspräsidenten und in der Reichskanzlei, sowie an Verwaltungsdirektoren in der Reichsschuldenverwaltung, in der Besoldungsordnung A, Gr. 2d.

600 RM jährlich an Oberzollräte und Obersteuerräte, in der Besoldungsordnung A, Gr. 2d.

*200 RM jährlich an Heeresverpflegungsamtsvorsteher, Heeresunterkunftsamtsvorsteher, Heeresbekleidungsamtsvorsteher, Vorsteher der Remonteämter, Marineverpflegungsamtsvorsteher, Marineunterkunftsamtsvorsteher, Magazinvorsteher bei den Werften, in der Besoldungsordnung A, Gr. 4b.

400 RM an Ministerialkanzleisekretäre beim Büro des Reichspräsidenten, in der Reichskanzlei, in der Presseabteilung der Reichsregierung, in der Besoldungsordnung A, Gr. 5b.

300 RM jährlich an zwei Maschinenbetriebsleiter beim Reichskanalamt, in der Besoldungsordnung A, Gr. 6.

150 RM jährlich an Drucker beim Auswärtigen Amt, Reichsministerium des Innern, Reichsamt für Landesaufnahme, Reichsarbeitsministerium, Reichswehrministerium (Heer und Marine), bei der Deutschen Seewarte, beim Reichsfinanzministerium, bei den Landesfinanzämtern und deren nachgeordneten Behörden, Reichspostministerium; an Maschinisten beim Reichstag, bei der Reichsvermögensverwaltung für die besetzten rheinischen Gebiete, beim Reichswirtschaftsgericht, bei den Versorgungsdienststellen, beim Bildungswesen im Bereiche des Reichswehrministeriums, bei den Heeresverpflegungsämtern, beim Sanitätswesen (Heer und Marine), bei den Marineunterkunftsämtern, beim Küsten- und Vermessungswesen, beim Reichsgericht, bei der Seezeichenverwaltung, beim Reichskanalamt, beim Rechnungshof, bei den Landesfinanzämtern und deren nachgeordneten Behörden, bei der Reichsbauverwaltung, bei der Liegenschaftsverwaltung der ersten Besatzungszone, beim Reichspostministerium; an Bauaufseher bei der Marinebauverwaltung, bei den Werften, beim Festungsbauwesen und bei der Reichsbauverwaltung, in der Besoldungsordnung A, Gr. 11.

Diese Zulage erhalten diejenigen Drucker, Maschinisten und Bauaufseher für ihre Person, die in der alten Besoldungsordnung in der Besoldungsgruppe IV eingereiht waren.

300 RM jährlich an Oberbotenmeister beim Auswärtigen Amt, Ministerium des Innern, Reichswirtschaftsministerium, Reichsarbeitsministerium, Reichsjustizministerium, Reichswehrministerium (Heer und Marine), Reichsgericht, Reichspatentamt, Reichsministerium für Ernährung und Landwirtschaft, Reichsverkehrsministerium, Rechnungshof, Reichsschuldenverwaltung, Reichsfinanzministerium, Reichspostministerium; an Ministerialhausinspektoren bzw. Hausinspektoren beim Auswärtigen Amt, Ministerium des Innern, Reichswirtschaftsministerium, Reichsarbeitsministerium, Reichsjustizministerium, Reichswehrministerium (Heer und Marine), Reichsgericht, Reichspatentamt, Reichsministerium für Ernährung und Landwirtschaft, Reichsverkehrsministerium, Rechnungshof, Reichsfinanzministerium, Reichsfinanzhof, Reichspostministerium, in der Besoldungsordnung A, G. 10.

*150 RM jährlich an Botenmeister, denen mehr als 15 ständige Kräfte im Botendienst unterstellt sind, in der Besoldungsordnung A, Gr. 11a.

1000 RM jährlich an Senatspräsidenten beim Reichsgericht, in der Besoldungsordnung B, Gr. 6.

Die mit einem Stern versehenen Zulagen werden ihrer Zahl nach durch den Reichshaushaltsplan bzw. durch den Voranschlag der Deutschen Reichspost festgestellt; die Anzahl der übrigen Zulagen ist in einer Anlage zum Besoldungsgesetz selbst festgelegt.

Von nicht ruhegehaltsfähigen und widerruflichen Zulagen ist nur eine vorgesehen, und zwar 200 RM jährlich für eine gewisse Anzahl von Bezirksoberpostinspektoren der Besoldungsgruppe A 4b, die im Bezirksaufsichtsdienst beschäftigt sind. Die Zahl dieser Zulagen wird durch den Voranschlag der Deutschen Reichspost festgestellt.

Man wird nicht sagen können, daß durch diese Zulagen, die sich nach Meinung der Begründung „streng an die Erfordernisse des sachlichen Bedürfnisses" halten, die Besoldungsordnung übersichtlicher und einfacher geworden wäre. Vorteile haben von ihnen immer nur wenige Beamte, während die große Masse der übrigen Beamten sich benachteiligt fühlt und durch die Existenz der Zulagen auch ihrerseits zu Forderungen auf Verbesserung ihrer Bezüge veranlaßt wird.

7. Leistungszulagen

Neben diesen, an einzelne bestimmte Stellen gebundenen Zulagen gibt es, und zwar ausschließlich bei der Deutschen Reichsbahn, noch sogenannte Leistungszulagen, die von der Verwaltung in gewissen Zeitabständen an einzelne Beamte für besondere Leistungen vergeben werden. Derartige Zulagen wurden erst eingeführt, nachdem durch die Reparationsgesetze des Jahres 1924 die Deutsche Reichsbahn ein selbständiger Betrieb geworden war. Die Leistungszulagen haben in der Beamtenschaft starken Widerstand gefunden.

Für die Bemessung und Verteilung der Zulagen an die Beamten des unteren und mittleren Dienstes bestehen allgemeine Richtlinien. Die Verteilung an die höheren Beamten jedoch wird nach besonderen, bisher nicht bekanntgegebenen Grundsätzen vorgenommen. Die Zulagen können gewährt werden einmal als Anerkennung für besondere, aus dem allgemeinen Rahmen herausragende Leistungen, zum anderen Teil sind es sogenannte Dienstpostenzulagen, die mit bestimmten Dienstposten von besonderer Bedeutung verbunden sind. Die Zulagen dieser Art werden in der Regel laufend gewährt und betragen vierteljährlich:

in den Gruppen 17 und 17a	der Reichsbahnbesoldungsordnung	30,— RM
„ „ „ 16 bis 13 und 13a		45,— „
„ „ „ 12 „ 9 „ 9a		75,— „
„ „ „ 8 „ 7 „ 7a		110,— „
„ „ „ 6		150,— „

Folgende Beamtenkategorien befinden sich in den obengenannten Gruppen:

Bes.Gr. 17: Bahnwärter;

Bes.Gr. 17a: Maschinenwärter, Bahnhofsgehilfe, Schrankenwärter,

Bes.Gr. 16: Botenmeister bei der RBD. oder dem Zentral.Amt, Amtsgehilfe;

Bes.Gr. 15: Rottenführer, Leitungsaufseher, Materialaufseher, Weichenwärter, Maschinist, Drucker, Zugschaffner, Triebwagenschaffner, Ladeschaffner, Bahnhofsschaffner, Rangierer, Schiffsheizer, Matrose;

Bes.Gr. 14: Reichsbahnbetriebsassistent bei der Betr.Verwtg., Wagenaufseher, Oberdrucker, Oberbotenmeister der H.V. und der Grupp.-Verw. Bayern, Amtsmeister der H.V., Hausinspektor der H.V., Hauptverwaltungsgehilfe;

Bes.Gr. 14a: Obermaschinist für Heiz- und Kraftwerke;

Bes.Gr. 13: Lokomotivheizer, Triebwagenführer, Funker, Kraftwagenführer;

Bes.Gr. 13a: Kanzleiassistent;

Bes.Gr. 12: Lademeister, Rangiermeister, Rottenmeister, Leitungsmeister, Stellwerksmeister, Materialmeister;

Bes.Gr. 11: Reichsbahnassistent (nichttechn. u. techn.) im Büro-, Registratur- und Kanzleidienst der H.V. und Grupp.Verw. Bayern, Reichsbahnassistent (techn. u. nichttechn.) bei der Betriebsverwaltung, Vermessungsassistent, Werkführer, Werkführer für Stellwerke, Werkführer für Druckerei, Telegraphenwerkführer, Wagenmeister, Reservelokführer, 3. Seemaschinist auf Hochseefährschiffen, 3. Seesteuermann auf Hochseefährschiffen, Schiffsführer, Schiffsmaschinist, Steuermann;

Bes.Gr. 10: Zugführer;

Bes.Gr. 9a: Bahnmeister, Oberwerkführer für Stellwerke, Oberwagenmeister, Oberzugführer, Zugrevisor, Oberlademeister, Oberrangiermeister, Oberrottenmeister, Oberleitungsmeister, Oberstellwerksmeister, Obermaterialmeister;

Bes.Gr. 9: Vermessungssekretär, Lokomotivführer, Werkmeister, Wagenmeister, Telegraphenwerkmeister, Werkmeister für Druckerei, Schiffskapitän, Schiffsobermaschinist;

Bes.Gr. 8: Kanzleisekretär der H.V., Kanzleivorsteher bei den RBD.en, 2. Seesteuermann auf Hochseefährschiffen, 2. Seemaschinist auf Hochseefährschiffen;

Bes.Gr. 7: Reichsbahnobersekretär (techn. u. nichttechn.) im Sekretariats- und Registraturdienst der H.V. und der Grupp.Verw. Bayern, Reichsbahnobersekretär (techn. u. nichttechn.) bei der Betriebsverwaltung, Vermessungsobersekretär, Kanzleivorsteher der H.V., 1. Seesteuermann auf Hochseefährschiffen, 1. Seemaschinist auf Hochseefährschiffen;

Bes.Gr. 7a: Vermessungsobersekretär (techn. u. nichttechn.), Reichsbahnobersekretär, Reichsbahnsekretär, Oberlokomotivführer, Lokomotivbetriebsrevisor, Betriebsoberwerkmeister;

Bes.Gr. 6: Oberlandmesser, Reichsbahnoberinspektor (techn. u. nichttechn.) im Sekretariats- oder Registraturdienst der H.V. und der Grupp.Verw. Bayern, Reichsbahnoberinspektor (techn. u. nichttechn.) bei der Betriebsverwaltung, Vermessungsoberinspektor.

Außerdem können einmalige Zulagen gewährt werden an Beamte, die die Voraussetzungen für die Gewährung laufender Zulagen nicht voll erfüllen, sich aber doch so auszeichnen, daß sie in größeren als vierteljährlichen Abständen Zulagen erhalten können. Die Zulagen sind widerruflich und nicht pensionsfähig.

Inwieweit die Leistungen des Personals durch diese, viel Neid und Mißgunst erregenden Zulagen erhöht worden sind, ist nicht bekannt geworden. Außerhalb der Reichsbahngesellschaft ist bei den übrigen Behörden und öffentlichen Betrieben das System der Leistungszulagen unbekannt.

8. Ministerialzulagen

Eine besondere Stellung nehmen die sogenannten Ministerialzulagen ein. Es ist eine alte Streitfrage im deutschen Besoldungswesen, ob die Beamten der Zentralbehörden, d. h. also der Ministerien, in Rücksicht auf die verantwortungsvollere und zum Teil auch anstrengendere Tätigkeit schon bei der Einreihung in die Besoldungsgruppen höher zu bewerten seien als gleichartige Beamte bei den Provinzial- und Lokalbehörden. Bei der Besoldungsreform des Jahres 1920 wurden derartige Unterscheidungen, soweit sie in der Besoldungsordnung von 1909 bestanden hatten, abgeschafft. Bemerkenswert sind die Ausführungen der Begründung:

„Zur Schaffung einer Austauschmöglichkeit von Beamten der Zentralbehörden und der übrigen Behörden ist beabsichtigt, in den Zentralbehörden Stellen mit demselben Gehalt einzurichten wie bei den Provinzialbehörden. Durch den Wechsel der Beamten soll erreicht werden, daß die Beamten den Geschäftsumfang und Geschäftsverkehr in den anderen Behörden sowie die Bedürfnisse der Bevölkerung in der Provinz näher kennenlernen und die gemachten Erfahrungen und dort erworbenen Kenntnisse bei späterer Rückkehr mit Nutzen verwerten können. Zur Durchführung dieser Maßnahme, die der Einheitlichkeit der ganzen Verwaltung zugute kommt und gleichzeitig im Interesse der Kostenersparnis liegt, soll ein Teil der in den Zentralbehörden bisher vorhandenen Stellen der Gruppen VI, IX, X und XIII (Ministerialkanzleisekretäre, Ministerialregistratoren, Ministerialsekretäre und Ministerialräte) in solche der Besoldungsgruppen IV bis VII und X bis XII umgewandelt werden. Den in den neuen Stellen bei den Zentralbehörden angestellten oder vorübergehend beschäftigten Beamten wird als Ausgleich für die verantwortungsvollere und angestrengtere Arbeitstätigkeit gegenüber den Provinzialbehörden, die auch angenehmere Lebensbedingungen als Berlin bieten, während der Dauer dieser Tätigkeit eine Zulage gewährt werden müssen. Die mit eigentlichen Ministerialgehältern ausgestatteten ‚Nichtaustausch'-Beamten, z. B. die Ministerialräte und Ministerialsekretäre, wären von diesen Zulagen auszuschließen."

Gleichzeitig also mit der Beseitigung der besonderen Hervorhebung der Ministerialbeamten und ihrer Gleichstellung mit den Provinzialbeamten hielt man es für erforderlich, auf anderem Wege einen Anreiz für die Ministerialstellen zu schaffen. Durch den Reichshaushalt wurden Mittel für sogenannte Ministerialzulagen bereitgestellt. Anfänglich erhielten solche Zulagen nur Beamte, die nicht in sogenannten „eigentlichen Ministerialstellen" angestellt waren, sondern in Stellen, die auch bei den Provinzialbehörden in derselben Besoldungsgruppe eingereiht waren. Später jedoch wurden die Bestimmungen mehrfach geändert, mit dem Endergebnis, daß schließlich alle planmäßigen Beamten der Zentralbehörden sowie alle vorübergehend bei einer solchen Behörde beschäftigten planmäßigen und außerplanmäßigen Beamten die Zulage erhielten. Die Behörden, bei denen die Zulage gezahlt wird, sind folgende: Büro des Reichspräsidenten, Reichskanzlei, sämtliche Reichsministerien, Reichstag, Rechnungshof, Reichssparkommissar, Vorläufiger Reichswirtschaftsrat, Reichsgericht, Reichsfinanzhof. Beamte, die eine anderweitige Dienstaufwandsentschädigung erhalten, sind vom Empfang der Ministerialzulage ausgeschlossen. Die Gewährung der Zulage ist an die Vollendung des 28. Lebensjahres gebunden. Die Zulage ist in folgender Weise abgestuft:

Besoldungsgruppe	Stufe	Betrag (monatlich)
A 8a, 8b, 9, 10 (soweit nicht Stufe II zugeteilt), 11 und 12	I	20 RM
A 5b (soweit nicht der Stufe III oder IV zugeteilt), 6, 7, aus 8a, 8b und 9 Beamte, die bis 30. November 1927 Grundgehalt nach Bes.Gr. V Bes.O. 20 bezogen haben, aus 10 Oberbotenmeister und Ministerialhausinspektoren	II	30 RM
A 5b Ministerialkanzleisekretäre (soweit nicht in St.IV)	III	40 RM
A 4a, 4b, 4c, 4d, 5a, aus 5b die Ministerialkanzleisekretäre, die mit der regelmäßigen Stellvertretung des Kanzleivorstehers betraut sind .	IV V	60 RM 70 RM
A 2a, 2b, 2c, 2d (soweit nicht in Stufe VI), 3. .	VI	85 RM
A 2a, 2c und 2d mit Referententätigkeit sowie A 2b	VII	100 RM
A 1 und B 3 bis B 8		

9. Örtliche Sonderzuschläge

Während der Inflationszeit bestand ein enger Zusammenhang zwischen den Beamtenbezügen und den Löhnen der Reichsarbeiter. Insbesondere war die Lohnlage bei der großen Masse der Eisenbahn- und der Postarbeiter mitausschlaggebend für die Festsetzung der infolge der Geldentwertung notwendig gewordenen Zuschläge zu den Beamtenbezügen. Die Löhne der Reichsarbeiter jedoch, und im besonderen die Löhne der Handwerker unter ihnen, waren in großem Maße abhängig von den in der Privatindustrie an gleichartige Arbeiter gezahlten Löhnen. Entsprechend den Standorten der Industrie und den damit zusammenhängenden Verschiedenheiten der Arbeitsmarktlage waren jedoch die Privatarbeiterlöhne im Reiche außerordentlich verschieden. Für die Reichsarbeiter waren die Löhne in Reichstarifen festgelegt. Um nun die Möglichkeit zu haben, die Reichsarbeiterlöhne an einzelnen Orten der dort vorhandenen besonderen Höhe der Privatarbeiterlöhne anzugleichen, ging man, und zwar zuerst bei der Reichseisenbahnverwaltung, dazu über, den Arbeitern an einzelnen Orten sogenannte Wirtschaftsbeihilfen als Zuschläge zum Tariflohn zu bezahlen. Später entwickelten sich hieraus sogenannte örtliche Lohn- oder Sonderzuschläge. Durch ihre Ausdehnung und Erhöhung entstand jedoch ein Mißverhältnis zwischen den Löhnen der Eisenbahnarbeiter und den Gehältern der Eisenbahnbeamten. Dieses Mißverhältnis war bei dem engen Zusammenhang, in dem gerade im Eisenbahnbetriebe Arbeiter- und Beamtendienst stehen, auf die Dauer unerträglich. Es führte dazu, daß das System der örtlichen Sonderzuschläge auch auf die Eisenbahnbeamten und damit auf alle Reichsbeamten sowie in der Folgezeit auch auf alle übrigen Beamten ausgedehnt wurde. Erstmals vom 1. Oktober 1922 ab stellte der Reichshaushalt Mittel bereit und ermächtigte den Reichsfinanzminister, mit Zustimmung des Reichsrats an Orten mit besonders schwierigen wirtschaftlichen Verhältnissen den Reichsbeamten, den Wartestandsbeamten sowie den Pensionären und den Beamtenhinterbliebenen örtliche Sonderzuschläge zu gewähren. Die Zuschläge wurden in Prozentsätzen zum Grundgehalt, den Diäten, dem Ortszuschlag bzw. Wohnungsgeld, den Kinder- und Frauenzulagen, den Wartegeldern, Pensionen und Hinterbliebenenbezügen berechnet. Den größten Umfang sowohl der Zahl der Orte wie der Höhe der Sätze nach erreichten die örtlichen Sonderzuschläge in der Zeit der Hochinflation. Am zahlreichsten und am höchsten waren sie im Westen des Reichs, insbesondere in den besetzten Gebieten. Diese Ausdehnung des Systems der örtlichen Sonderzuschläge entsprach nicht immer dem Willen der Verwaltung, war jedoch vielfach nach der Lage der Verhältnisse unvermeidbar. Den als notwendig angesehenen Abbau der Zulagen jedoch konnte man nur in der Weise vornehmen, daß bei Gelegenheit von Besoldungserhöhungen ein Teil der Zulagen in die Aufbesserung der Bezüge eingerechnet wurde. Auf diese Weise wurden hohe Sonderzuschläge stufenweise herabgesetzt, niedrige zum Verschwinden gebracht. Bis zur Besoldungsreform von 1927 war bereits ein erheblicher Abbau eingetreten. Aus Anlaß der Reform wurde eine wesentliche Reduzierung sowie ein Umbau der Zuschläge vorgenommen. Die Zuschläge wurden von jetzt ab nur noch zum Grundgehalt bzw. den Diäten, nicht mehr zu den übrigen Besoldungsbestandteilen gewährt. Außerhalb des besetzten Gebietes blieb die Zulage nur noch für Berlin, Hamburg und Altona bestehen. Im besetzten Gebiet wurden zwei Gruppen geschaffen, von denen die eine 8%, die andere 5% örtlichen Sonderzuschlag erhielt. Soweit der hierbei vorgenommene Abbau der Zulage 8% bzw. 10% betrug, wurde zum Ausgleich eine einmalige, in zwei Raten zahlbare Abfindungssumme zugebilligt. Im übrigen wurde bestimmt, daß nach der Räumung der westdeutschen Gebiete durch die fremde Besatzung die Zulagen in derselben Weise wie schon 1927 im unbesetzten Gebiet abgebaut werden. Infolgedessen bestehen örtliche Sonderzuschläge heute nur noch in den drei oben genannten Orten, und zwar in Höhe von 3% zum Grundgehalt sowie in etwa 100 Orten des westdeutschen Grenzgebiets in Höhe von 5%.

10. Besatzungszulage

Die während der Besetzung deutschen Gebietes durch fremde Truppen in der Besatzungszone obwaltenden, besonders ungünstigen wirtschaftlichen Verhältnisse haben zur Einführung einer besonderen Beihilfe an die Beamten dieser Gebiete geführt. Die Zulage wurde seit April 1920 gewährt, und zwar an Beamte, die ihren dienstlichen Wohnsitz im besetzten Gebiet hatten. Mit der Räumung der besetzten Gebiete fielen die Zulagen weg. Sie betrugen zuletzt:

An aktive Beamte	ledig . . .	38,40 RM	jährlich
	verheiratet	48,— RM	„
„ Wartegeldempfänger und Pensionäre	ledig . . .	19,20 RM	„
	verheiratet	24,— RM	„
„ Beamtenwitwen		19,20 RM	„

Hierzu trat in allen Fällen, in denen sonst Kinderzuschläge gezahlt werden, eine Kinderzulage von 9,60 RM jährlich. Während der ersten Zeit der Inflation war die relative Höhe der Besatzungszulage gegenüber dem sonstigen Gehalt und damit auch ihre Bedeutung für die Beamten ungleich größer. Erst durch die Ausdehnung und Erhöhung der örtlichen Sonderzuschläge wurde die Besatzungszulage allmählich in den Hintergrund gedrängt.

11. Dienstprämien

Die Gewährung von besonderen Dienstprämien kommt, abgesehen von der Reichsbahn, nur in seltenen Fällen vor. So können z. B. Polizei- und Landjägereibeamte der Länder nach 18- bzw. 24jähriger Dienstzeit eine

Dienstprämie erhalten, die in der Regel das Doppelte des zuletzt bezogenen Monatsgehalts beträgt. Die an verschiedene Beamtengruppen gezahlten sogenannten „Zehrgelder“ haben nicht den eigentlichen Charakter von Dienstprämien, kommen ihm jedoch nahe. So werden z. B. an die Zollbeamten im Grenzüberwachungsdienst Zehrgelder von früher 6 RM, neuerdings 30 RM monatlich gezahlt; die Erhöhung wurde ausdrücklich mit den zur Zeit bestehenden erhöhten Schwierigkeiten und Gefahren bei der Schmuggelbekämpfung begründet.

Bei der Reichsbahn werden folgende Dienstprämien laufend ausgeschüttet:

a) Lokomotiv-Leistungsprämien an die Fahrbediensteten auf Dampflokomotiven. Der Festsetzung der Prämien liegt ein kompliziertes Berechnungssystem zugrunde, nach dem der Unterschied zwischen der angenommenen Soll-Leistung und der Ist-Leistung einer Lokomotive festgestellt wird. Der hiernach auf die Lokomotive entsprechend der erzielten Mehrleistung entfallende Betrag der Prämie wird auf die beteiligten Bediensteten (sowohl Beamte wie Arbeiter) anteilmäßig verteilt. Die Prämie bewegt sich zwischen 80 RM bei 10% Mehrleistung und 3120 RM bei 200% Mehrleistung. Sie gelangt vierteljährlich zur Auszahlung. Auf die Prämie besteht kein Rechtsanspruch.

b) Rangierprämien. Sie werden ausgezahlt für gute Leistungen an die im eigentlichen Rangierdienst tätigen Bediensteten (Beamte und Arbeiter). Die Prämie ist widerruflich. Es besteht kein Rechtsanspruch auf sie. Sie beträgt 20 Pfennig je Kopf und Schicht und kann beim Vorliegen besonderer Verhältnisse um einen Betrag bis zu 20 Pfennig erhöht werden.

c) Prämien für die Entdeckung oder Verhütung von Schäden an Bahnanlagen und Fahrzeugen, und für Ermittlung und Anzeige von Mißständen. Reichsbahnbedienstete, die an Betriebsanlagen oder Fahrzeugen betriebsgefährdende Schäden entdecken, erhalten sogenannte ordentliche Prämien, die sich zwischen 1 bis 9 RM für den Einzelfall bewegen. Bedienstete, die dienstlich für die betriebsfähige Instandhaltung der Anlagen usw. verantwortlich sind, sind von der Zahlung solcher Prämien ausgeschlossen. Sogenannte außerordentliche Prämien bis zum Betrage von 200 RM werden an Reichsbahnbedienstete (übrigens auch an Privatpersonen) gezahlt, wenn sie eine durch Schäden an den Anlagen drohende Betriebsgefahr durch entschlossenes und zweckmäßiges Handeln rechtzeitig abwenden oder wesentlich herabmindern.

C. Nebenbezüge

Neben den Bezügen, die die Beamten für die regelmäßige Ausübung ihres gewöhnlichen Dienstes erhalten, werden beim Vorliegen besonderer

Verhältnisse an die Beamten verschiedenartige Entschädigungen gewährt, die teils in Geld, teils in Naturalleistungen bestehen. Entsprechend den vielgestaltigen Verhältnissen, die auf diesem Gebiete vorliegen, sind die Bestimmungen hierüber sehr zahlreich und vielfach äußerst kompliziert. Es dürfte für die Aufgabe der vorliegenden Untersuchung ausreichen, wenn die wichtigsten dieser Entschädigungen kurz aufgeführt werden. Bei dem Umfang der in Frage kommenden Vorschriften muß dabei auf die Darstellung von Einzelheiten verzichtet werden.

1. Reisekosten

Für Dienstreisen, d. h. Reisen im Interesse des Dienstes und zur Ausführung von Dienstgeschäften, erhalten die Beamten Reisekostenentschädigungen. Diese bestehen im Ersatz der etwaigen Fahrkosten, in Tagegeld und in Übernachtungsgeld. Die Tage- und Übernachtungsgelder sind ihrer Höhe nach eingeteilt in sieben Stufen; innerhalb jeder Stufe wieder bestehen zwei Sätze: ein höherer für sogenannte besonders teure Orte und ein niedrigerer für die anderen Orte. Von den vollen Sätzen des Tagegeldes werden gewährt:

bei einer Dauer der Dienstreise bis zu	3 Std.	—
,, ,, ,, ,, ,, ,, ,,	6 ,,	$^{3}/_{10}$
,, ,, ,, ,, ,, ,, ,,	8 ,,	$^{5}/_{10}$
,, ,, ,, ,, ,, ,, über	8 ,,	$^{10}/_{10}$

Beamte, die vorübergehend außerhalb ihres dienstlichen Wohnsitzes bei einer Behörde beschäftigt sind oder sich sonst zu auswärtigen Diensten voraussichtlich länger als vierzehn Tage aufhalten, erhalten vom Beginn der dritten Woche ab anstatt der ordentlichen Tagegelder ermäßigte Entschädigungen, sogenannte Beschäftigungstagegelder. Beamte, denen ein Amtsbezirk überwiesen ist und die durch die Art ihrer Dienstgeschäfte zu häufigen Dienstreisen genötigt sind, erhalten an Stelle der ordentlichen Tagegelder sogenannte Bezirkstagegelder, die niedriger sind als die Reisetagegelder.

Die Reisekostenvergütungen (Tage- und Übernachtungsgelder) betrugen ab 1. Oktober 1921:

Stufe	Tagegeld		Übernachtungsgeld	
	bes. teure Orte	andere Orte	bes. teure Orte	andere Orte
I	5,60 RM	4,05 RM	3,60 RM	3,40 RM
II	7,20 RM	6,30 RM	4,80 RM	4,05 RM
III	9,60 RM	9,— RM	7,20 RM	4,50 RM
IV	11,20 RM	10,80 RM	8,— RM	5,40 RM
V	12,80 RM	12,60 RM	9,60 RM	7,20 RM

Die Verteilung der Besoldungsgruppen auf die „Stufen“ I bis V ist dieselbe wie bei den Umzugskosten (S. Nr. 2).

2. Umzugskosten

Die Gewährung von Umzugskosten stützt sich auf § 18 des Reichsbeamtengesetzes und ist zur Zeit durch die seit dem 1. Juli 1928 in Kraft befindliche Umzugskostenverordnung für die Reichsbeamten geregelt.

Bei jeder Versetzung hat der Beamte Anspruch auf Umzugskostenvergütung, deren Höhe sich nach verschiedenen Merkmalen richtet, je nachdem eine Versetzung im Inland oder eine solche im Ausland oder vom Inland zum Ausland oder umgekehrt in Frage steht. Für Versetzungen im Inland werden die Umzugskosten nach folgender Stufeneinteilung erstattet:

Stufe	Beamte, denen Grundgehalt gewährt wird nach der Besoldungsordnung			Soldaten,
	A	A (Anlage)	B	C
I	9 bis 12	6 bis 8	—	16 bis 22
II	6 „ 8b	5	—	11 „ 15
III	4a „ 5c	4	—	8 „ 10
IV	2a „ 3	1 bis 3	—	5 „ 7
V	1	—	6 bis 8	3 und 4
VI	—	—	4 und 5	2.
VII	—	—	1 bis 3	1

Die Umzugskostenvergütung ist nach den oben angegebenen Stufen und nach der räumlichen Entfernung, über die der Umzug durchgeführt werden muß, abgestuft. Nach der Regelung vom 2. Mai 1928 waren für verheiratete Beamte mit eigenem Hausstand Grundbeträge von 240 RM bis 1000 RM und Steigerungsbeträge, je nach der Entfernung, von 1,50 RM bis 50 RM vorgesehen. Im Zusammenhang mit den vom Reiche 1931 durchgeführten Sparmaßnahmen sind diese Sätze durchweg um 10 % gekürzt worden und betragen ab 1. September 1931:

Stufe	Grundbetrag bis 5 km Entfernung	Steigerungsbeträge für die weiteren Entfernungen					
		über 5 bis 50 km für je 5 km	über 50 bis 200 km	über 200 bis 400 km	über 400 bis 600 km	über 600 bis 800 km	über 800 km
			für je 10 km				
		RM	RM	RM	RM	RM	RM
I	216	14,40	7,20	4,50	3,60	2,25	1,35
II	270	18,—	9,—	5,85	4,50	2,70	1,80
III	360	22,50	11,70	7,20	5,40	3,60	2,25
IV	540	32,50	16,20	10,80	8,10	5,40	3,15
V	900	45,—	21,60	14,40	10,80	7,20	4,50

Unverheiratete Beamte mit eigenem Hausstand erhalten nur die Hälfte, verheiratete Beamte ohne eigenen Hausstand nur zwei Zehntel der aus der Tabelle ersichtlichen Summe. Bei Entfernungen unter 50 km tritt ab 1. September 1931 eine weitere Kürzung ein, indem nur 80 % der bereits um 10% gesenkten Grundbeträge usw. zustehen. Unverheirateten Beamten ohne eigenen Hausstand werden die durch die Beförderung des Umzugsgutes nachweislich entstandenen notwendigen Auslagen zurückerstattet.

Wird der Umzug aus dienstlichen Gründen innerhalb derselben politischen Gemeinde vorgenommen, so werden ebenfalls Umzugskostenvergütungen, aber in wesentlich beschränkterem Umfange, gezahlt.

Ist der Beamte infolge plötzlicher Versetzung gezwungen, für seine bisherige Wohnung bis zum Ablauf des Mietvertrages Wohnungsmiete zu zahlen, so kann ihm für eine gewisse Zeitdauer eine Mietentschädigung gezahlt werden.

In ähnlicher Weise sind die Umzugskostenvergütungen für Auslandsversetzungen unter Anpassung an die jeweils im betreffenden Lande herrschenden Verhältnisse geregelt.

Umfangreiche Ausführungsbestimmungen befassen sich mit Umzugskostenvergütungen für Umzüge aus einer Notwohnung in eine Dauerwohnung, für Wartegeld- bzw. Ruhegeldempfänger bei Übernahme einer Beschäftigung im Reichs-, Staats- oder Gemeindedienst, Beihilfen für Wohnungsinstandsetzungen aus gesundheitlichen Gründen, Abstandssummen zur Erlangung von Wohnungen für versetzte Beamte, Beihilfen zur Beschaffung von Öfen und Herden usw.

3. Wohnungsbeschaffungsbeihilfe

Infolge der herrschenden Wohnungsnot war es oft nicht möglich, den aus dienstlichen Anlässen versetzten Beamten am neuen Wohnort eine Wohnung zu verschaffen. Die Verwaltung sah sich deshalb genötigt, die Wohnungsbeschaffung durch Gewährung von besonderen Beihilfen zu erleichtern. Diese Beihilfen konnten immer dann gezahlt werden, wenn es gelang, durch ihre Gewährung neuen Wohnraum für die Beamtenschaft sicherzustellen. Sie betrugen im allgemeinen ein Vielfaches der Trennungsentschädigung und wurden nach den tatsächlichen jeweiligen Umständen besonders festgesetzt. Der frühere Höchstbetrag des Achtfachen der Trennungsentschädigung ist gleichzeitig mit den Gehaltskürzungen wesentlich gesenkt worden; außerdem ist im Zusammenhang mit dem Abbau der Wohnungszwangswirtschaft die Bewilligung stark eingeengt, meistens überhaupt nur noch mit Einwilligung der Ministerialinstanz zulässig.

4. Entschädigung für doppelte Haushaltführung

Die Entschädigung für doppelte Haushaltführung, die sogenannte Trennungsentschädigung, ist auf den großen Wohnungsmangel in der Nachkriegszeit zurückzuführen. Versetzten Beamten ist es meistens nicht möglich gewesen, sich am neuen Dienst- bzw. Wohnort eine neue Wohnung zu beschaffen. Sie waren infolgedessen häufig gezwungen, allein nach dem neuen Dienstort überzusiedeln und mußten ihre Familie so lange am alten Wohnsitz zurücklassen, bis sie eine Wohnung bekamen. In diesen Fällen sollte eine tägliche Entschädigung für die durch die besonderen Umstände bedingten Mehrkosten bewilligt werden. Sie war verschieden, je nachdem der alte Haushalt noch fortgeführt wurde, oder das Mobiliar entgeltlich untergestellt wurde, und bewegte sich, in fünf Stufen gestaffelt, von 2 bis 10 RM täglich.

5. Nachtdienstzulagen

Besondere Entschädigungen für Nachtdienst werden im allgemeinen nicht gezahlt. Für einige wenige Beamtengruppen jedoch sind durch Haushaltsbewilligungen Ermächtigungen zur Zahlung von Nachtdienstzulagen erteilt. In größerem Umfange werden Nachtdienstzulagen nur gezahlt im Bereiche der Postverwaltung und der Deutschen Reichsbahn. Hier betragen sie 50 Rpf für die Nacht, wenn der Nachtdienst nach 12 Uhr und vor 4 Uhr nachts abgeleistet wird.

6. Kleidergeld

Bestimmte Beamtenkategorien sind bekanntlich zum Tragen von Dienstkleidung verpflichtet. Dies trifft in der Hauptsache für gewisse Kategorien von Eisenbahn- und Postbeamten zu, ferner für die Polizeibeamten, Landjägereibeamten, Zollbeamten, Forstbeamten, Strafanstaltsaufsichtsbeamten, Justizwachtmeister u. a. m. Daneben kommt für gewisse Beamtentätigkeiten das Tragen von Berufs- oder Schutzkleidung in Frage. Bei der Reichspostverwaltung werden die Kosten der Beschaffung von Dienstkleidung in der Weise aufgebracht, daß der für einen bestimmten Normalverbrauch nötige Aufwand von einer Kleiderkasse bestritten wird, zu der die zum Tragen von Dienstkleidung verpflichteten Beamten Beiträge zu leisten haben. Ein Drittel der Kosten trägt die Verwaltung. Eine ähnliche Regelung besteht für die Reichszollverwaltung. Für alle Grenzzollbeamten und Beamten der Grenzzollämter, die dienstlich verpflichtet sind, Dienstkleidung zu tragen, werden vom Reiche Kleidergeldzuschüsse gewährt, und zwar

für Grenzbeamte	50 %
für Beamte der Grenzzollämter	$33^1/_3$ %
für Beamte im Vorbereitungsdienst	50 %

Justizwachtmeister und -oberwachtmeister erhalten jährlich 48 RM Kleidergeld. Strafanstaltsbeamte erhalten 48 RM jährlich Kleidergeld (weibliche Beamte 18 RM). Den Schutzpolizeibeamten der unteren Dienst-grade wird die Dienstkleidung unentgeltlich geliefert. Die höheren Chargen und die Offiziere haben die Uniform selbst zu beschaffen und erhalten dazu geringe Zuschüsse. In anderen Fällen wird die Dienstkleidung geliefert, und die Beamten haben einen Betrag zu den Kosten beizutragen. Die Vorschriften sind im übrigen für die einzelnen Verwaltungen sehr verschieden. Geldliche Vorteile entstehen den Beamten aus solchen etwa von der Verwaltung gewährten Zuschüssen nicht.

7. Aufwandsentschädigung

Aufwandsentschädigungen im Sinne von Repräsentationsgeldern werden im Reichsdienst außer an Minister und Reichskanzler nur noch an einige wenige höchste Beamte gezahlt. Sie werden durch den Etat festgesetzt und bewilligt. In ähnlich beschränktem Umfange kommen Aufwandsgelder auch in den Landesverwaltungen vor. Die Aufwandsgelder für die höheren Beamten des Auswärtigen Dienstes sind für die einzelnen Stellen mit den Bezügen zusammen besonders festgesetzt.

8. Sonstige Nebenbezüge

Das früher den Kanzleibeamten gewährte sogenannte Federgeld ist zum größten Teil in Wegfall gekommen. Entschädigungen an Kassenbeamte für Kassenausfälle müssen, soweit sie gewährt werden, im Haushaltsplan bewilligt werden. Beamte, die aus dienstlichen Gründen zur Pferdehaltung oder zur Haltung eines Kraftfahrzeuges verpflichtet sind, erhalten nach besonderen Vorschriften Ersatz für die dadurch entstehenden Kosten. Die Beträge sind so bemessen, daß sie höchstens den entstehenden Aufwand decken.

9. Einkünfte aus Nebenämtern und Nebenbeschäftigungen

Für ein dem Beamten übertragenes Nebenamt, das er neben seinem eigentlichen Hauptamte auszuüben hat, wird im allgemeinen keine besondere Vergütung gewährt. Nur in besonders begründeten Ausnahmefällen, wenn der Beamte im Hauptamt nicht entlastet wird und sich die Ausübung des Nebenamts außerhalb der gewöhnlichen Dienststunden vollzieht, können gewisse Vergütungen gewährt werden. Einnahmen aus einer Nebenbeschäftigung des Beamten, sei es in privaten Unternehmungen, sei es in staatlich subventionierten Unternehmungen, oder seien es Nebeneinnahmen aus öffentlichen Mitteln, werden im allgemeinen dem Beamten belassen. Zur Ausübung einer solchen Tätigkeit bedarf jedoch der Beamte der Genehmigung seiner vorgesetzten Behörde. Über die Einnahmen, die ein Beamter aus einer mit seinem Hauptamt verbundenen Nebentätigkeit bezieht, bestehen bestimmte Vorschriften. Eine besondere Vergütung für die Tätigkeit erhält der Beamte im allgemeinen nicht. Werden für die Tätigkeit im Vorstande, Aufsichtsrat oder Verwaltungsrat einer Gesellschaft, an der das Reich beteiligt ist, von der Gesellschaft Aufwandsentschädigungen, Tantiemen usw. gezahlt, so können solche Entschädigungen dem Beamten bis zu einer gewissen Höhe belassen werden. Der Beamte muß grundsätzlich die gesamten Bezüge solcher Art seiner vorgesetzten Behörde anzeigen; die über die festgesetzte Grenze hinausgehenden Entschädigungen muß der Beamte der Reichskasse abliefern.

D. Naturalbezüge

1. Verpflegung, Unterkunft

Denjenigen Beamten, die, wie z. B. Schutzpolizeibeamte, Unterkunft und Verpflegung von Amts wegen erhalten, werden diese Naturalbezüge in bestimmten Beträgen auf ihr Diensteinkommen angerechnet. Die Vorschriften darüber sind sehr weitläufig und vielgestaltig und können daher an dieser Stelle nicht wiedergegeben werden. Beamte, die berechtigt sind, an einer Anstaltsverpflegung teilzunehmen (z. B. Krankenpflegepersonal), haben dafür bestimmungsgemäß von der Behörde festgesetzte Beträge zu entrichten.

2. Dienstwohnung

Durch den Reichshaushaltsplan wird bestimmt, welche reichseigenen Wohnungen Dienstwohnungen sind. Wird eine solche Dienstwohnung einem Beamten zur Benutzung angewiesen, so hat er dafür die Dienstwohnungsvergütung zu entrichten, die von seinen Bezügen abgerechnet und zurückbehalten wird. Ein Rechtsanspruch auf Belassung einer Dienstwohnung besteht nicht. Der den Beamten zustehende Betrag des Wohnungsgeldzuschusses bildet die Höchstgrenze für die zu entrichtende Dienstwohnungsvergütung. Im übrigen wird die Dienstwohnungsvergütung unter Berücksichtigung des örtlichen Mietwertes der Wohnung und unter Mitwirkung der Beamtenvertretung festgesetzt. Die Dienstwohnungsvorschriften regeln in eingehender Weise nicht nur die für die Dienstwohnung zu zahlende Vergütung, sondern ebenso sämtliche Fragen der Nutzung und Benutzung, der Instandhaltung usw. von Dienstwohnungen. Etwa dem Dienstwohnungsinhaber geliefertes Heizmaterial, ebenso die Mitbenutzung einer vorhandenen Heizungseinrichtung oder die Entnahme von Gas, Wasser und Elektrizität muß von dem Beamten nach den dafür bestehenden Vorschriften besonders vergütet werden. Dasselbe gilt für etwaige Landnutzungen, Holznutzungen oder ähnliche Einrichtungen. Im großen ganzen sind für die Beamten mit der Überlassung solcher Einrichtungen materielle Vorteile nicht verbunden.

E. Anwendung der Besoldungsordnung

1. Die Besoldungsgruppen und die Einreihung in diese

Die grundsätzlichen Fragen der Einteilung der Besoldungsgruppen, ihres Verhältnisses zueinander sowie des Gruppenaufbaues im ganzen sind bereits unter IV B 1 besprochen. Für die Einreihung des einzelnen Beamten nun in die bestehende Besoldungsordnung bzw. in eine ihrer Gruppen ist die Stelle maßgebend, die der Beamte bekleidet. Unter Stelle ist jedoch nicht die vom Beamten ausgeübte Tätigkeit zu verstehen, sondern ausschließlich die Planstelle des Etats. Die Etatsstellen werden als „Amtsgehilfenstellen", „Assistentenstellen", „Obersekretärstellen", „Regierungsratsstellen" usw. bewilligt. Eine so bezeichnete Stelle wird dem Beamten verliehen. Gleichzeitig erhält er, wenn erforderlich, die damit verbundene Amtsbezeichnung. Aus der im Etat für die Stelle ausgeworfenen Besoldung ergibt sich die Einreihung des Beamten in die betreffende Gruppe der Besoldungsordnung, aus den im Besoldungsgesetz für diese Gruppe vorgesehenen Bezügen an Grundgehalt, Wohnungsgeldzuschuß usw. die Errechnung seines Diensteinkommens. Die mit einer Stelle verbundenen Dienstgeschäfte sind keineswegs in jedem Falle von den Dienstgeschäften einer anderen, etwa höher eingruppierten Stelle ganz klar und streng abgegrenzt. Vielmehr greifen die Dienstverrichtungen an vielen Stellen derartig ineinander über, daß eine deutliche Scheidung nicht vorgenommen ist. Dies trifft z. B. in weitem Umfange auf die Tätigkeit der Assistenten einerseits und der Sekretäre andererseits zu. Außerdem kommt es nicht selten vor, daß ein Beamter als Inhaber einer niedrigeren Stelle die Amtsgeschäfte einer höheren Stelle versieht. Aus dieser Verlagerung der Tätigkeit ergeben sich jedoch keine besoldungsrechtlichen Konsequenzen. Der Beamte wird stets seiner Amtsbezeichnung, d. h. der ihm verliehenen Stelle entsprechend besoldet. Dies führt natürlich vielfach zu Berufungen derjenigen Beamten, die auf Grund ihrer höherwertigen Tätigkeit die Einreihung in eine höhere Gruppe glauben fordern zu können. Das Besoldungsgesetz jedoch verfolgt den Grundsatz, daß die Überführung in eine höhere Besoldungsgruppe nur durch ausdrückliche Beförderung und diese nur bei Verleihung einer anderen „Stelle" möglich ist. Man hat das so ausgedrückt, daß für die Einreihung in die Besoldungsgruppen nicht das Leistungsprinzip, sondern das Stellen- oder Verleihungsprinzip maßgebend ist.

2. Besoldungsdienstalter, Diätendienstalter

Bestimmend für die Höhe der tatsächlich einem Beamten zustehenden Bezüge ist neben seiner Einreihung in eine bestimmte Besoldungsgruppe sein sogenanntes Besoldungsdienstalter in dieser Gruppe, bzw. bei außerplanmäßigen Beamten das Diätendienstalter. Der Begriff des Besoldungsdienstalters ist ein anderer als etwa der des Pensionsdienstalters oder der des allgemeinen (früher Rang-)Dienstalters, und hat auch nichts mit dem Lebensalter des Beamten zu tun. Das Besoldungsdienstalter ist ein rechnungsmäßiger Hilfsbegriff, der dazu dient, die Dienstaltersstufe innerhalb der Besoldungsgruppe festzusetzen, aus der der Beamte besoldet wird, sowie den Termin für die Aufrückung in den Dienstaltersstufen. Die Vorschriften über die Berechnung und Festsetzung des Besoldungsdienstalters gehören zu den kompliziertesten des deutschen Besoldungsrechts. Es muß an dieser Stelle davon abgesehen werden, eine erschöpfende Darstellung der gesamten Bestimmungen über das Besoldungsdienstalter zu geben. Zum Verständnis der Frage möge folgendes genügen:

Das Besoldungsdienstalter beginnt mit dem Tage, an dem der Beamte in eine Besoldungsgruppe zuerst eintritt. Die Festsetzung des Besoldungsdienstalters gilt also immer nur für eine bestimmte Besoldungsgruppe. Dieser Tag ist in der Regel der Tag der Anstellung in der entsprechenden planmäßigen Stelle. Abweichend hiervon kann das Besoldungsdienstalter auch früher beginnen, je nachdem der Beamte auf Grund besonderer Verhältnisse nicht in der ersten Stufe des Grundgehalts in seiner Besoldungsgruppe beginnen soll oder das Gehalt der ihm zugewiesenen Dienststufe eine kürzere Zeit als zwei Jahre lang beziehen soll. Es gilt also in sehr vielen Fällen ein bloß fiktives Besoldungsdienstalter. Das Besoldungsdienstalter ist immer gleich der Zeit, die der Beamte gebraucht hat oder gebraucht hätte, um vom Anfangsgehalt seiner Gruppe, in der er sich befindet, bis zu der Dienstaltersstufe, die er im Augenblick inne hat, aufzurücken und nach zweijährigem Verbleiben in dieser Stufe in die nächsthöhere aufzusteigen. Die wichtigste Abweichung von der regelmäßigen Berechnung des Besoldungsdienstalters ist die sogenannte Anrechnung von Vordienstzeiten. Für diese Anrechnung kommt in erster Linie die außerplanmäßige Dienstzeit in Betracht. Soweit sie bei derselben Dienstlaufbahn verbracht ist und fünf Jahre (bei Versorgungsanwärtern vier, bei gewissen weiblichen Beamten der Reichspostverwaltung acht Jahre) übersteigt, wird sie auf das Besoldungsdienstalter angerechnet, d. h. daß das Besoldungsdienstalter um die entsprechende Zeit vor den Tag der ersten planmäßigen Anstellung zurückverlegt wird mit der Wirkung, daß der Beamte je nach der Dauer der angerechneten Zeit entweder in der Anfangsstufe kürzer als zwei Jahre verbleibt oder sofort in eine höhere Stufe einrückt. Eine ähnliche Anrechnung wird auch bei Beamten vorgenommen, die nicht außerplanmäßige Beamte waren, aber Dienstzeiten aufweisen, die ihnen als außerplanmäßige Beamtendienstzeit hätten angerechnet werden können. Die zweite häufig vorkommende

Anrechnung von Vordienstzeiten ist die Anrechnung von Dienstzeiten, die im Heer, bei der Marine, der Schutzpolizei oder im Dienste des Reichswasserschutzes verbracht sind. Diejenigen ehemaligen Angehörigen dieser Dienstzweige, die „Versorgungsanwärter" sind, d. h. die nach gewisser Dauer dieser Dienstzeit einen „Versorgungsschein" erhalten haben, erhalten diese Dienstzeit bis zur Dauer von höchstens sechs Jahren auf das Besoldungsdienstalter angerechnet. Diese Anrechnung bezweckt die Gleichstellung der Versorgungsanwärter mit den aus dem Zivildienst hervorgegangenen Beamten. Daneben kann auch den Versorgungsanwärtern die über die obengenannten Fristen hinausgehende außerplanmäßige Dienstzeit angerechnet werden. Ferner erhalten die schwerkriegsbeschädigten Beamten, die auf Grund des sogenannten Beamtenscheins angestellt worden sind, unter gewissen Voraussetzungen eine Verbesserung ihres Besoldungsdienstalters um höchstens zwei Jahre. Abgesehen von den erwähnten Fällen kann eine außerhalb des Reichsbeamtenverhältnisses zurückgelegte Dienstzeit oder die Zeit einer praktischen Beschäftigung nach näherer Bestimmung der obersten Reichsbehörde auf das Besoldungsdienstalter angerechnet werden. Die Anrechnung der nicht im Beamten- oder Offiziersverhältnis verbrachten Zeit darf jedoch in der Regel vier Jahre nicht übersteigen. Diese Vorschriften sind als sogenannte Härteausgleichsvorschriften eng auszulegen; ihre Anwendung beschränkt sich auf Ausnahmefälle. Schließlich wird noch den technisch vorgebildeten Beamten die Zeit des Besuchs einer staatlichen oder staatlich anerkannten technischen Fachschule oder eines Hochschulbesuchs sowie die daneben als Bedingung für den Eintritt in die Beamtenlaufbahn vorgeschriebene Zeit einer praktischen Beschäftigung auf das Besoldungsdienstalter angerechnet, jedoch nur insoweit, als durch den Schulbesuch oder die praktische Beschäftigung und die damit verbundene zeitliche Hinausschiebung der Anstellung der Beginn des Besoldungsdienstalters gegenüber den gleichzubewertenden nicht technisch vorgebildeten Beamten im gleichen Geschäftsbereich hinausgeschoben wird. Diese Vorschrift hat also zum Ziele, die technisch vorgebildeten Beamten, die in der Regel in späterem Lebensalter eintreten als die Nicht-Techniker, mit diesen gleichzustellen.

Bei den außerplanmäßigen Beamten entspricht dem Besoldungsdienstalter der Begriff des Diätendienstalters. Dieses beginnt, von Ausnahmen abgesehen, mit dem Tage des Eintritts als außerplanmäßiger Beamter. Anrechnungsfähig auf das Diätendienstalter sind unter gewissen Voraussetzungen und bis zu bestimmten Grenzen die Zeiten einer vollen Beschäftigung im Arbeiter- oder Angestelltenverhältnis bei derselben Verwaltung, die Zeit eines bestimmungsgemäßen Hochschulstudiums sowie die Zeit nach Abschluß eines bestimmungsgemäß zu absolvierenden Vorbereitungsdienstes, ferner im Wege des Härteausgleichs Dienstzeiten, die bei einer anderen Dienstlaufbahn oder außerhalb des Reichsbeamtenverhältnisses zurückgelegt sind. Eine vor dem vollendeten 20. Lebensjahre zurückgelegte Dienstzeit kann jedoch in keinem Falle angerechnet werden.

3. Die Aufrückung in den Dienstaltersstufen

Die regelmäßige Aufrückung der Beamten in den Dienstaltersstufen ihrer Besoldungsgruppe ist in der Hauptsache unter IV B 1 behandelt. Hier ist lediglich noch zu erwähnen, daß der Zeitpunkt für die Aufrückung von einer Stufe in die nächsthöhere sich nach dem Besoldungsdienstalter richtet. In Abständen von zwei zu zwei Jahren steigt der Beamte am 1. des Monats, in den der Beginn seines Besoldungsdienstalters fällt, in den Dienstaltersstufen auf. Er erhält also die mit dem Aufsteigen verbundene Dienstalterszulage für den vollen Monat. Auf die Gewährung der Dienstalterszulage haben die planmäßigen Beamten einen Rechtsanspruch.

Die außerplanmäßigen Beamten steigen in den Stufen ihrer Vergütungssätze nach den in der Tabelle (siehe Anlage) angegebenen Fristen. Ein Rechtsanspruch für dieses Aufsteigen besteht jedoch nicht.

4. Übertritt aus einer Besoldungsgruppe in eine andere

Der Übertritt von einer Besoldungsgruppe in eine höhere kann grundsätzlich nur im Wege der Beförderung vor sich gehen. Die sogenannte automatische Aufrückung, die das Besoldungsgesetz von 1920 in gewissem Umfange schuf, kennt die gegenwärtige Besoldungsordnung nicht mehr. Die Beförderung kann innerhalb einer Laufbahn stattfinden in den Fällen, wo die Beamten einer Laufbahn je nach der Bewertung der einzelnen Stellen auf mehrere Besoldungsgruppen verteilt sind (z. B. Assistenten — Sekretäre; Obersekretäre — Oberinspektoren; Regierungsräte — Oberregierungsräte usw.). Beim Übertritt in eine höhere Besoldungsgruppe erhält der Beamte grundsätzlich das nächsthöhere Grundgehalt, das in dieser Gruppe vorkommt und bezieht es zwei Jahre lang, um dann in die nächste Dienstaltersstufe seiner Gruppe aufzusteigen. Wäre er jedoch in der verlassenen Besoldungsgruppe schon vor Ablauf dieser Zeit in den nächsthöheren Grundgehaltssatz aufgestiegen und damit in den Bezug eines Grundgehalts gelangt, das über das ihm in der neuen Besoldungsgruppe gewährte hinausgeht oder ihm gleichkommt, so steigt er auch in der neuen Besoldungsgruppe in den nächsthöheren Grundgehaltssatz bereits zu derselben Zeit, zu der er in der verlassenen Besoldungsgruppe aufgestiegen wäre. Ruhegehaltsfähige und unwiderrufliche Stellenzulagen werden hierbei dem Grundgehalt zugerechnet. Durch diese Bestimmungen wird bewirkt, daß die Beamten bei der Beförderung in der Regel in der neuen Besoldungsgruppe auch ein anderes als das bisherige Besoldungsdienstalter erhalten; und zwar tritt stets ein Verlust ein, der zur Folge hat, daß der Beamte in der neuen Besoldungsgruppe eine längere Aufrückungsfrist bis zur Erreichung des Endgrundgehalts vor sich hat als in der alten Gruppe. Aus diesem Grunde ist im Besoldungsgesetz eine große Zahl von Sondervorschriften enthalten, die bewirken, daß beim Übertritt aus bestimmten Besoldungsgruppen in bestimmte andere Besoldungsgruppen entweder kein Verlust am Besoldungsdienstalter eintritt, oder dieser Verlust auf ein bestimmtes Höchstmaß begrenzt wird.

5. Übertritt aus dem Arbeiter- oder Angestelltenverhältnis in das Beamtenverhältnis

Bei den großen Betriebsverwaltungen, Reichsbahn und Reichspost insbesondere, kommt die Übernahme von Arbeitern dieser Betriebe in das Beamtenverhältnis in größerem Umfange vor. Bei den sogenannten Hoheitsverwaltungen ist ebenfalls den Angestellten dieser Behörde der Übertritt in das Beamtenverhältnis wenigstens grundsätzlich möglich. Mit der Übernahme von Arbeitern oder Angestellten in das Beamtenverhältnis ist für diese häufig ein Einkommensverlust verbunden; jedoch wird in der Mehrzahl der Fälle die Beamtenanstellung, wo sie irgend möglich ist, dennoch erstrebt wegen der größeren Sicherheit und der besseren Pensionsversorgung. Die Möglichkeit, daß gewisse Teile der Arbeiter- oder Angestelltenzeit auf das Besoldungsdienstalter angerechnet werden und somit der Übertretende in seiner Besoldungsgruppe nicht wie ein junger Dienstanfänger von vorne mit dem Anfangsgehalt beginnen muß, ist unter IV E 2 erörtert. Im übrigen bestehen bei den großen Betriebsverwaltungen für die Übernahme von Arbeitern in das Beamtenverhältnis gewisse Lebensaltersgrenzen, bei deren Überschreiten eine Anstellung als Beamter nicht mehr in Frage kommt. Hierdurch suchen sich die Verwaltungen vor einem allzu großen Anwachsen der Pensionskosten zu schützen, da bei hohem Anstellungsalter naturgemäß der Rest der aktiven Dienstzeit kürzer ist und die in bestimmten längeren Zeiträumen anfallenden Pensionslasten daher entsprechend größer werden.

6. Zahlungsweise der Bezüge

Nach dem geltenden Recht sind die Dienstbezüge der Beamten monatlich im voraus zu zahlen. Der Reichsfinanzminister kann jedoch mit Zustimmung des Reichsrats und des Reichshaushaltsausschusses bestimmen, daß die Dienstbezüge der planmäßigen Beamten bei Überweisung auf ein Konto vierteljährlich im voraus gezahlt werden dürfen. Die vierteljährliche Zahlungsweise war durch das Besoldungsgesetz von 1920 eingeführt worden. Vom 1. Oktober 1923 ab wurde jedoch die vierteljährliche Gehaltszahlung aufgehoben, da man von der damit verbundenen Vermehrung des Geldumlaufs inflationistische Wirkungen befürchtete. Die Aufhebung der vierteljährlichen Gehaltszahlung war ursprünglich nur als vorübergehende Maßnahme gedacht. Die finanziellen Schwierigkeiten des Jahres 1931 führten jedoch dazu, daß auch die monatliche Gehaltsvorauszahlung bis auf weiteres aufgehoben wurde. Die Termine für die Teilzahlungen werden auf Grund des Notverordnungsrechtes von den Verwaltungen bestimmt.

V. Die Besteuerung des Besoldungseinkommens

1. Steuerprivileg

Die Besteuerung des Diensteinkommens, das heute nach den allgemeinen Grundsätzen zur Besteuerung herangezogen wird, hat mehrfache Wandlungen durchgemacht. Bis zur Einführung der Reichseinkommensteuer im Jahre 1920 bestand in Deutschland das sog. „Steuerprivileg" der Beamten.

Das Beamtenprivileg geht bis in jene Zeiten zurück, in denen die damaligen Beamten als Diener oder Angestellte eines Herrschers selbst Steuern von den Untertanen eintrieben und in dieser Eigenschaft von der eigenen Steuerleistung befreit waren. So alt wie das Privileg ist auch der Meinungsstreit um seine Berechtigung. Von den Befürwortern des Privilegs wurde stets darauf hingewiesen, daß es im Ergebnis auf das gleiche hinauslaufe, ob der Beamte einen Teil seines Gehalts wieder in dieselbe Staatskasse als Steuer einzahle, oder ob von vornherein ein entsprechend niedrigeres Gehalt zur Auszahlung käme. Es würde durch diese Art der Besteuerung nur überflüssige Mehrarbeit geleistet, und bei einer Besteuerung des Diensteinkommens müßten dann deshalb höhere Bezüge bewilligt werden, weil für den Beamten, der seine ganze Arbeitskraft unumschränkt nur in den Dienst des Staates gestellt habe, der notwendige Lebensunterhalt sichergestellt werden müsse. Die Gegner wollten den Beamten besteuert wissen, damit er mit dem wirtschaftlichen Auf und Ab inniger verbunden sei, die Auswirkungen erhöhten Steuerdrucks selbst zu spüren bekomme und so zu sparsamster Staatswirtschaft erzogen würde. Nach der Staatsumwälzung ist den Gegnern des Beamtenprivilegs ein mächtiger Bundesgenosse in Gestalt der Beamtenorganisationen erwachsen. Von ihnen wurde im Sinne und Geist der republikanischen Reichsverfassung die Losung ausgegeben: Gleiche Rechte — gleiche Pflichten. Den Beamten waren durch die Verfassung dieselben Staatsbürgerrechte wie den übrigen Volksgenossen verliehen worden, sie wollten in Konsequenz dessen auch zu allen Pflichten, also auch den Steuerleistungen in demselben Umfange herangezogen werden. So ist mit ihrer tatkräftigen Unterstützung gelegentlich der Reichssteuerreform 1919 bis 1920 das Beamtenprivileg gefallen.

2. Vorkriegszeit

Das Steuerprivileg hat, um nur die Verhältnisse in einem Lande kurz zu schildern, in Preußen vom Beginn des 19. Jahrhunderts in der Form bestanden, daß die Staats- und Gemeindebeamten zu den kommunalen Zuschlägen zur Staatssteuer nur in Höhe der halben Sätze des persönlichen Einkommens veranlagt wurden. Die Maßregel wurde u. a. auch damit begründet, daß die Beamten ihren Wohnsitz nicht frei wählen können, oft nach kurzer Zeit wieder versetzt werden und häufig an den Segnungen der mit Steuermitteln erstellten Verbesserungen in ihrer letzten Wohnsitzgemeinde nicht mehr teilnehmen können. Das Gesetz vom 16. Juni 1909 brachte eine wesentliche Einschränkung der bisherigen Steuerbefreiung, aber nur für diejenigen Staatsbeamten, die nach dem 31. März 1909 zur Anstellung gelangten.

Der entsprechende Gesetzestext hat folgenden Wortlaut:

„Die unmittelbaren und mittelbaren nach dem 31. März 1909 angestellten Staatsbeamten, Elementarlehrer und die seither bei der Gemeindeeinkommenbesteuerung bevorrechteten unteren Kirchendiener sowie die Beamten des königlichen Hofes werden in den Gemeinden zur Einkommensteuer gleich den übrigen dieser Steuer unterworfenen Personen herangezogen, sofern nicht mehr als 125% Zuschläge erhoben werden. Werden Zuschläge in höherem Betrage erhoben, so trifft der Mehrbetrag der Zuschläge nur den auf das außerdienstliche Einkommen entfallenden Teil des Steuersatzes."

Der Steuersatz von 125% zur umlagefähigen Staatseinkommensteuer war keinesfalls hoch gegriffen, vielmehr bewegte er sich sehr wesentlich unter dem Durchschnitt. Einen Überblick über die in Preußen üblichen Gemeindezuschläge zur Staatseinkommensteuer gibt nachstehender Auszug aus einer Zusammenstellung des Preußischen Statistischen Jahrbuchs von 1912.

Anzahl der Städte	Prozentanteil aller Städte	Gemeindezuschlag, Prozent der Staatseinkommensteuer
150	10,8%	0% bis 125%
782	56,5%	über 125% bis 200%
433	31,3%	über 200% bis 300%
20	1,4%	über 300%
1 385	100,0%	

Die Tabelle zeigt, daß von den insgesamt 1385 preußischen Städten und Landgemeinden mit mehr als 10000 Einwohnern nur 150 Städte, also etwas über 10%, Gemeindezuschläge von 125% und weniger erhoben. Die große Mehrzahl aller Städte hatte höhere Zuschläge, die im Gesamtdurchschnitt mit 180% nicht zu hoch gegriffen sein dürften.

3. Reichseinkommensteuer

An die Stelle der staatlichen und kommunalen Einkommenbesteuerung trat mit Wirkung vom 1. April 1920 das Reichseinkommensteuergesetz, dem auch die Beamten des Reichs, der Länder und Gemeinden, ebenso wie die übrigen Staatsbürger mit ihrem gesamten Diensteinkommen unterliegen. Lediglich Dienstaufwandsentschädigungen, Reisekosten und Tagegelder und ähnliche Nebenbezüge sind von der Einkommensteuer freigestellt. Abweichend von dem Grundprinzip der Besteuerung nach der Leistungsfähigkeit, das sonst im Einkommensteuergesetz von 1920 weitgehend zur Anwendung gekommen ist, wurde beim Steuerabzug vom Arbeitslohn das Leistungsprinzip zugunsten der Einfachheit in der Steuererhebung durchbrochen. Allerdings war der 10%ige Lohnabzug von allen Löhnen und Gehältern ursprünglich nur als Abschlagszahlung auf die veranlagte Einkommensteuer gedacht, wurde aber mit der Reform vom Juli 1921 (Gesetz über die Einkommensteuer vom Arbeitslohn) unter Wegfall des Veranlagungszwanges für den größten Teil der Lohn- und Gehaltsempfänger zur endgültigen Lohnsteuer. Letztere besteht in dieser Form auch heute noch, es sind aber im Laufe der Jahre, entsprechend der Verschiedenartigkeit der wirtschaftlichen Entwicklung, zahlreiche Novellen erschienen, die zahlenmäßige Änderungen der Freigrenzen, der Familienermäßigungen und der Steuerprozente gebracht haben. Die überwiegende Mehrzahl der Beamten unterliegt mit ihren Gehältern lediglich dem „Steuerabzug vom Arbeitslohn", der bei jeder Gehaltszahlung vom Arbeitgeber für Rechnung des Reichs einbehalten wird. Eine Veranlagung findet daneben nur statt, wenn die Einkommensgrenze von 9200 RM jährlich überschritten wird, d. h. erst in den höchsten Dienstaltersstufen der höheren Beamten. Nach dem augenblicklichen Stande bleiben von dem auf den nächstniedrigen, durch 5 teilbaren Betrag des Diensteinkommens monatlich 100 RM steuerfrei. Außerdem wird der Familienstand durch Abzug von je 10% des Resteinkommens für die Ehefrau und jedes minderjährige Kind berücksichtigt, wobei aus sozialen Erwägungen gewisse absolute Mindestfreibeträge festgelegt sind. Die Steuer selbst macht 10% des nach Abzug der vorerwähnten Beträge übrigbleibenden Einkommenteils aus. Dieser Steuerbetrag selbst ist aber ab 1. Oktober 1928 durch eine Milderungsvorschrift nochmals um 25%, im Höchstfalle aber monatlich um 3 RM gesenkt worden.

Es würde sich demnach die Steuer eines verheirateten Beamten mit zwei Kindern mit einem Monatsgehalt von 350 RM folgendermaßen berechnen:

Monatsgehalt		350,— RM
steuerfreier Lohnbetrag		100,— RM
		250,— RM
10% steuerfrei für Ehefrau	25 RM	
je 10% steuerfrei für 2 Kinder	50 RM	75,— RM
zu versteuern		175,— RM
davon 10% Steuer		17,50 RM
abzügl. Milderung (25%, höchstens 3,— RM)		3,00 RM
zu zahlende Lohnsteuer		14,50 RM

4. Ledigensteuer

Für ledige Beamte fällt die Milderung der Steuer um 25% weg, sie müssen sogar seit 1. September 1930 einen Zuschlag von 10% zur Lohnsteuer als besondere Ledigensteuer entrichten.

5. Bürgersteuer

Die Ungunst der Zeitverhältnisse hat neuerdings in Deutschland eine allgemein von der Wissenschaft als ungerechteste Steuer gebrandmarkte Kopfsteuer, die Bürgersteuer, zur Einführung gebracht. Sie ist eine Gemeindesteuer und trifft alle im Gemeindebezirk wohnenden natürlichen Personen, die über 20 Jahre alt sind. Die Höhe der Bürgersteuer wird von den Ländern bestimmt, beträgt bei Jahreseinkommen bis 4500 RM wenigstens 6 RM, steigend bis 2000 RM bei Jahreseinkommen von mehr als ½ Million und muß im Verhältnis der vom Reiche festgelegten Richtsätze erhoben werden. Maßgebend ist jeweils das Einkommen des Vorjahres.

6. Gesamtbesteuerung

Die steuerliche Belastung der Beamtenschaft im Vergleich zur Vorkriegszeit zeigen die Beispiele auf der folgenden Seite.

Der Vergleich der heutigen Besteuerung der Beamten mit der vor dem Kriege zeigt, daß mit Ausnahme der untersten Einkommensstufen die Steuerlast für den einzelnen erheblich angestiegen ist. Das trifft besonders auf die mittleren und oberen Einkommensstufen zu. In den Einkommensstufen bis zu etwa 2000 RM jährlich hat sich der Steuerdruck, soweit der kinderlos Verheiratete in Frage kommt, nicht verstärkt, bei kinderreichen Familien hat er sogar stark nachgelassen, weil in vielen Fällen

Besteuerung eines kinderlos verheirateten Beamten

	im Jahre 1913/14 in Preußen					im Jahre 1931 im Reich			
Jährliches Dienst-einkommen	Preußische Staats-einkommen-steuer *	Zuschlag zur Staats-einkommen-steuer	Gemeinde-zuschlag 125% zur Staatssteuer	Steuerbetrag absolut	Steuerbetrag Proz. des Dienst-eink.	Lohn-steuer	Bürger-steuer 300% **	Steuerbetrag absolut	Steuerbetrag Proz. des Dienst-eink.
M	M	M	M	M	%	RM	RM	RM	%
2000	36,—	1,80	45,—	82,50	4,14	51,—	27,—	78,—	3,90
3000	60,—	6,—	75,—	141,—	4,70	132,—	27,—	159,—	5,30
4000	104,—	10,40	130,—	214,40	5,36	232,—	27,—	259,—	6,47
5000	132,—	13,20	165,—	310,20	6,20	332,—	40,50	372,50	7,45
6000	160,—	16,—	200,—	376,—	6,26	432,—	40,50	472,50	7,87
7000	192,—	19,20	240,—	451,20	6,44	532,—	54,—	586,—	8,37
8000	232,—	23,20	290,—	545,20	6,81	632,—	54,—	686,—	8,57

* Zu den Steuersätzen des Preußischen Staatseinkommensteuergesetzes von 1891 wurden seit 1909 Zuschläge erhoben. Nach dem 31. 3. 1909 angestellte Beamte wurden mit höchstens 125% Gemeindezuschlag zur Staatssteuer (ohne die Staatssteuerzuschläge) herangezogen.

** Für die Bürgersteuer, deren Mindestsätze vom Reich festgelegt sind, ist ein Prozentsatz von 300 zugrunde gelegt. Die gesetzliche Vorschrift, daß für den Ehemann 100% und für die Ehefrau 50% der Bürgersteuer zu entrichten sind, ist berücksichtigt.

Kinderreiche heute steuerfrei sind, die damals der Staatssteuer noch unterlagen.

Das Bild ändert sich natürlich, wenn wir zum Vergleich einen ledigen Beamten heranziehen, denn dieser ist heute mehr belastet, weil er einen besonderen Ledigenzuschlag von 10% zur Lohnsteuer zahlen muß und außerdem der Milderungen (25% der Lohnsteuer) verlustig geht.

In der obigen Tabelle könnte bemängelt werden, daß 300% der Bürgersteuer eingesetzt worden sind, obwohl ein großer Teil der Gemeinden unter diesem Satz geblieben ist. Die große Finanznot wird auch da noch manche Erhöhung bringen, außerdem wird auch bei Einsetzung der Mindestbeträge für die Bürgersteuer das bisher festgestellte Ergebnis nur unwesentlich geändert, weil sich die prozentualen Steuerbeträge von 2000 RM Diensteinkommen an, anstatt von 5,30 bis 8,57, dann von 4,70 bis 8,12% bewegen.

7. Kirchensteuer

In diesem Zusammenhang sei auch noch auf eine weitere Steuer hingewiesen, die allgemein auch von den Beamten eingehoben wird — die Kirchensteuer. Sie wird von den einzelnen Kirchengemeinden selbständig festgesetzt. Die Höhe der Kirchensteuer ist sehr verschieden, nicht nur nach Konfession, sondern auch nach örtlicher Zugehörigkeit. Meistens wird sie als Zuschlag zur Einkommensteuer des vorhergehenden Jahres berechnet und macht durchschnittlich etwa 10 bis 12% der Lohnsteuer aus.

VI. Grundsätze der Besoldungspolitik

1. Einheitlichkeit

Die Frage der Einheitlichkeit der Beamtenbesoldung hat erst in der neueren Zeit praktische Bedeutung gewonnen. Vor dem Kriege bestanden in der Besoldung der Beamten des Reichs, der Länder und der Gemeinden große Unterschiede. In der Beamtenschaft machten sich damals schon Bestrebungen nach Vereinheitlichung geltend. Einen besonderen Antrieb erhielten diese durch die Einführung der Kriegsteuerungszulagen, bei deren Gewährung naturgemäß ein Vergleich der Beamten unter sich gut möglich war. Als die große Besoldungsreform des Reichs im Jahre 1920 durchgeführt wurde, verstand es die Beamtenschaft durch ihren politischen und organisatorischen Einfluß, den Gedanken der Einheitlichkeit der Besoldung weitgehend zu verwirklichen. Es kam sogar dahin, daß manche Länder und Gemeinden über die erste Fassung der Reichsbesoldungsordnung, die im Frühjahr 1920 beschlossen war, verschiedentlich hinausgingen, so daß das Reich schon im Herbst 1920 durch eine Novelle gewisse Korrekturen seiner Besoldungsordnung mit Besserstellung einzelner Beamtengruppen vornehmen mußte. Im Zusammenhang damit gewann aber auch der Gedanke mehr und mehr an Boden, daß Länder und Gemeinden nicht über die Reichsbesoldungsordnung hinausgehen dürften. In Reichstagsentschließungen wurde ein entsprechendes gesetzgeberisches Vorgehen verlangt. Es kam schließlich zum Erlaß eines Gesetzes über die einheitliche Regelung der Besoldung der Beamten, des sogenannten Besoldungssperrgesetzes vom Jahre 1922. In ihm war bestimmt, daß die Besoldung der Beamten der Länder, Gemeinden und sonstigen Körperschaften des öffentlichen Rechts nicht höher sein dürfe als die gleichartiger Reichsbeamter. Die Kontrolle der Durchführung dieses Grundsatzes war dem Reiche übertragen. In Streitfällen entschied in letzter Instanz ein beim Reichsgericht gebildetes Schiedsgericht. In vielen, zum großen Teil überaus eingehenden Entscheidungen wurde so über die Besoldung zahlreicher Beamtengruppen der Länder und besonders der Gemeinden entschieden. Nicht nur die Höhe der Grundgehälter und des Wohnungsgeldes oder die Einreihung der Beamten in die Besoldungsgruppen unterlag dem Angleichungszwang, sondern auch die einzelnen Besoldungsvorschriften, besonders die über die Berechnung des Besoldungsdienstalters, mußten genau den Reichsbestimmungen angeglichen werden. Dadurch entstand besonders bei der straffen Anwendung, die das Reichsfinanzministerium dem Besoldungssperrgesetz angedeihen ließ, mit der Zeit ein starrer Schematismus, der an vielen Stellen, besonders in Kreisen der Selbstverwaltung und bei den betroffenen

Beamten, unliebsam empfunden wurde. Jedoch war vom Standpunkte der Politik des Reiches aus, das eine Reihe von Jahren hindurch den Ländern sogar Besoldungszuschüsse (auch für die Gemeinden) zahlte, das Besoldungssperrgesetz erwünscht, da es einen Damm gegen sogenanntes Überbieten des Reichs in der Besoldung durch Länder oder Gemeinden darstellte. Mit der Zeit verdichtete sich jedoch der Widerstand gegen das Gesetz so stark, daß es ab 1. April 1926 aufgehoben wurde. Bestehen blieb jedoch noch die Sperre für das Wohnungsgeld und die Ortsklasseneinteilung. Sie gilt heute noch. Bei der Besoldungsreform von 1927 stellte man sich von seiten der Reichsregierung auf den Standpunkt, daß zwar die Neuregelung nicht ohne Auswirkung auf Länder und Gemeinden bleiben werde, daß aber eine rein schematische Übertragung der Reichsbesoldungsordnung oder ihrer Grundsätze für Länder- und Gemeindebeamte nicht in Frage komme, „weil die Verhältnisse in den Ländern und Gemeinden vielfach anders gelagert sind als im Reich". Verhältnismäßig schnell also hatte sich der noch im Jahre 1926 vom Reich gegenüber der Aufhebung des Sperrgesetzes geleistete Widerstand in die gegenteilige Meinung verkehrt. Die Länder dagegen hielten gegenüber der Kommunalbeamtenbesoldung vielfach an dem Grundsatz fest, daß sie nicht höher sein dürfe als die der Landesbeamten. So hat z. B. Preußen in das 1927 geschaffene Besoldungsgesetz eine entsprechende Bestimmung aufgenommen, die auch das Verfahren zur Durchführung dieses Grundsatzes regelt. Und als schließlich mit der steigenden Wirtschafts- und Finanznot die Besoldungskürzungen einsetzten, wurde nicht nur die Angleichung der Kommunalbeamtenbesoldung an die der Länder mit erhöhtem Nachdruck betrieben, sondern man zwang auch die Länder und Gemeinden zur Durchführung derselben Kürzungen, wie sie durch das Reich an den Bezügen seiner Beamten vorgenommen wurden. In der Notverordnung vom 5. Juni 1931 endlich lebte in Gestalt sogenannter Angleichungsvorschriften das alte Besoldungssperrgesetz wieder auf. Es wurde bestimmt, daß Länder und Gemeinden die Bezüge ihrer Beamten herabsetzen müßten, soweit sie höher lagen als die Dienstbezüge gleichzubewertender Reichsbeamten. Das Verfahren zur Durchführung dieser Bestimmung jedoch wurde gegenüber dem Besoldungssperrgesetz erheblich vereinfacht. Es gibt kein Schiedsgericht mehr. Die Aufsichtsbehörde (gegenüber den Ländern der Reichsfinanzminister, gegenüber den Gemeinden und den der Landesaufsicht unterstehenden Körperschaften des öffentlichen Rechts der Finanzminister des Landes) kann von sich aus die Angleichung verlangen. Wenn sie nicht durchgeführt wird, setzt der Minister selbständig mit unmittelbarer Rechtswirkung die Besoldung für das Land bzw. die Gemeinde fest. Auf diese Weise ist neuerdings wieder ein starker Zentralismus in das Besoldungswesen der Beamten hineingebracht worden. Die Durchführung der Angleichung hat zu zahlreichen und zum großen Teil sehr weitgehenden Verschlechterungen in der Einreihung, besonders bei den Gemeindebeamten, geführt, ohne daß in vielen Fällen, besonders angesichts der auch 1927 anerkannten Verschiedenartigkeit der Aufgabenkreise, ihre Berechtigung von allen Beteiligten ohne weiteres anerkannt würde. Die ganze Maßnahme ist jedenfalls in erster Linie als ein Ausdruck der großen Finanznot zu werten. Sie wird jedoch ohne Zweifel ihre Einwirkung auch auf die spätere Entwicklung der Beamtenbesoldung haben und in besseren Zeiten dazu führen, daß auch bei etwaigen Besoldungserhöhungen die Beamtenschaft das Verlangen nach Vereinheitlichung verstärkt geltend macht. Man kann daher sagen, daß sich der Gedanke der Einheitlichkeit auch, abgesehen von der heutigen rückläufigen Periode, ziemlich allgemein durchgesetzt hat.

2. „Gleiche Leistung — gleiche Bezahlung"

Eine weitere grundsätzliche Frage der Besoldungspolitik ist die, nach welchem Maßstab die Höhe der Besoldung der Beamten zu bemessen, insbesondere wie die relativen Unterschiede der Gruppen untereinander festzulegen sind. Der von den Beamten in der Hauptsache vertretene Grundsatz: Gleiche Leistung, gleiche Bezahlung, würde zunächst die Einreihung der Beamten in die Besoldungsordnung nach den Merkmalen ihrer Tätigkeit zur Voraussetzung haben. Daß dies jedoch nicht durchweg zutrifft, ist oben ausgeführt. Das Stellenprinzip, das im Gegensatz zum Leistungsprinzip zur Anwendung kommt, hat allerdings auch seinerseits in gewissem Umfange das Bestreben, Beamte mit gleichartiger Tätigkeit gleich zu besolden. Soweit ihm dies gelingt, ist Voraussetzung dafür, daß die Stellen einigermaßen gegeneinander abgegrenzt sind. Wo dies der Fall ist, wird auch die Gleichheit der Besoldung ziemlich zufriedenstellend in Erscheinung treten. Zum Teil beruht die Rangierung der Stellen auf einer sogenannten Dienstpostenbewertung. Hierbei hat man den Umkreis von Geschäften, der jeweils ein Amt ausmacht, d. h. also die einzelnen Dienstposten, auf die von ihnen umfaßten Tätigkeiten und Amtsgeschäfte genau untersucht, gleichartige zusammengefaßt, die verschiedenen Gruppen gegeneinander abgegrenzt und so eine einigermaßen sichere Grundlage für die Bewertung gefunden. Jedoch ist eine solche Dienstpostenbewertung keineswegs allgemein durchgeführt; sie läßt sich auch bei vielen Dienstzweigen gar nicht erreichen. Gerade da, wo sie nicht möglich ist, wo vielmehr die einzelnen Dienstgeschäfte stark ineinander übergreifen, die Ämter keine sehr scharfe Abgrenzung aufweisen, ist natürlich auch die Zahl der Einzelfälle besonders groß, in denen der

Grundsatz „gleiche Leistung — gleiche Bezahlung“ am wenigsten zur Verwirklichung kommt. Zusammenfassend kann gesagt werden, daß die Besoldungsordnung in ihrer Anwendung zwar das Bestreben hat, diesen Grundsatz so weit wie möglich durchzuführen, daß jedoch das Besoldungsrecht besondere Handhaben zur Sicherstellung einer Verwirklichung dieses Prinzips nur in schwachem Maße ausgebildet hat.

Eine weitere Frage ist die, ob Beamte einer Kategorie, die im wesentlichen dieselbe Vorbildung, denselben Werdegang, dieselbe Laufbahn und im wesentlichen gleichwertige Dienstgeschäfte zu verrichten haben, gleich zu besolden seien oder ob etwa einzelne Ämter, die sich durch besondere Schwierigkeit oder Verantwortlichkeit oder durch besonders starke Inanspruchnahme ihrer Inhaber auszeichnen, durch höhere Besoldung herausgehoben werden sollen. Die große Masse der Beamtenschaft neigt in dieser Frage dem sogenannten Einheitssystem zu, das durch die Besoldungsordnung von 1920 zum großen Teil verwirklicht wurde, während die Verwaltungen das Zulagesystem bevorzugen, das die Möglichkeit bietet, einzelne wenige Beamte herauszuheben. Diese Heraushebung ist zu unterscheiden von der durch Beförderung zu erreichenden höheren Eingruppierung, die nur beim Wechsel der Dienststelle, also beim Übergang in eine Kategorie möglich ist, die an sich, eben als Kategorie, höher bewertet wird. Vielmehr kommen hier diejenigen Stellen in Frage, deren Inhaber gewissermaßen als primus inter pares im wesentlichen dieselben Dienstverrichtungen ausübt wie seine in der Besoldungsordnung gleichgestellten Kollegen, der aber entweder gewisse Aufsichtsbefugnisse besitzt, eine Art Vertrauensposten einnimmt oder sich sonst in irgendeiner Weise aus der Masse der Übrigen in seiner dienstlichen Stellung heraushebt. Die Entwicklung ist unzweifelhaft den Weg gegangen, diese Verhältnisse mehr zu berücksichtigen, als dies zu Zeiten der Fall war. Während man im Reiche mit der praktischen Anwendung des Zulagesystems noch verhältnismäßig zögernd vorging, hat in einigen Ländern das Zulagewesen seit 1927 wieder einen ziemlich großen Umfang angenommen. Freilich boten die Zulagen auch bei der Besoldungskürzung eine bequeme Gelegenheit, um neben der allgemeinen Senkung der Gehälter Sonderkürzungen vorzunehmen, die allerdings nachträglich die Richtigkeit der seinerzeit zur Einführung der Zulagen angegebenen Gründe wieder zweifelhaft erscheinen lassen.

Die Frage, ob der Beamte nach seiner Amtsbezeichnung besoldet werden soll oder nach seiner Tätigkeit, eine Frage, die früher eine gewisse Rolle spielte, hat seit der Besoldungsreform von 1927 ihre Bedeutung verloren. Während das Besoldungsgesetz von 1920 auch die Amtsbezeichnungen der Beamten regelte, überließ das Besoldungsgesetz von 1927 diese Frage der Zuständigkeit des Reichspräsidenten. Hiermit ist zwar nicht jeder Zusammenhang zwischen Höhe der Besoldung und Amtsbezeichnung aufgehoben, denn nach wie vor werden die Beamten in den einzelnen Besoldungsgruppen nach ihrer Amtsbezeichnung aufgeführt; da aber das Stellenprinzip herrscht, dürfte es auch jetzt unmöglich sein, daß durch einfache Verleihung von Amtsbezeichnungen Einreihung und damit Besoldung irgendeiner Beamtengruppe beeinflußt oder geändert wird. Es kann also nicht die Amtsbezeichnung die Besoldung bestimmen, sondern umgekehrt wird vielmehr die mit einem Amte, das dem Beamten verliehen ist, verbundene Besoldung auch die Verleihung der entsprechenden Amtsbezeichnung in der Regel nach sich ziehen.

Es entspricht einem Grundsatz des Beamtenrechts, daß dem Beamten die Versetzung in ein geringerwertiges Amt, also in ein Amt mit niedrigeren Bezügen als die, die er jeweils hat, nicht zugemutet werden kann. Da es sich jedoch im Zuge der Verwaltungsvereinfachung vielfach als notwendig erwies, die Zahl der höher bewerteten Ämter zu verringern, wurden neuerdings in einigen Ländern und bei der Reichsbahn auch Bestimmungen geschaffen, wonach sich die Beamten die Verwendung in einem Amte, das an sich mit einer geringeren Besoldung ausgestattet ist, gefallen lassen müssen. Jedoch ist den Beamten, soweit man solche Vorschriften geschaffen hat, für diesen Fall stets die Beibehaltung ihrer bisherigen Amtsbezeichnung und der Bezug der Besoldung zugesichert, der dem bisher von ihnen bekleideten Amte entspricht. Hierin drückt sich, wenn man so will, in gewissem Sinne doch aus, daß die Beamtenbesoldung und ihr Aufbau in den Besoldungsgruppen so etwas wie eine Art Rangordnung enthält. Wenn ein Angestellter seinen Posten verliert und eine geringer bezahlte Stelle übernehmen muß, wird niemand auf den Gedanken kommen, ihm die höhere, früher von ihm bezogene Besoldung zuzusichern. Im Beamtenverhältnis dagegen gehört diese Zusicherung zu den wichtigsten Rechten. Sie ist auch ein Ausfluß davon, daß der Grundsatz der Bezahlung nach Leistung nicht voll zur Auswirkung gelangt.

3. Beförderung und Aufstieg

Mehrfach ist schon darauf hingewiesen, daß der Aufstieg der Beamten in höhere Besoldungsgruppen seit der Reform von 1927 grundsätzlich nur beim Wechsel der Tätigkeit, also bei Beförderung in ein anderes Amt, vor sich gehen kann. Selbstverständlich setzt die Beförderung die Anerkennung der erforderlichen Qualifikation durch die Behörde voraus. Insofern kann man sagen, daß der Aufstieg durch höhere Leistungsfähigkeit bewirkt werden kann. Da jedoch, ganz abgesehen von anderen Faktoren, wie z. B. persönlichen Einflüssen usw., die Möglichkeit, Beamte zu befördern, von einer großen Zahl sonstiger Bedingungen (wie: Anzahl der vorhandenen Beförderungsstellen, Freiwerden von vorhandenen Beförderungsstellen u. a. m.) abhängt, bietet auch die anerkannte Qualifikation keinerlei Gewähr für Beförderung. Wird man also im allgemeinen sagen dürfen, daß nur befähigte Beamte in höhere Stellen gelangen, so ist doch andererseits die Verwendung nach der besonderen Befähigung des einzelnen kein Grundsatz, der im Besoldungswesen deutlich zum Ausdruck käme.

4. Leistungsentgelt oder Alimentation

Es bleibt noch übrig, die Frage nach dem wirtschaftlichen Charakter der Beamtenbesoldung kurz zu streifen. Nach all dem Gesagten ist eigentlich schon klar, wie die amtliche Auffassung und die Theorie in Wissenschaft und Rechtsprechung diese Frage lösen. Es war wohl nur ein unter dem Eindruck der damals etwas bewegten Zeiten zustande gekommener Schwächeanfall, als die Regierung in der Begründung zum Besoldungsgesetz 1920 die Ansicht vertrat, das Gehalt sei eine Abgeltung für die Leistung des Beamten. Es heißt da:

„In der Rechtsprechung und Staatsrechtslehre gehen die Meinungen über die Natur der Beamtenbesoldungen auseinander. Während die einen das Gehalt als reinen Arbeitslohn bezeichnen (Leistungstheorie), betrachten die anderen es als öffentlicht-rechtliche Gegenleistung dafür, daß der Beamte seine ganze Persönlichkeit in den Dienst des Staates stellt (Unterhaltstheorie). Auf die von den Vertretern beider Anschauungen vorgebrachten Gründe und Gegengründe soll hier nicht des näheren eingegangen werden, zumal der Streit nur theoretisch und fruchtlos ist. Soviel steht fest: jede der beiden Anschauungen löst für sich allein betrachtet und streng durchgeführt, Härten, Folgewidrigkeiten und Ungerechtigkeiten aus. Weder erscheint es angängig, den Beamten in der billigsten Kleinstadt in seinen Gesamtbezügen ebenso zu stellen wie den Beamten in der teuersten Großstadt, noch ist es auf der anderen Seite vertretbar, dem verheirateten Beamten mit zehn Kindern etwa zwölfmal oder auch nur sechsmal soviel zu gewähren wie dem unverheirateten Beamten. Nur eine gesunde Mischung beider Anschauungen, die Einseitigkeiten vermeidet, kann zu einem befriedigenden Ergebnis führen." ... „Mit Unrecht wird von gewissen Seiten versucht, das System der Kinderzuschläge als einen Verstoß gegen die Leistungstheorie hinzustellen." ... „Den Maßstab für die Einreihung der einzelnen Beamten in die geschaffenen Besoldungsgruppen soll die geforderte Leistung bilden."

In der Zwischenzeit ist der Meinungsstreit darüber, ob die Beamtenbesoldung Leistungsentgelt oder Alimentation sei, soweit amtliche Auffassungen in Frage kommen, allseits zugunsten der zweiten Meinung entschieden. Am besten wird wohl die herrschende Auffassung gekennzeichnet durch Wiedergabe zweier besonders bedeutsamer Auslassungen hierüber. So schreibt z. B. Ministerialrat Sölch, der Besoldungsreferent des Reichsfinanzministeriums, in seinem als maßgebend anerkannten Kommentar zum Reichsbesoldungsgesetz von 1927 folgendes:

„Die Dienstbezüge des Beamten sind keine Gegenleistung für die von ihm geleisteten amtlichen Dienste, sondern eine ihm für die Dauer seines Amtes gewährte Rente, die dazu bestimmt ist, ihm die Mittel zu seinem dem Amte entsprechenden standesgemäßen Unterhalt zu geben (RGZ. Bd. 38 S. 320). Der Beamte wird demgemäß nicht nach einer Stundenleistung bezahlt, sein Arbeitsmaß ist auch nicht auf eine bestimmte Stundenzahl beschränkt, sondern er hat grundsätzlich seine ganze Arbeitskraft in den Dienst des Reichs (oder seines sonstigen öffentlichen Arbeitgebers) zu stellen. Diese ‚Unterhaltungstheorie' (Gegensatz: ‚Lohntheorie') wird gestützt durch die Tatsache, daß auch der in den einstweiligen Ruhestand versetzte Beamte (der ein Beamter ohne Amt ist), sowie der in den dauernden Ruhestand versetzte Beamte, sogar die Witwe und (bis zu einem gewissen Lebensalter) die Kinder des Beamten eine Unterhaltsrente in Gestalt von Wartegeld, Ruhegeld, Witwen- und Waisengeld erhalten, obwohl diesen Bezügen keine Leistungen gegenüberstehen. Auch die Gewährung von Kinderzuschlägen (§ 14) und die Berücksichtigung des Familienstandes bei Bemessung des Wohnungsgeldzuschusses (§ 9 Abs. 4, § 10) sprechen für diese Anschauung."

Ferner seien folgende Abschnitte aus Reichsgerichtsurteilen zitiert:

„Das Berufsbeamtentum besteht darin, daß der Beamte kraft eines einseitigen Staatshoheitsaktes in ein dauerndes, nicht kündbares Lebens- und Rechtsverhältnis zum Staate tritt, kraft dessen er seine ganzen Kräfte in dessen Dienst zu stellen hat, solange er dazu fähig ist, wogegen der Staat die Verpflichtung übernimmt, ihm den standesgemäßen Unterhalt für sich und seine Familie zu gewähren, und zwar zunächst in Gestalt des vollen Stellendiensteinkommens, später aber, wenn er keine Dienste mehr leistet, des Ruhegehalts" (RGZ. Bd. 104 S. 61). — „Nach allgemeinen Grundsätzen ist das Gehalt des Beamten keine Entlohnung für einzelne Dienstleistungen, sondern eine ihm für die Dauer seines Amts zugebilligte, für den standesgemäßen Unterhalt bestimmte Rente. Der Anspruch des Beamten auf Zahlung des Gehalts kann deshalb nicht dadurch beeinträchtigt werden, daß er mit Wissen und Willen der Behörde zeitweise keinen Dienst leistet" (RGZ. Bd. 96 S. 87).

Da die verschiedenartige Bemessung der Besoldung in den einzelnen Gruppen einer ganz allgemein aufgefaßten Alimentationstheorie zunächst widerspricht, wird die Konstruktion des standesgemäßen Unterhalts zu Hilfe genommen. Die Höhe der standesgemäßen Lebenshaltung ist dann bei den einzelnen Beamtenkategorien verschieden, je nach der gesellschaftlichen Bewertung des Amtes, das sie versehen und nach der sozialen Herkunft, die sie im allgemeinen haben. Auf diesem Wege kommt die Vorbildung, die für den Zugang zu den einzelnen Laufbahnen gefordert wird, zu einer besonderen Bedeutung im Besoldungswesen. Allgemeine gesellschaftliche und soziale Kategorien, die in der Auffassung eines noch immer zahlenmäßig überwiegenden Teiles des Volkes Geltung haben, werden der Interpretation des Begriffs „standesgemäßer Unterhalt" in der Beamtenbesoldung zugrunde gelegt. Es erscheint wohl nicht notwendig, dies an einzelnen Beispielen zu erläutern. Von dem so gewonnenen Standpunkte aus jedoch ergeben sich dann verhältnismäßig zwanglos Vergleiche zwischen den einzelnen Gruppen von Beamten und bestimmten sozialen Schichten. Der im freien Erwerbsleben stehende Staatsbürger, seine wirtschaftliche und soziale Lage ist daher mitbestimmend für die besoldungsmäßige Einteilung der Beamten, für den Gruppenaufbau und für die Bemessung der Bezüge in den einzelnen Gruppen. Auf diesem

Wege kommt aber noch ein weiterer Faktor zu der ihm gebührenden Geltung. Innerhalb des jeweils gegebenen relativen Aufbaus der sozialen Schichten und der Lage ihres wirtschaftlichen Standortes wird dessen absolute Höhe bestimmt durch das allgemeine wirtschaftliche Niveau und die Höhe, die es, über das ganze der Volkswirtschaft gesehen, zu gegebener Zeit besitzt. Die relative Anpassung der Beamtengruppen hieran bedeutet also gleichzeitig die Eingliederung ihrer Besoldung in den Rahmen der Situation, in der sich die allgemeine Wirtschaft befindet. Und da deren Lage sich jeweils und besonders stark in der heutigen Zeit in der Lage der Staatsfinanzen widerspiegelt, hat auf diese Weise auch deren Stand unmittelbarsten Einfluß auf die Beamtenbesoldung. Dies zeigt sich besonders deutlich bei den Gehaltskürzungen der letzten Jahre. Liegt aber in der sozialen Struktur des Volkes ein Maßstab, der bei Bemessung der Beamtenbesoldung zur Anwendung kommt, so bleibt immer noch ein gewisser Spielraum für die Entscheidung darüber, wie dieser Maßstab bei der Beamtenschaft angelegt wird. Man kann die Beamtenschaft als Ganzes in die Skala des sozialen Aufbaus tiefer oder höher einreihen, man kann der Beamtenschaft ihren Standort auf der sozialen Stufenleiter auf einer höheren oder einer tieferen Sprosse zuweisen. Die Entscheidung dieser Frage wird abhängen von der Bewertung, die die Beamtenschaft als Ganzes in der öffentlichen Meinung genießt. Gegenwärtig steht sie nicht sehr hoch im Kurse, ein Umstand, der seine Ursache nicht nur in der Einstellung der nichtbeamteten Kreise hat. Es ist auch hier nicht der Ort, zu untersuchen, warum die Beamtenschaft die doch bemerkenswert bessere Geltung, die sie z. B. im Jahre 1920 besaß, verloren hat. Jedenfalls glauben wir, daß die Entwicklung des Besoldungswesens gerade in der letzten Zeit einen deutlichen Beweis für die Wirksamkeit dieses Faktors geliefert hat. Wenn man dies anerkennt (und die Anerkennung wird sich nicht wohl umgehen lassen), so wird man auch, ohne in eine grundsätzliche Auseinandersetzung mit der sogenannten Alimentationstheorie einzutreten, gleichzeitig doch zugeben müssen, daß letzten Endes über die Gestaltung der Beamtenbesoldung doch die Bewertung entscheidet, die man allgemein der Stellung und der Funktion, der Tätigkeit und Leistung der Beamtenschaft zuteil werden läßt.

VII. Die Besoldungskürzungen der Jahre 1930 und 1931

Das Jahr 1930 brachte die ersten, mit den Erschütterungen der gesamten Weltwirtschaft zusammenhängenden größeren Zusammenbrüche in der deutschen Wirtschaft und ein ungeahntes Anwachsen der Arbeitslosigkeit, verbunden mit außerordentlichen Erhöhungen sozialer Ausgaben bei allen öffentlichen Körperschaften, bei gleichzeitigem Rückgang der Steuereinnahmen. Natürlich konnte die Beamtenschaft von den Auswirkungen dieser Vorgänge in der öffentlichen Finanzwirtschaft nicht unberührt bleiben. Die Beamtengehälter, die mit dem Besoldungsgesetz vom Herbst 1927 an die damaligen Wirtschaftsverhältnisse herangeführt worden waren, blieben bis zum August 1930 unverändert in Kraft. Aber schon die erste, durch die Ungunst der Zeitverhältnisse erzwungene Notverordnung des Reichspräsidenten „zur Behebung finanzieller, wirtschaftlicher und sozialer Notstände" vom 26. Juli 1930 brachte einen Eingriff in die Beamtenbesoldung. In Form einer „Reichshilfe der Personen des öffentlichen Dienstes" wurde den Beamten und Angestellten des Reichs, der Länder, Gemeinden, der Reichsbank, der Körperschaften des öffentlichen Rechts, der Reichsbahn usw., den Ruhegeld- und Wartegeldempfängern sowie den Hinterbliebenen mit Wirkung vom 1. September 1930 eine 2½%ige Kürzung ihrer Gesamtbezüge auferlegt. Nur jährliche Einkommen unter 2000 RM wurden von der Kürzung befreit, d. h. die Befreiung wurde nur für verschwindend wenige Beamte praktisch. Die Kürzung war bis 31. März 1931 befristet.

Jedoch wurde schon vor Ablauf der Geltungsfrist für die „Reichshilfe" am 1. Dezember 1930 in einer neuen „zur Sicherung von Wirtschaft und Finanzen" erlassenen Notverordnung des Reichs ein weiterer Gehaltsabbau durchgeführt. Er traf die Beamtenschaft schon härter, weil er, unter Wegfall der „Reichshilfe" die Beamtengehälter ab 1. Februar 1931 um insgesamt 6% der Bruttobezüge 1927 kürzte. Die Freigrenze wurde von 2000 RM jährlich auf 1500 RM herabgesetzt mit der Maßgabe, daß, wenn nach Durchführung der Kürzung ein Betrag von weniger als 1500 RM verbleiben würde, 1500 RM gewährt werden. Allgemein wurde also der Kreis der Befreiten stark eingeengt. Wie bei der vorhergehenden Regelung blieben auch diesmal Kinderzuschläge, Dienstaufwandsentschädigungen, Reisekosten und Tagegelder und ähnliche Bezüge von der Kürzung frei. Die aktiven Bezüge des Reichspräsidenten, des Reichskanzlers und der Reichsminister wurden anstatt um 6% um 20% gesenkt. Die Geltungsdauer der neuen Kürzung war bis zum 31. Januar 1934 befristet.

Die mit Riesenschritten fortschreitende Wirtschaftskrise machte diesen Termin bald wieder illusorisch. Trotz der bisherigen Abstriche an den persönlichen und sachlichen Ausgaben und der Einsparung von mehreren hundert Millionen Mark, sah sich die Reichsregierung im Frühsommer erneut vor die unabweisbare Notwendigkeit gestellt, einen weiteren Ausgleichsversuch vorzunehmen. Auch diesmal wurde die Beamtenschaft nicht verschont. Allerdings sah man von der gleichmäßigen prozentualen Belastung ab und ging zu einem gestaffelten Gehaltsabzug über. Vom 1. Juli 1931 ab wurden die Dienstbezüge erneut gekürzt, und zwar in der Sonderortsklasse und der Ortsklasse A bei Einkommen bis zu 3000 RM jährlich, unter Anrechnung der bisherigen Abzüge, um 10%, für weitere 3000 bis 6000 RM Gehalt um 11%, für 6000 bis 12000 RM um 12% und für die 12000 RM übersteigenden Gehaltsbeträge um 13% der am 1. Oktober 1927 in Geltung gewesenen Beträge. In den Ortsklassen B, C und D war der Abzug je 1% höher. Die Kürzung wurde einmal nach der Höhe des tatsächlichen Einkommens, dann nach der Zugehörigkeit zu verschiedenen Ortsklassen abgestuft. Die Durchführung des ersteren Grundsatzes stimmte mit den Bestrebungen starker Teile der organisierten Beamtenschaft überein, die eine sozialere Gestaltung der Gehaltseinbußen durch progressive Staffelung zum Ziele hatten. Leider hat diese von vielen Seiten für berechtigt gehaltene Auswirkung nicht eintreten können, weil in der gleichen Notverordnung der bisher monatlich 20 RM betragende Kinderzuschlag für das erste Kind um die Hälfte gekürzt worden ist. Das hat, wie aus nachstehenden Beispielen ersichtlich ist, die angestrebte sozialere Gestaltung des Gehaltsabbaues in ihr Gegenteil verkehrt, weil untere, also sozial schlechter gestellte Gruppen, in der Gesamtauswirkung prozentual stärker belastet werden als darüberliegende Einkommensstufen.

Auswirkungen der Gehaltskürzung ab 1. Juli 1931 in Ortsklasse S u. A

Gehalt + 240 RM Kinderzuschlag in RM	Gehaltskürzung nach der Notverordnung vom 5. Juni 1931 zusammen mit der 6%igen Kürzung vom Februar in RM	Resteinkommen ohne Steuerabzug RM	Betrag der Kürzung in Prozent des Einkommens
2 240	320	1 920	14,3
3 240	420	2 820	13,0
4 240	530	3 710	12,5
5 240	640	4 600	12,5
6 240	750	5 490	12,0
7 240	870	6 370	12,0
8 240	990	7 250	12,0
9 240	1 110	8 130	12,0
10 240	1 230	9 010	12,0
11 240	1 350	9 890	12,0
12 240	1 470	10 770	12,0
13 240	1 600	11 640	12,0
14 240	1 730	12 510	12,1

Die Länder, Gemeinden (Gemeindeverbände) und sonstigen Körperschaften des öffentlichen Rechts wurden verpflichtet, die Dienstbezüge ihrer Beamten herabzusetzen, soweit sie höher liegen als die vergleichbarer Reichsbeamten. Der Kreis der Körperschaften des öffentlichen Rechts ist wesentlich erweitert worden, es sind z. B. auch Anstalten, Vereine und Stiftungen des öffentlichen Rechts und solche Unternehmungen einbezogen, deren Gesellschaftskapital sich mit mehr als der Hälfte im Eigentum von Körperschaften des öffentlichen Rechts befindet.

Unverhältnismäßig stark wirken sich die Notverordnungsbestimmungen vom Juni 1931 auch auf diejenigen Beamten aus, die gleichzeitig Empfänger von Versorgungsbezügen sind. Durch die starke Herabsetzung der Anrechnungsgrenze gehen den Versorgungsberechtigten vielfach Beträge verloren, die bis 30% und mehr des Gesamteinkommens ausmachen. Hingegen sind die Soldaten der Wehrmacht bis zum Hauptmann einschließlich zwar nicht im Gesetzestext, wohl aber durch die nachträglich erlassenen Durchführungsbestimmungen weitgehend von den Gehaltskürzungen freigestellt. Ähnliche Regelungen sind für die Angehörigen der Schutzpolizei der Länder getroffen.

Aber auch die bis 1. Januar 1934 befristete Juni-Notverordnung 1931 genügte mit ihren Gehaltseinschränkungen noch nicht, um die öffentlichen Etats, im besonderen die der deutschen Länder, völlig auszugleichen. Deshalb ermächtigte der Reichpräsident durch Notverordnung vom 24. August 1931 die Landesregierungen, alle Maßnahmen, die zum Ausgleich der Haushalte von Ländern und Gemeinden erforderlich sind, eventuell auch unter Abweichung von dem bestehenden Landesrecht im Verordnungswege vorzuschreiben. Insbesondere konnten die Landesregierungen Bestimmung darüber treffen, in welcher Weise die Personalausgaben herabgesetzt werden müssen. Von dieser Ermächtigung haben alle Länder ausnahmslos Gebrauch gemacht.

Ein Teil der Länder hat zusätzliche Sonderkürzungen im Ausmaße von durchschnittlich 5 bis 7% bei seinen Landes- und Gemeindebeamten und Angestellten vorgenommen, andere sind insbesondere in den höheren Einkommensstufen wesentlich darüber hinausgegangen, wieder andere haben eine gleichmäßige prozentuale Kürzung überhaupt nicht eingeführt, sondern die Grundgehälter oder die Zulagen geändert. Außer diesen Verschlechterungen haben die Ländernotverordnungen vielfach die ledigen oder kinderlos verheirateten Beamten stärker belastet als die verheirateten Beamten mit Kindern. Fast allgemein haben die Länder eine Aufrückungssperre von 1 bis 2 Jahren verordnet, um für diese Zeit die höheren Bezüge einzusparen, gingen aber bald wieder von dieser Neuerung ab, als das Reich sie nicht zur gleichen Zeit zur Durchführung brachte. Andere Sparmaßnahmen bezogen sich auf die Herabsetzung der Diätarbezüge und die Kürzung der Dienstbezüge der Lehrer. Wieder andere Länder versuchten Ersparnisse durch Änderungen im Auszahlungsmodus der Gehälter zu erzielen. So ging man in einem Land durch Hinausschiebung des bisherigen Zahlungstermins um jeweils drei weitere Tage von Monat zu Monat von der Vorauszahlung der Bezüge zur nachträglichen Zahlung über. Alle diese sicherlich noch vor wenigen Jahren undenkbar gewesenen Versuche, auf jede erdenkliche Weise Einsparungen zu machen, sind verursacht durch die große öffentliche Finanznot.

Im Reiche dagegen hat man sich von ähnlichen Experimenten freigehalten und nur die Dienstbezüge als solche gekürzt. Allerdings ist auch im Reich durch die in Verfolg der krisenhaften Weiterentwicklung der wirtschaftlichen Verhältnisse stark absinkenden Steuereinnahmen eine neue Notverordnung nicht zu umgehen gewesen. Sie ist mit Datum vom 8. Dezember 1931 erlassen und hat eine allgemeine Gehaltskürzung für Reich, Länder und Gemeinden usw. um weitere 9% der Oktoberbezüge 1927 gebracht. Diese 9%ige Kürzung tritt zu den bestehenden Reichskürzungen hinzu, so daß mit Wirkung vom 1. Januar 1932 Gehaltsbeträge zur Auszahlung gelangen, die in der Sonderortsklasse und in Ortsklasse A gestaffelt 19% bis zirka 22%, in den Ortsklassen B, C und D 20% bis zirka 23% unter den Dienstbezügen vom Oktober 1927 liegen.

Es werden also ab 1. Januar 1932 gekürzt:

bei einem jährlichen Einkommen	in der Sonderortsklasse und Ortsklasse A	in den Ortsklassen B, C und D
die Gehälter bis 3000 RM	um 19%	um 20%
weitere 3000—6000 RM	„ 20%	„ 21%
weitere 6000—12000 RM . . .	„ 21%	„ 22%
Gehaltsbeträge übor 12000 RM .	„ 22%	„ 23%

Eine Freigrenze ist nicht vorgesehen, so daß alle, auch die allerniedrigsten Einkommen zu dieser neuen Gehaltskürzung herangezogen werden.

Die Auswirkung der Gehaltsherabsetzungen der Jahre 1930 und 1931 für einige Besoldungsgruppen ist aus nachfolgender Tabelle (S. 81) zu ersehen.

In der Gesamtauswirkung zeigt sich also gegenüber dem Stande vom Oktober 1927 eine durchschnittliche Gehaltseinbuße von 20% bis 21%, womit die Beamtengehälter auf das Niveau vom Dezember 1924 zurückgedrückt worden sind. Die Kürzung um 20 % bzw. 21% bezieht sich aber lediglich auf das Nominaleinkommen. Wie sich die Kürzung auf die Kaufkraft auswirkt, ist an anderer Stelle zur Darstellung gebracht.

Auswirkung der Gehaltskürzungen ab 1. Januar 1932

(Nominalgehalt eines verheirateten Beamten in der Sonderortsklasse mit $1^1/_2$ Kinderzuschlägen im Anfangs- und Endgehalt)

Dienstbezeichnung und Besoldungsgruppe		Nominalbezüge Oktober 1927	Nominalbezüge Januar 1932	Januarbezüge 1932 als Prozentteile von Oktober 1927
Schaffner (A 11)	A	208,—	164,18	78,9
	E	285,35	226,82	79,5
Assistent (A 8a)	A	268,65	213,37	79,5
	E	327,—	260,10	79,5
Obersekretär (A 4c)	A	335,35	266,82	79,6
	E	542,50	432,42	79,7
Reg.-Rat (A 2c)	A	526,—	419,30	79,7
	E	862,—	684,78	79,4
Min.-Rat (A 1)	A	962,—	763,78	79,3
	E	1 348,—	1 065,54	79,0
Min.-Direktor (B 5)		1 840,—	1 449,30	78,7

VIII. Der Rechtsanspruch auf Besoldung

Auf das sich aus den Besoldungsgesetzen und ihren etwaigen gesetzlichen Änderungen ergebende Diensteinkommen hat jeder Beamte einen (klagbaren) Rechtsanspruch, mithin auch auf das sich hieraus ergebende Steigen des Grundgehalts oder seiner Zuschläge bei Erreichung der jeweiligen Dienstaltersstufe. Die auf Grund der Besoldungsregelungen erwachsenen Gehaltsansprüche stellen wohlerworbene Beamtenrechte dar. Sie werden durch die in Art. 129 Abs. 1 der Reichsverfassung garantierte Unverletzlichkeit der wohlerworbenen Rechte der Beamten in dem einmal gegebenen Bestande geschützt. Das uneingeschränkt gewährte Gehalt stellt also als einmal erworbener, subjektiver, öffentlich-rechtlicher Anspruch in voller Höhe ein wohlerworbenes Recht dar. Der Beamte hat demnach nicht etwa nur einen Anspruch auf Gehalt überhaupt[3], während die Höhe der Abänderung durch Gesetze schlechthin vorbehalten bleibt; auch ist eine unwesentliche Schmälerung der Beamtenbezüge nicht schon um deswillen zulässig, weil nur solche subjektiven Beamtenrechte geschützt seien, die dem Beamtenverhältnis wesentlich sind, und zu diesen nur der Anspruch auf Gewährung eines standesgemäßen Unterhalts gehöre[4]. Eine

[3] So die Äußerung des Regierungsvertreters bei der Beratung des RBesG. vom 16. Dezember 1927 vor dem Reichsrat.

[4] Durch Urteil vom 10. Juli 1931 (III 149/30) hat das Reichsgericht diesen vom Reichsfinanzhof in seiner Entscheidung vom 25. März 1931 (VI A 2253/30) eingenommenen Standpunkt abgelehnt. Gleichzeitig hat das Reichsgericht gegenüber der im Zusammenhang mit den Gehaltskürzungen viel erörterten Lehre von der nur „in-

Pflicht der Beamtenschaft, eine gewisse Schmälerung der uneingeschränkt zugesicherten Besoldung in Rücksicht auf die Staatsnotwendigkeiten zu tragen, ist dem geltenden Recht ebensowenig zu entnehmen, wie ein Recht des Staates zu etwaigen durch einen Staatsnotstand veranlaßten „überverfassungsrechtlichen" Eingriffen[5]. Werden aber durch ein Gesetz Beamtenrechte nur mit einer gewissen Beschränkung gewährt, so gelten sie auch nur mit dieser ihnen innewohnenden Beschränkung als wohlerworbene. Im Hinblick auf den Schutz, den Art. 129 RVerf. vorbehaltlos gegebenen Beamtenrechten gewährt, ist denn auch in die Reichsbesoldungsgesetzgebung schon im Jahre 1920 — und ihr folgend in die überwiegende Mehrzahl der landesgesetzlichen Besoldungsregelungen — ein Vorbehalt späterer Änderung der durch diese Gesetze festgelegten Bezüge eingefügt worden. Danach können Änderungen der Dienstbezüge, Wartegelder, Ruhegehälter, Hinterbliebenenbezüge und Versorgungsgebührnisse, ebenso Änderungen der Einreihung der Beamten in die Gruppen der Besoldungsordnungen durch (einfaches) Gesetz erfolgen[6]. Diese Vorbehaltsbestimmungen enthalten hinsichtlich der Befugnis, die Besoldungssätze herabzusetzen oder ihre Berechnungsart zu ändern, keinerlei Einschränkungen. Es müßte somit bei unbeschränkter Gültigkeit dieser Vorbehalte rechtlich zulässig sein, den nach der Einfügung dieser Bestimmungen angestellten Beamten die Gehälter auf das Existenzminimum und darunter zu senken und die Versorgungsbezüge zu entziehen. Der dem späteren Gesetzgeber durch die Vorbehaltsklausel verliehenen Befugnis sind aber ihrerseits wiederum durch Art. 129 RVerf. Grenzen gezogen[7]. Zu den allgemeinen wohlerworbenen Beamtenrechten

stitutionellen" Garantie des Art. 129 Abs. 1 (führend vertreten von Prof. Carl Schmitt) ausgesprochen, daß der Umstand, daß die Verfassung in Art. 129 das Berufsbeamtentum als solches schützen, mithin eine sogenannte institutionelle Garantie schaffen wollte, nicht dazu herangezogen werden könnte, um den Kreis und Inhalt der einzelnen, jedem Beamten als unverletzlich verliehenen Rechte enger zu ziehen.

[5] Hierfür kommen, abgesehen von der Ermächtigung durch verfassungsänderndes Gesetz (Art. 76 RVerf.), nur die in Art. 48 Abs. 2 RVerf. vorgesehenen Maßnahmen in Betracht. Die vorübergehende Außerkraftsetzung von Grundrechten erstreckt sich aber nicht auf Art. 129 RVerf.

[6] Maßnahmen, die keines verfassungsändernden Gesetzes bedürfen, können aber durch „Notverordnungen" auf Grund des Art. 48 Abs. 2 RVerf. gemäß einem jüngst wieder durch den Staatsgerichtshof für das Deutsche Reich gebilligten quasi „Gewohnheitsrecht" getroffen werden. — Wäre übrigens der Vorbehalt gesetzlicher Änderungsmöglichkeit selbstverständlich, stünde dem Gesetzgeber eine dahingehende Befugnis also ohnehin zu, so hätte es keiner besonderen gesetzlichen Bestimmung bedurft, um etwaige dem Staat nachteilige Folgen des Art. 129 Abs. 1 RVerf. abzuwenden.

[7] Darüber, ob diese Vorbehaltsklauseln nicht im Hinblick auf Art. 129 RVerf. überhaupt rechtsungültig sind, besteht keine einheitliche Auffassung. Die herrschende Lehre in der Literatur hat die Rechtsgültigkeit verneint; dieser Ansicht haben sich sehr beachtliche Stimmen oberster Gerichte angeschlossen. Die im Text vertretene Auffassung

gehört das Recht des Beamten auf die Eigenschaft als Beamter und insbesondere das Recht auf Belassung im Amte. Das aus dem Wesen des Beamtentums sich ergebende Recht auf Aufrechterhaltung der Eigenschaft als Beamter wird verletzt, wenn die Grundlage des Rechts entzogen wird: wenn also die Vorbehaltsklausel Gehaltskürzungen in einem Umfange ermöglichen würde, welche dem Beamten die Aufrechterhaltung einer seiner Amtsstellung angepaßten standesgemäßen Lebensführung unmöglich machen. Bei deren Bemessung ist naturgemäß dem allgemeinen Lebenszuschnitt, der Kaufkraft des Geldes und anderen volkswirtschaftlichen Momenten Rechnung zu tragen. Insoweit durch die Vorbehaltsklausel diese Grundlagen verletzt werden, tritt sie mit Art. 129 RVerf. in Widerspruch. Im übrigen aber ist der Vorbehalt gültig[8]. Die Höhe des Besoldungsanspruchs ergibt sich also aus den Besoldungsgesetzen und deren gesetzlichen Änderungen, soweit diese Änderungen durch einen gesetzlichen Vorbehalt gerechtfertigt[9] und unter Wahrung des standesgemäßen Unterhalts vorgenommen worden sind[10].

Obwohl in der Regel die Durchsetzung von Ansprüchen aus einem öffentlich-rechtlichen Verhältnis im ordentlichen Rechtswege versagt ist, steht für die vermögensrechtlichen Ansprüche der Beamten aus ihrem Dienstverhältnis der ordentliche Rechtsweg offen. Durch die Reichsverfassung (Art. 129 Abs. 1 Satz 4) ist dieser bis dahin nur beschränkt geltende Grundsatz unterschiedslos auf alle Beamten in Reich, Ländern, Gemeinden usw. ausgedehnt worden. Es muß sich allerdings um Rechtsansprüche handeln; bei bloßen Gnadenzuwendungen ist der Rechtsweg ausgeschlossen. Allgemeiner Grundsatz des Beamtenrechts ist weiterhin, daß die ordentlichen Gerichte erst dann angerufen werden

---

wird gestützt durch das grundsätzliche Urteil des Reichsgerichts (vgl. Anm. 4), das wohl der künftigen Praxis zugrunde liegen wird und damit praktisch den Meinungsstreit ausgeräumt hat.

8 Die Unterscheidung eines gültigen und eines ungültigen Teils der Vorbehaltsklausel beruht auf einer allgemeinen Norm, die für das bürgerliche Recht in § 139 BGB. ihren Ausdruck gefunden hat. Sie kann in der Praxis zu unüberwindlichen Schwierigkeiten führen; sie setzt voraus, daß der Richter in jedem Einzelfalle zur Fällung eines Werturteils berufen wird. Die Gerichte erhalten also eine besondere Vollmacht zur Entscheidung über die (Noch-) Angemessenheit der Beamtenbezüge!

9 Wo eine solche Klausel nicht vorhanden ist (z. B. im Lübeckschen BG.), kann eine Herabsetzung der ziffermäßigen Höhe der Bezüge überhaupt nicht vorgenommen werden. Sonst muß z. B. festgestellt werden, wann in den verschiedenen Ländern erstmalig ein Gesetz mit und wann letztmalig vorher ein Gesetz ohne Vorbehaltsklausel erlassen worden ist; eine Senkung unter die ziffernmäßigen Beträge des letzteren Gesetzes ist unzulässig.

10 Unter diesem Gesichtspunkt ist die neuerdings von Prof. Krückmann vertretene Auffassung, die Gehaltsschuld des Staates sei eine unabänderliche „festbegrenzte Summenschuld" des Obligationenrechts, „starr, fest und keinen Zufälligkeiten unterworfen", als juristisch abwegig und im übrigen wirklichkeitsfremd zu bezeichnen.

können, wenn der Beamte seine Ansprüche im Verwaltungswege bis zur höchsten Dienststelle hinauf vergeblich geltend gemacht hat. Der Klage im ordentlichen Rechtswege muß daher die Entscheidung des Verwaltungschefs vorhergehen[11]. Die Vorentscheidung der Behörde ist Prozeßvoraussetzung, fehlt die Vorentscheidung, so wird der Prozeß (allerdings noch nicht mit materieller Rechtskraft) abgewiesen[12]. Weiterhin ist die Klage im ordentlichen Rechtswege in allen Fällen an eine Ausschlußfrist von 6 Monaten gebunden; innerhalb dieser Frist seit Bekanntmachung der Entscheidung der Behörde muß bei Verlust des Klagerechts die Klage angestrengt werden. Im Prozeßverfahren selbst ist (die Klagen der Kommunal- und sonstigen mittelbaren Beamten ausgenommen) die Revision ohne Rücksicht auf die Beschwerdesumme zulässig; sie geht an das Reichsgericht. Dadurch wird die Einheit der Rechtsprechung in den wichtigen beamtenrechtlichen Fragen gewährleistet.

Ansprüche auf Rückstände von Diensteinkommen aller Art verjähren in 4 Jahren (§ 197 BGB.). Die Verjährungsfrist beginnt mit dem Schluß des Fälligkeitsjahres. Für Tagegelder, Umzugskosten und Reisekosten gilt (da sie kein Diensteinkommen sind) die gewöhnliche Verjährungsfrist von 30 Jahren.

Ansprüche auf Verzinsung und Schadenersatz bei verspäteter Gehalts- und Pensionszahlung sind ausgeschlossen. Nicht ausgeschlossen ist dadurch jedoch die Aufwertung.

Der Anspruch auf die Zahlung von Diensteinkommen, Wartegeld oder Ruhegehalt kann nur insoweit abgetreten, verpfändet oder sonst übertragen werden, als diese Bezüge der Beschlagnahme unterliegen[13]. Diese Bezüge sind nach der gegenwärtigen befristeten Regelung, soweit sie monatlich 195 RM nicht übersteigen, unpfändbar, von dem diesen Betrag übersteigenden Teil des Einkommens ist nur der dritte Teil der Pfändung unterworfen. Unbeschränkt pfändbar ist das Diensteinkommen jedoch, wenn die Pfändung wegen kraft Gesetzes zu entrichtender Unter-

---

[11] Für die Kommunalbeamten gilt in den meisten Ländern eine besondere, günstigere Regelung. Sie brauchen im Gegensatz zu den unmittelbaren Staatsbeamten vor der Klage im ordentlichen Rechtswege den Beschwerdeweg im Verwaltungsbeschlußverfahren nicht zu erschöpfen (vgl. § 7 Pr.Komm.B.G.).

[12] Die reichs- und landesgesetzlichen Vorschriften, welche die Erhebung der gerichtlichen Klage von der Vorentscheidung der Verwaltungsinstanz abhängig machen, stehen nach h. A. mit Art. 129 deshalb nicht in Widerspruch, weil sie die Beschreitung des Rechtsweges nur aufschieben, nicht ausschließen!

[13] Im Gegensatz zu der reichsgesetzlichen Regelung können die Besoldungen der preußischen Beamten überhaupt nicht abgetreten oder verpfändet werden. Diese als Fürsorge gedachte Bestimmung verfehlt aber in der Praxis ihren Zweck, da die Beamten genötigt sind, Schulden zu machen und gegen sich Vollstreckungstitel erwirken zu lassen, auf Grund deren sie dann gepfändet werden können.

haltsbeiträge erfolgt; erfolgt die Pfändung für ein uneheliches Kind, so muß dem Beamten aber so viel belassen werden, als er zum eigenen notdürftigen Unterhalt und zur Erfüllung seiner sonstigen gesetzlichen Unterhaltspflichten bedarf. Auch für die Aufrechnung einer Forderung (§ 394 BGB.) und für das Zurückbehaltungsrecht (§ 273 BGB.) gelten die gleichen Grundsätze und Einschränkungen, es sei denn, daß die Gegenforderung des Staates auf einer im Rahmen des Dienstverhältnisses begangenen vorsätzlichen unerlaubten Handlung beruht; hier würde eine Berufung auf das Aufrechnungsverbot gegen Treu und Glauben verstoßen. Unter bestimmten Ausnahmen von diesen Vorschriften zulässig ist die Abtretung von Beamtenbezügen zum Heimstättenbau und zum Erwerb von Eigenheimen (Heimstättengesetz vom 30. Juni 1927).

Mit Rücksicht auf den Charakter des Diensteinkommens[14] und die zwingende Rechtsnatur des Beamtenrechts ist ein Verzicht auf die Dienstbezüge unwirksam. Jedoch beginnt diese herrschende Auffassung unter dem Druck einer neuen, durch arbeitsmarktpolitische Erwägungen beeinflußten Praxis[15] allmählich einer gegenteiligen, auch früher schon vielfach vertretenen Auffassung zu weichen.

IX. Die Kaufkraft der Besoldung

Nicht nur wegen der mehrfachen Besoldungsänderungen, sondern auch in Verfolg der dauernden wirtschaftlichen Schwankungen hat sich die Kaufkraft der Gehälter oft gewandelt. Will man die Kaufkraftentwicklung aufzeigen, so geht man am besten auf den Stand 1913/14 zurück, weil die offizielle deutsche Lebenshaltungsindexberechnung dieses Datum ebenfalls zum Ausgangspunkt nimmt.

In erster Linie ist die Kaufkraft abhängig von der Höhe des jeweils bezogenen Diensteinkommens. Es soll deshalb untersucht werden, wie sich dieses Einkommen seit der Vorkriegszeit für verschiedene Beamtenkategorien geändert und wie sich vergleichsweise der Reichindex für die Lebenshaltungskosten entwickelt hat. Als markante Zeitpunkte sind der Dezember 1923, der die erste provisorische Regelung der Gehälter auf Goldbasis nach der Inflation brachte, der Dezember 1924 als Zeitpunkt einer weiteren Änderung, der Oktober 1927 als Einführungsmonat einer völlig neuen Besoldungsordnung, der Februar und Juli 1931 und der Januar 1932 als Daten der durch Reichsnotverordnung durchgeführten Gehaltskürzungen ausgewählt.

Nachfolgende Tabelle enthält die monatlichen Nominalgehälter ver-

---

[14] Vgl. Abschn. VI, 3.
[15] Vgl. Abschn. XI.

schiedener Besoldungsgruppen im Anfangs- und Endgehalt für einen verheirateten Beamten in der Sonderortsklasse mit 1½ Kinderzuschlägen, ohne Berücksichtigung der Steuerbelastung. Für jeden Zeitpunkt ist auch die entsprechende Indexziffer der Lebenshaltungskosten angegeben.

Die Entwicklung der Nominalgehälter von 1913/14 bis Januar 1932

(Verh. Beamter mit 1½ Kinderzuschlägen in der Sonderortsklasse)

Amtsbezeichnung		1913/14	Dez. 1923	Dez. 1924	Okt. 1927	Febr. 1931	Juli 1931	Januar 1932
		Lebenshaltungsindex						
		100	142,2	135,4	150,2	138,8	137,4	130,1 (Dez. 31)
		Nominalgehälter						
Schaffner (A 11)	A	140,—	94,75	167,50	208,—	197,32	180,20	164,18
	E	173,33	120,25	207,00	285,35	270,03	249,77	226,82
Assistent (8 a) . .	A	216,66	120,75	212,50	268,65	254,34	234,79	213,37
	E	366,67	152,75	262,—	327,—	309,18	286,83	260,10
Obersekretär (4 c)	A	216,66	159,25	283,50	335,35	317,03	294,27	266,82
	E	416,66	199,25	394,—	542,50	511,85	478,50	432,42
Reg.-Rat (2 c) . .	A	333,33	233,25	438,—	526,—	496,24	463,94	419,30
	E	658,33	299,25	628,50	862,—	812,08	759,66	684,78
Min.-Rat (1) . . .	A	806,66	361,75	711,—	962,—	906,08	847,66	763,78
	E	1140,—	461,75	1039,—	1348,—	1268,92	1184,16	1065,54
Min.-Direktor (B 5)		1574,16	607,—	1426,50	1840.—	1731,40	1612,20	1449,30

Wie schon der Vergleich der Absolutzahlen zeigt, ist der Verlauf der Entwicklung nichts weniger als einheitlich. Die starke Schrumpfung der Bezüge im Dezember 1923 erklärt sich aus der Tatsache, daß sie die ersten Goldmarkbezüge nach der Inflation darstellen, die aus finanz- und staatspolitischen Gesichtspunkten nur in dieser Höhe gezahlt werden konnten. Auch von Regierung, Parlament und Öffentlichkeit wurden die damaligen Beamteneinkommen als „Notgehälter" anerkannt. In den späteren Entwicklungsstadien liegen die Gehälter mit den Nominalbeträgen meistens über denen der Vorkriegszeit, sie sind aber nach Durchführung der Notverordnungskürzungen der Jahre 1930 und 1931 vielfach wieder unter diese Grenze gesunken. Dies wird deutlich aus folgender Übersicht, die unter Zugrundelegung der vorhergehenden Zahlenangaben das Nominaleinkommen als Prozentteil des Vorkriegsgehalts wiedergibt (1913/14 = 100 gesetzt):

Nominalgehälter in Prozenten des Vorkriegsgehalts
(1913/14 = 100)

Amtsbezeichnung		1913/14	Dez. 1923	Dez. 1924	Okt. 1927	Febr. 1931	Juli 1931	Januar 1932
Lebenshaltungsindex								
		100	142,2	135,4	150,2	138,8	137,4	130,1 (Dez. 31)
Nominalgehälter								
Schaffner (A 11) .	A	100	67,82	119,64	148,57	140,94	128,71	117,21
	E	100	69,37	119,40	164,62	155,85	144,10	130,91
Assistent (A 8 a) .	A	100	55,73	98,07	123,99	117,39	108,36	98,48
	E	100	41,65	71,45	89,18	84,32	77,95	70,93
Obersekr. (A 4 c) .	A	100	73,50	130,85	154,78	146,32	135,82	122,69
	E	100	47,82	94,56	130,20	122,84	114,84	103,78
Reg.-Rat (A 2 c) .	A	100	60,81	128,40	157,80	148,86	139,18	125,79
	E	100	45,45	95,31	130,93	123,35	115,39	104,01
Min.-Rat (A 1) . .	A	100	44,84	88,14	119,25	112,07	105,08	94,68
	E	100	40,50	91,14	118,24	111,30	103,86	93,46
Min.-Direktor (B 5)		100	38,56	90,61	116,90	110,00	102,42	92,07

Danach lagen die Nominalgehälter im Dezember 1923 durchweg ganz erheblich unter dem Vorkriegsniveau. Ein großer Teil der Beamten hatte kaum mehr die Hälfte des Vorkriegseinkommens zu verzehren und nur vereinzelt wurden 70 % des Friedensgehalts erreicht.

Im Dezember 1924 wurde das Vorkriegsgehalt im Nominalbetrag wieder überschritten. Mit 130,85 % des Friedensgehalts schnitt die Eingangsstufe der Gruppe 4c am besten ab, erreichte aber noch nicht einmal den Lebenshaltungsindex von 135,4.

Die Besoldungsneuregelung im Oktober 1927 führte die Nominalgehälter stärker an den damaligen Lebenshaltungsindex von 150,2 heran, verschiedene Gruppen waren sogar über ihn hinaus gestiegen.

Die Kürzungen im Februar und Juli 1931 und im Januar 1932 eilten jedoch dem Fallen der Lebenshaltungsindexziffern wieder voraus, so daß am 1. Januar 1932 (allerdings im Vergleich zu dem zuletzt veröffentlichten Index Dezember 1931 von 130,1) keine Besoldungsgruppe mehr an den Reichsindex heranreicht, ja viele Besoldungsgruppen um 20, 30 und mehr Prozent hinter ihm zurückbleiben.

Den Überblick über die wirkliche Kaufkraft der Bezüge vermitteln aber erst die Zahlen folgender Zusammenstellung, welche die über den Lebenshaltungsindex berechneten Realgehälter in den einzelnen Zeitpunkten im Verhältnis zur Vorkriegszeit wiedergibt. Nur auf diesem Wege ist es möglich, ein richtiges Bild von der Kaufkraftentwicklung zu geben, wenn auch zu beachten bleibt, daß die Lebenshaltungskosten des Reichsindex nicht typisch für den Beamtenhaushalt sind, sondern hinter ihm zurückbleiben.

Realgehälter in Indexmark in Prozenten des Vorkriegseinkommens

(Über den Index der Lebenshaltungskosten berechnet)

Amtsbezeichnung		1913/14	Dez. 1923	Dez. 1924	Okt. 1927	Febr. 1931	Juli 1931	Januar 1932
		Lebenshaltungskostenindex						
		100	142,2	135,4	150,2	138,8	137,4	130,1 (Dez. 31)
		Realgehälter in Indexmark						
Schaffner (A 11)	A	100	47,69	88,36	98,91	101,54	93,67	90,08
	E	100	48,78	88,18	109,46	112,28	104,87	100,62
Assistent (A 8 a)	A	100	39,19	72,43	82,54	84,57	78,08	75,69
	E	100	29,28	52,77	59,37	62,91	56,73	54,51
Obersekr. (A 4 c)	A	100	51,68	96,56	103,00	105,41	98,85	94,30
	E	100	33,62	69,83	85,35	88,50	83,57	95,14
Reg.-Rat (A 2 c)	A	100	42,76	94,83	105,05	107,26	101,28	96,68
	E	100	31,25	70,39	83,84	88,87	83,98	79,94
Min.-Rat (A 1)	A	100	31,53	65,17	79,39	80,74	76,47	72,75
	E	100	35,55	67,16	78,72	80,11	75,58	71,83
Min.-Direktor (B 5)		100	27,11	66,92	77,82	79,25	74,54	70,76

Der Schlußbetrachtung sei der Hinweis vorausgeschickt, daß die Vergleiche notgedrungen mit den tatsächlichen Vorkriegsgehältern durchgeführt werden mußten, obwohl auch diese bei vielen Beamtengruppen keinesfalls als ausreichend bezeichnet werden konnten. Deshalb sind unsere Schlußfolgerungen noch günstiger als die Wirklichkeit. Mit dieser Einschränkung kann festgestellt werden, daß sich die Realgehälter im Dezember 1923, von den unteren nach den höheren Besoldungsgruppen abfallend, mit einer Ausnahme, sehr erheblich unter 50 % der Vorkriegseinkommen bewegten. Die Regelung im Dezember 1924 verbesserte die Kaufkraft der Beamten bedeutend, führte aber noch in keinem einzigen Falle an die volle Friedenskaufkraft heran. In der Folgezeit, als die Gehälter stabil blieben, trat durch die Preissteigerung ein starkes Absinken der Kaufkraft ein. Erst die Besoldungsordnung vom Oktober 1927 hob vereinzelte Besoldungsgruppen auf das Vorkriegsniveau; es blieben aber auch nach dieser Verbesserung große Teile der Beamtenschaft, insbesondere der mittleren Gruppen, noch erheblich unter dieser Grenze. Da die Gehaltskürzungen vom Februar und Juli 1931 und Januar 1932 von den Oktobergehältern 1927 berechnet werden, der Lebenshaltungsindex aber in derselben Zeit weniger stark sank, als die Gehälter prozentual gekürzt worden sind, ergibt sich für den Anfang des Jahres 1932 eine Kaufkraft, die, unter Zugrundelegung des zuletzt bekanntgegebenen Lebenshaltungsindex von 130,1 (Dezember 1931) noch geringer ist als die vom Oktober 1927. Erst wenn man, was in gewissem Umfange wohl zutreffen wird, annimmt, daß der Lebenshaltungsindex bis zum 1. Januar 1932 ca. 10% sinken wird, würde die Kaufkraft vom Oktober 1927 wieder erreicht werden. Aber auch dann wird nicht zu bestreiten sein, daß weiteste Beamtenkreise bei der augenblicklichen Bezahlung die Vorkriegskaufkraft nicht wieder erreicht haben.

Ohne näher darauf einzugehen, sei hier der Hinweis gestattet, daß die Reichsindexziffer der Lebenshaltungskosten, obwohl sie bei allen derartigen Betrachtungen mit einer gewissen Selbstverständlichkeit Verwendung findet, keineswegs einen untrüglichen Maßstab abgibt. Die Indexziffer ist eine theoretisch zusammengesetzte rechnerische Größe, die in ihren Einzelteilen den tatsächlichen Verhältnissen nur in gewissem Umfange entsprechen kann. Das zeigt sich immer wieder beim Vergleich der Ergebnisse von praktisch durchgeführten Wirtschaftsrechnungen. So sind die Ausgaben im Arbeiter-, Angestellten- und Beamtenhaushalt auch in solchen Positionen, deren ungefähre Gleichheit man annehmen könnte, grundverschieden. Es betragen z. B. nach den Veröffentlichungen des Reichsstatistischen Amts über die im Jahre 1927 durchgeführte Erhebung die Ausgaben für Nahrungs- und Genußmittel bei Einkommen bis 3000 RM jährlich beim Arbeiter 47,3%, beim Beamten nur 43,2%, in der Einkommensgruppe 3000 bis 3600 RM 45,6% bzw. 40,9%, bei Einkommen von 3600 bis 4300 RM 44,5% bzw. 39,6% usw., während in dem bisher gültigen Indexschema für den Lebenshaltungsindex für Ernährungsausgaben 56,1% eingesetzt sind. Auch diese Abweichungen, die sich bei Gehaltskürzungen selbstverständlich besonders stark auswirken, sind von nicht zu unterschätzender Bedeutung, wenn die Verschiebung der Kaufkraft im Einzelfalle beurteilt werden soll.

X. Die Kosten der Besoldung

Die Personalausgaben stellen bei der Größe der öffentlichen Verwaltungen einen sehr erheblichen Teil der laufenden Ausgabeposten dar, deren Entwicklung von den Verwaltungszentralen und von der Öffentlichkeit mit lebhaftem Interesse verfolgt wird. Die zuverlässigsten Angaben über die Ausgabenwirtschaft der öffentlichen Verwaltung sind in der offiziellen Reichsfinanzstatistik enthalten. Die Untersuchung soll sich auf die persönlichen Kosten für die Beamten beschränken, d. h. auf die Ausgaben für Gehälter der aktiven Beamten und für Pensions- bzw. Versorgungsbezüge der Beamten und ihrer Hinterbliebenen, unter Weglassung der vielfach unter der Sammelbezeichnung „Personalkosten" ebenfalls aufgeführten Angestellten- und Arbeitervergütungen.

Für die Vorkriegszeit läßt sich allerdings der Grundsatz, nur reine Beamtenkosten darzustellen, deshalb nicht durchführen, weil keine detaillierten Zahlenangaben bekannt sind, und dort, wo sie existieren, wegen der durch den Krieg herbeigeführten Veränderungen zu Vergleichszwecken nicht mehr verwendbar sind. Um aber doch einen ungefähren Überblick über die Vorkriegsverhältnisse zu geben, entnehmen wir der Reichsfinanzstatistik die Gesamtsumme der aktiven Gehälter und Pensionen für Beamte und Angestellte des Reichs, der Länder, Gemeinden und Gemeindeverbände einschließlich der Wehrmacht in Höhe von 2214,3 Mill. RM. Zieht man hiervon die Wehrmachtkosten für Gehälter und Vergütungen (328,4 Mill. RM) und für Pensionen (110,9 Mill. RM), zusammen 439,3 Mill. RM, ab, so verbleiben als reine Beamtenausgaben für die gesamte öffentliche Verwaltung *1774,9 Mill. RM*. Das sind bei einer Gesamtausgabehöhe von 7482,3 Mill. RM aller Etats des Reichs, der Länder und Gemeinden 23,7% Personalkosten für Beamte und Angestellte. Von dem Betrage von 1774,9 Mill. Mk. im Jahre 1913/14 entfallen auf das Reich (ohne Wehrmacht) 35,2 Mill. Mk., auf die Länder 851,75 Mill. Mk. und auf Gemeinden und Gemeindeverbände 887,94 Millionen Mark.

Die Ausgabe von 35,26 Mill. Mk. im Reiche dürfte sich im wesentlichen mit den Kosten für die aktiven und pensionierten Beamten decken, da 1913/14 nur sehr wenig Angestellte in der Reichsverwaltung tätig waren. Für die entsprechenden Ausgaben der Länder trifft diese Voraussetzung aber nicht zu, noch weniger für die in den Gemeinden; es lassen sich darüber aber keine präzisen Angaben machen.

Auch für die Betriebsverwaltungen Reichspost und Reichsbahn ist man auf Sammelzahlen angewiesen.

Die Reichspost hat 1913 für 229463 Beamte, 20634 Hilfskräfte und 11707 Vertreter, zusammen 261804 Personen (ohne Telegraphenarbeiter) insgesamt 492,3 Mill. Mk. ausgegeben. Die Staatseisenbahnen im Gebiete der heutigen Reichsbahn wiesen im Jahre 1912 für 287074 Beamte und 452775 Arbeiter Personalkosten von 1116 Mill. Mk. aus.

Für die ersten Jahre nach Friedensschluß, ebenso für die Inflationszeit sind brauchbare Vergleichszahlen über die Personalkosten in Reich, Ländern und Gemeinden nicht vorhanden. Erst seit einigen Jahren sind die Länder und Gemeinden durch Reichsgesetz verpflichtet, ihre Etats, nach bestimmten Gesichtspunkten gegliedert, dem Reichsstatistischen Amt als Grundlagen für die Reichsfinanzstatistik zur Verfügung zu stellen. Die offiziellen Zahlenangaben über die Einnahmen und Ausgaben der öffentlichen Verwaltung in Deutschland enthalten u. a. auch die persönlichen Ausgaben, unterteilt in Gehälter und Vergütungen, also die Bezüge der Beamten und Angestellten, und in Versorgungsgebührnisse (einschließlich Hinterbliebenenbezüge). Wenn auch die reinen Beamtenkosten in der folgenden Aufstellung nicht enthalten sind, geben wir sie doch wieder in der Überzeugung, daß sie einen guten Überblick über die Entwicklung der letzten Jahre vermittelt.

Entwicklung der persönlichen Ausgaben 1913/14 bis 1928/29

(ausschließlich Arbeiterlöhne, einschließlich Wehrmacht)

a) Gehälter und Vergütungen
b) Versorgungsgebührnisse und Hinterbliebenenbezüge

Rechnungsjahr		Reich	Länder (einschl. Hansestädte)	Gemeinden und Gemeindeverbände	insgesamt
		in 1000 RM			
1913/14 . .	a)	359 751	—	—	—
	b)	114 853	—	—	—
1925/26 . .	a)	612 574	1 559 811	1 401 501	3 573 886
	b)	128 777	360 509	222 739	732 025
1926/27 . .	a)	648 278	1 642 293	1 445 571	3 736 142
	b)	140 467	397 156	246 234	783 857
1927/28 . .	a)	729 638	1 812 939	1 639 951	4 182 526
	b)	160 038	450 717	261 762	872 517
1928/29 . .	a)	812 400	1 969 200	1 885 100	4 666 700
	b)	173 400	488 600	315 300	977 300

Danach sind die Personalausgaben in allen Verwaltungen seit 1925/26 ohne eine Ausnahme fortlaufend, 1928/29 insbesondere als Folge der Besoldungsreform von 1927, stark angestiegen.

Die zuletzt veröffentlichten amtlichen Statistiken über die Einnahmen und Ausgaben der öffentlichen Verwaltung in Deutschland beziehen sich auf den 31. März 1929. Sie enthalten u. a. auch genauere Angaben über die Personalkosten im Reich, den Ländern und Gemeinden. Da am 31. März 1929 noch keine Notverordnungskürzung vorlag, sind den Berechnungen die seit Oktober 1927 gültigen Besoldungen zugrunde gelegt. Nach dieser Besoldungsregelung bezogen die planmäßigen Beamten z. B. im Reich und bei der Reichspost nach dem Stande vom 1. Juli 1929 nachfolgende Durchschnittjahreseinkommen:

Durchschnittseinkommen der Beamten in den einzelnen Besoldungsgruppen

(Es sind die am 1. Juli 1929 bereits weggefallenen Besatzungszulagen und örtlichen Sonderzuschläge für das besetzte Gebiet noch in den Summen enthalten. — Das Durchschnittseinkommen ist aus den gesamten Besoldungsausgaben der jeweiligen Gruppe, geteilt durch die Anzahl der in dieser Besoldungsgruppe vorhandenen Beamten, errechnet)

Besoldungsgruppe	Durchschnittseinkommen jährlich		Prozentanteil der Ausgaben für die Besoldungsgruppe an den Gesamtpersonalausgaben	
	Reich RM	Reichspost RM	Reich %	Reichspost %
A 1 (Ministerialrat) .	14 900	15 200	1,88	0,15
A 2a (Oberreg.-Rat) . . (bei Mittelbehörden)	10 536	—	1,09	—
A 2b (Oberreg.-Rat) .	11 264	11 430	3,11	1,72
A 2c (Regierungsrat) .	8 890	9 640	7,64	1,65
A 2d (Min.-Amtmann).	9 530	9 820	2,92	0,24
A 3 (Verw.-Amtmann)	8 240	8 340	1,79	0,81
A 4a (Oberinspektor) . (bei Mittelbehörden)	6 200	—	1,53	—
A 4b (Oberinspektor) .	6 800	5 130	9,23	4,35
A 4c (Obersekretär). .	5 210	5 540	30,54	23,23
A 4d (Sondergeprüfte Sekretäre)	5 310	5 290	5,88	2,84
A 5a (Photograph) . .	5 470	4 430	0,04	0,21
A 5b (Mi.-Kanzleisekr.)	5 130	4 210	0,84	0,01
A 5c (Revierförster) .	4 130	—	0,02	—
A 6 (Oberwerkmeister)	4 380	3 420	0,37	0,50
A 7 (Sekretär)	4 090	3 960	13,60	4,87
A 8a (Min.-Kanzleiass.)	3 350	3 490	13,98	10,22
A 8b (Postass., weibl.).	—	2 510	—	8,49
A 9 (Kanzleiassist.) .	3 170	2 860	0,40	0,33
A 10 (Min.-Amtsgeh.) .	3 170	3 210	1,98	14,25
A 11 (Amtsgeh. bei nachgeordn. Behörden) .	2 820	2 810	2,01	25,38
A 12 (Hauswart, Heizer)	2 800	2 500	0,05	0,62
B 3 (Staatssekretäre) bis B 8 (Reichsger.-Räte)	19 540	18 340	1,10	0,13
			100,00	100,00

Aus der Tabelle läßt sich der Schluß ziehen, daß die Beamtendurchschnittseinkommen jährlich 2500 RM in den unteren Gruppen, bis zu 15200 RM in den höchsten Gruppen der aufsteigenden Gehälter, und bis zu 19 540 RM in den Einzelgehältern (mit Ausnahme der Minister) betrugen. Die entsprechenden Bezüge für den Stand Januar 1932 liegen, unter Berücksichtigung des Wegfalls der in der Aufstellung noch enthaltenen Besatzungszulagen und örtlichen Sonderzulagen für das besetzte Gebiet und der Gehaltskürzungen, um ca. 23 bis 25% unter dem angegebenen Niveau. Auffällig und auf den ersten Blick unverständlich ist die unterschiedliche Durchschnittseinkommenhöhe in ein und derselben Besoldungsgruppe, weil im Reich und bei der Reichspost dasselbe Besoldungsgesetz gilt. Die Differenz ergibt sich aus der Zugehörigkeit zu den verschiedenen Dienstaltersstufen, die in jeder Gruppe anders liegt. Ist das Durchschnittseinkommen z. B. bei der Post wesentlich größer als in derselben Besoldungsgruppe beim Reich, so ist das Dienstalter der betreffenden Postbeamten im Durchschnitt höher, sie liegen näher am Endgehalt als die vergleichbaren Beamten im Reich.

Von Bedeutung für die Besoldungspolitik ist der Anteil der Ausgaben einer Besoldungsgruppe an den gesamten Personalkosten oder, mit anderen Worten, die Verteilung des Personals auf die verschiedenen Besoldungsgruppen. So liegt der Schwerpunkt im Reiche bei den Obersekretären der Besoldungsgruppe 4c und erst in zweiter Linie bei den Sekretären und Assistenten der Gruppen 7 und 8a. Bei der Reichspost ist die Masse der Beamten in der Schaffnerklasse, während die Obersekretäre zwar auch noch beinahe ein Viertel des Gesamtpersonals ausmachen, jedoch erst an zweiter Stelle rangieren. Bei irgendwelchen Reformen muß auf diese Verhältnisse natürlich Rücksicht genommen werden. Um nur ein Beispiel zu geben, würde selbst eine wesentliche Gehaltsaufbesserung der Besoldungsgruppen 9 bis 12 im Reiche eine kaum merkliche Mehrbelastung bringen, weil nur ein kleiner Kreis in Frage käme. Sollte dieselbe Verbesserung aber für dieselben Gruppen bei der Post Platz greifen, so würde das, da nahezu 40% des Personals aufgebessert werden müßte, den Besoldungsetat außerordentlich stark belasten.

Die Verteilung auf die Besoldungsgruppen in den Verwaltungen des Reichs, der Länder und Gemeinden usw. ist aus nachstehender Darstellung ersichtlich, allerdings für Beamte und Angestellte zusammengenommen (Tab. S. 94):

Daraus geht hervor, daß 74,1% aller Beamten im mittleren Dienst tätig sind, davon der größere Teil (40,9%) im gehobenen mittleren, der kleinere (33,2%) im einfachen mittleren Dienst. Auf die unteren Laufbahnen entfallen 13,8%, auf die höhere 12,1%.

Wie hoch sind nun die Gesamtpersonalausgaben für die Beamten im Reich, in den Ländern und Gemeinden nach dem neuesten Stand?

Als Ausgangspunkt für die Höhe der Gesamtpersonalausgaben für die Beamten in Reich, Ländern und Gemeinden nehmen wir die offiziellen Veröffentlichungen des Reichsstatistischen Amtes, und zwar nach dem Stande vom 31. März 1929 und für die Reichspost und Reichsbahn die Etatszahlen. Aus diesen Grundlagen, die die Ausgaben, berechnet nach den ursprünglichen Bestimmungen des Besoldungsgesetzes von 1927 ent-

Beamte und Angestellte nach Besoldungs- (Vergütungs-) Gruppen am 31. März 1929

(Wirtschaft u. Statistik 1931, Nr. 23, S. 841)

Gebietskörperschaften	Feste Gehälter		A 1—A 2c X u. höher		A 2d—A 4c VII—IX		A 4d—A 9 IV—VI		A 10—A 12 I—III		Zusammen
	Zahl	%	Zahl	%	Zahl	%	Zahl	%	Zahl	%	Zahl
Reich (ohne Militärpersonen)	323	0,3	8 305	6,7	41 741	34,0	61 192	49,8	11 340	9,2	122 901
Länder	468	0,1	52 945	13,9	115 482	30,2	133 615	35,0	79 654	20,8	382 164
Gemeinden	811	0,3	25 716	9,2	130 532	46,9	102 314	36,7	19 155	6,9	278 528
Ämter.	6	0,1	274	3,9	2 232	31,5	3 243	45,8	1 323	18,7	7 078
Kreisverbände	1	0,0	857	3,2	5 745	21,6	12 629	47,5	7 383	27,7	26 615
Provinzialverbände . .	49	0,2	1 299	5,1	3 200	12,6	11 736	46,3	9 071	35,8	25 355
Gemeindeverbände zus.	56	0,1	2 430	4,1	11 177	18,9	27 608	46,8	17 777	30,1	59 048
Hansestädte	104	0,3	2 888	7,2	11 317	28,1	12 591	31,2	13 384	33,2	40 284
Insgesamt: Beamte . .	1 762	0,2	83 955	11,9	289 345	40,9	234 673	33,2	97 213	13,8	706 948
Insgesamt: Angestellte	—	—	8 329	4,7	20 904	11,9	102 647	58,3	44 097	25,1	175 977
Insgesamt: Zusammen	1 762	0,2	92 284	10,5	310 249	35,1	337 320	38,2	141 310	16,0	882 925

Die arabischen Zahlen A 1—A 12 beziehen sich auf die Gruppen der Beamtenbesoldung, die römischen auf die Gruppen des Angestelltentarifvertrags.

halten, lassen sich durch Abzug der mittlerweile durch Notverordnungen eingetretenen Gehaltskürzungen die Ausgaben nach dem Stande vom 1. Januar 1932 berechnen.

Beamtengehälter und Pensionen in Reich, Ländern und Gemeinden nach dem Stande vom 31. März 1929

(in Millionen RM für ein Jahr)

1. Reich, Länder und Gemeinden

Gebietskörperschaften	Beamtenkopfzahl	Gehälter	Pensionen	Spalte 3 + 4	Gesamtausgaben aus den berein. Etats	Gehälter u. Pensionen als Prozentteile der Gesamtausgaben (Spalte 5 als Prozente von Sp. 6)
Reich (ohne Wehrmacht)	96 044	497,7	107,5	605,2	8 375,8	7,2 %
Länder (einschl. Hansestädte)	360 197	1728,8	488,6	2217,4	5 224,9	42,4 %
Gemeinden und Gemeindeverbände	250 707	1286,9	315,3	1602,2	8 028,7	19,9 %
Stand vom 31. III. 1929	706 948	3513,4	911,4	4424,8	21 629,4	20,4 %

Die Gehaltskürzungen durch die Notverordnungen vom 1. XII. 1930, 5. VI. 1931 und 8. XII. 1931 machen zusammen mit den Ersparnissen durch Stellenwegfall usw. im Durchschnitt etwa 20% der Ausgaben aus. Nach Abzug dieser 20% verbleiben demnach als Gesamtausgaben nach dem

Gebietskörperschaften	Beamtenkopfzahl	Gehälter	Pensionen	Spalte 3+4	Gesamtausgaben aus den bereinigten Etats	Gehälter u. Pensionen als Prozentteile der Gesamtausgaben (Spalte 5 als Prozente von Sp. 6)
Stand vom 1. I. 1932 . .	—	2810,72	729,12	3539,84	—	—
2. Reichspost						
Voranschlag 1931	242 387	852,52	242,36	1094,88	2 130,—	51,3 %
Nach Abzug von 20 % verbleiben						
Stand vom 1. I. 1932 . .	—	682,02	193,90	875,92	—	—
3. Reichsbahn						
Stand Mitte 1931 (ohne Kürzungen)	300 415	1060,20	482,70	1612,92	4 000,—	40,3 %
Nach Abzug von 20 % (Kinderzulage in alter Höhe)						
Stand vom 1. I. 1932 . .	—	918,57	386,18	1304,75	—	—

Durch Addition der Endsummen zu 1, 2 und 3 kommen wir dann zu folgendem Schlußergebnis: In allen öffentlichen Verwaltungen und Betrieben sind insgesamt *1249750 Beamte* vorhanden. Die persönlichen Kosten dieses Beamtenapparates belaufen sich nach dem Stande vom 1. Januar 1932 (nach Abzug der bis zu diesem Zeitpunkt durchgeführten Gehaltskürzungen) auf insgesamt *4411,31 Mill. RM*. Auf den einzelnen Beamten entfällt somit ein Jahreseinkommen (einschließlich aller Zulagen usw.) im Durchschnitt aller Verwaltungen und Betriebe von *3529,6 RM* oder monatlich *294,1 RM*. Für die bisher aus diesem Verwaltungsapparat ausgeschiedenen beamteten Kräfte werden am 1. Januar 1932 an Ruhegeldern, Wartegeldern, Witwen- und Waisenbezügen jährlich insgesamt 1 309,2 Mill. RM, d. h. 29,6 % der aktiven Bezüge zur Auszahlung gebracht. Die Gehaltskürzungen haben allein bei den Beamteneinkommen einen jährlichen Kaufkraftausfall von rund 1,5 Milliarden RM gebracht.

XI. Wandlungen und Tendenzen der Zukunftsentwicklung

Wenn man die Entwicklung des deutschen Besoldungswesens in den letzten Jahrzehnten überblickt, so ist es sehr schwer, aus den tatsächlichen Vorgängen die Faktoren zu entnehmen, von denen voraussichtlich die künftige Entwicklung beherrscht sein wird. Obwohl im Laufe der Zeit das Besoldungswesen manchen, zum Teil auch grundlegenden Änderungen unterworfen war, so ist doch festzustellen, daß diese Änderungen vorwiegend unter dem Einflusse augenblicklicher politischer oder wirtschaftlicher Konstellationen zustande gekommen sind, und daß ihnen weniger eine bewußte Tendenz oder ein auf lange Sicht festgelegter konstruktiver Plan zugrunde lag. Unter Anwendung größter Vorsicht wird man daher über die Möglichkeiten kommender Aus- oder Umgestaltung des Besoldungswesens höchstens so weit gehen können, folgendes zu sagen:

Was die Bemessung der Höhe der Beamtenbezüge anlangt, so macht sich ohne Zweifel die allerdings von jeher vorhandene Abhängigkeit von der allgemeinen Wirtschaftslage, insbesondere von der Situation der öffentlichen Finanzen, in der Gegenwart bedeutend stärker bemerkbar als z. B. in der Vorkriegszeit. War es schon sehr beachtlich, daß im Jahre 1909 die Durchführung der Reichsbesoldungsreform abhängig gemacht wurde von der gleichzeitigen Erledigung der Reichsfinanzreform, so hat mit der Zunahme der wirtschaftlichen und finanziellen Schwierigkeiten im Kriege, in der Inflationszeit und besonders in der gegenwärtigen Zeit der allgemeinen Krise dieses „Junctim" naturgemäß eine erhöhte Bedeutung gewonnen. Diese wird ohne Zweifel mit der Fortdauer der Krise noch steigen. Auch die Erfahrungen, die nach dem Urteil weiter Volkskreise mit der Besoldungsreform von 1927 gemacht wurden, deuten in diese Richtung. Während einer Epoche des wirtschaftlichen Abstiegs wirkt sich die Abhängigkeit der Beamtenbesoldung von der allgemeinen Lage nicht nur gegebenenfalls in einer absoluten Kürzung der Bezüge aus, sondern sie hat gleichzeitig auch die Folge einer verhältnismäßigen Herabdrückung des wirtschaftlichen und sozialen Niveaus, das die Beamtenschaft als Ganzes oder einzelne ihrer Teile einnehmen. Wie jedoch insbesondere die Periode von 1897 bis 1909 zeigt, bilden auch Perioden wirtschaftlichen Aufschwungs nicht ohne weiteres und von sich aus eine Gewähr dafür, daß die Beamtenschaft in gleichem Tempo und Ausmaß an diesem Aufstieg teilnimmt. Der vielfach gemachte Vorschlag, die jeweilige Höhe der Beamtenbezüge in ein festes, automatisch wirksames Verhältnis zum Volkseinkommen bzw. zum Volkswohlstand zu setzen, fand bisher noch bei keiner der maßgeblichen Stellen besondere Sympathie. Die zunehmende Komplizierung aller Verhältnisse und die steigenden Schwierigkeiten, die ohne Zweifel den Weg der heutigen Gesellschaft und des Staates in der nächsten Zeit kennzeichnen werden, werden auf die Beamtenbesoldung jedenfalls die Auswirkung haben, daß ihre Abhängigkeit von den allgemeinen gesellschaftlichen Zuständen noch stärker als bisher in Erscheinung treten wird. Daneben wird die zunehmende Politisierung aller Gebiete des Lebens ohne Zweifel eine steigende Bedeutung der Faktoren zur Folge haben, die in der allgemeinen Bewertung der Beamtenschaft einerseits und in dem politischen Einfluß, den sie genießt, andererseits zu suchen sind. Bei der gleichzeitig zunehmenden Verschärfung der Klassengegensätze wird der Charakter der Beamtenschaft als einer zwischen den Klassen stehenden, von ihrem Kampf und deren Ausgang unberührten, auf staatlich garantierte Rechte pochenden Mittelschicht mit unbedingt gesichertem, erträgliche Lebensverhältnisse gewährleistenden Auskommen mehr und mehr zurücktreten. Die Entwicklung der wirtschaftlichen und sozialen Lage der Beamtenschaft und, soweit diese in der Besoldung zum Ausdruck kommt, die Entwicklung der Beamtenbesoldung, wird mit zunehmender Abhängigkeit parallel verlaufen der Entwicklung, die die gehobeneren Schichten der Arbeitnehmerschaft in bezug auf ihre wirtschaftliche und soziale Lage durchzusetzen imstande sein werden.

Was die mehr besoldungstechnischen Einzelheiten anlangt, so deutet die Entwicklung der letzten Zeit darauf hin, daß gegenüber den grundsätzlichen Änderungen, die die Besoldungsreform von 1920 gebracht hat, gegenwärtig gewisse retardierende Momente wieder stärker geworden sind. Die Vermehrung der Zahl der Besoldungsgruppen, die zunehmende Differenzierung in der Besoldungsbewertung, die Vergrößerung der Abstände zwischen den einzelnen Besoldungsgruppen, insbesondere zwischen den verschiedenen Laufbahnen, die Erschwerung des Aufstiegs, die stärkere Abschließung gegen sogenannte Außenseiter und andere Einzelheiten mehr weisen deutlich auf eine Annäherung an die Besoldungsprinzipien der Vorkriegszeit. Es sind keine Anzeichen festzustellen, die diese Entwicklung bereits als endgültig abgeschlossen erkennen ließen. Man wird also damit rechnen müssen, daß sich diese Tendenz auch späterhin noch da und dort in Einzelheiten Geltung verschafft. Dies schließt jedoch nicht aus, daß bei günstiger Gelegenheit wieder, ähnlich wie 1920, diese Entwicklung unterbrochen wird und sich die Elemente einer sozialeren Gestaltung, einer größeren Einheitlichkeit und Vereinfachung im Besoldungswesen erneut stärker durchsetzen. Eine solche Gelegenheit könnte z. B. das Vorhandensein einer ähnlichen, solchen Bestrebungen günstigen politischen Konstellation sein, wie sie 1920 bestand. Zur Zeit jedoch, und besonders unter dem Einfluß der ungünstigen Wirtschafts- und Finanzverhältnisse wird damit zu rechnen sein, daß die retardierenden Tendenzen sich weiter bemerkbar machen.

Wenn nach dem zu Eingang dieses Abschnitts Ausgeführten die Beamtenbesoldung in zunehmendem Maße von allgemeinen wirtschaftlichen Auffassungen beeinflußt wird, so ist ferner festzustellen, daß auch die bisher herrschende Meinung vom rechtlichen Charakter der Beamtenbesoldung beginnt, unterhöhlt zu werden. Mit der Auffassung, daß die

Beamtenbesoldung keine Gegenleistung für geleistete Dienste, sondern lediglich eine Alimentation, d. h. eine Gewährleistung lebenslänglicher Versorgung ohne Rücksicht auf Leistung und Leistungsmaß sei, ist es jedenfalls im Grundsatz nicht zu vereinbaren, daß man beginnt, die Höhe der Besoldung auf Dienstdauer und Leistungsmaß abzustellen. Dies geschieht aber, wenn, wie in Baden, bei Lehrern, die sich den dienstlichen Anforderungen nicht voll gewachsen zeigen, gleichzeitig mit einer Verkürzung der Pflichtstundenzahl eine Minderung der Bezüge vorgenommen wird, oder wenn, wie in Hamburg, für weibliche Beamte Dienststunden und Gehalt auf die Hälfte herabgesetzt werden. Auch die mehrfach vorgekommenen Fälle gehören hierher, wo zur Vermeidung der Entlassung von Personal in Kommunalbetrieben gleichzeitig mit der Arbeitszeitverkürzung für Arbeiter und Angestellte auch eine Kürzung der Dienstdauer für Beamte mit entsprechender Senkung ihrer Bezüge vorgenommen wurde. Ebenso zu beurteilen schließlich sind die zur Behebung der Anstellungsnot der Junglehrer mehrfach getroffenen Maßnahmen, in deren Verfolg sogar unter Mitwirkung der Lehrerorganisationen Besoldungs- und Beschäftigungsmöglichkeit für Junglehrer durch teilweisen Beschäftigungs- und Gehaltsverzicht bei älteren Lehrern geschaffen wurde. In allen diesen Vorkommnissen dokumentiert sich die Herstellung einer direkten Beziehung zwischen Höhe der Besoldung und zeitlichem Dienstleistungsmaß, also die Einführung eines unverkennbar lohnpolitischen Grundgedankens in die Beamtenbesoldung. Jedoch ist festzuhalten, daß diese Erscheinungen wohl kaum einer beabsichtigten Beeinflussung der Entwicklung im Sinne einer bewußten Abkehr von den bisherigen Grundauffassungen entsprechen, sondern daß sie vielmehr ausschließlich aus dem Zwange der gegenwärtigen Notverhältnisse hervorgehen. Deswegen wird man auch mit einem Urteil darüber, wie die kommende Entwicklung die Frage nach dem Charakter der Beamtenbesoldung beantworten wird, zur Zeit noch zurückhalten müssen. Man wird lediglich, je nach dem Standpunkte, den man einnimmt, mehr oder weniger geneigt sein, auch diese Erscheinungen im Rahmen der oben gekennzeichneten zunehmenden Abhängigkeit der Beamtenbesoldung von den allgemeinen gesellschaftlichen Zuständen und Auffassungen zu sehen.

Um einen Überblick über die Wünsche der Beamtenschaft in bezug auf die Verbesserung oder Umgestaltung der Besoldung zu geben, seien in folgendem die von den maßgebenden Zentralorganisationen der Beamtenschaft auf Grund einer Anfrage des Verfassers zur Verfügung gestellten Aufzeichnungen wiedergegeben.

Grundsätzliche Forderungen des Deutschen Beamtenbundes

I. Im allgemeinen

Die Unterschiede in den Lebensbedürfnissen der übereinandergelagerten Volksschichten vermindern sich bei sich hebender Allgemeinbildung, bei fortschreitender technischer Entwicklung und durch den sozialen Fortschritt naturgemäß.

Dieser Entwicklung folgend, müssen sich die Abstände zwischen den Einkommen der einzelnen Beamtengruppen verkürzen, und zwar dadurch, daß die Bezüge der mittleren und unteren Gruppen näher an die der höheren Gruppen heranreichen.

Beim Zurückgehen auf die Bezüge der Vorkriegszeit muß deren Unzulänglichkeit bei vielen Beamtengruppen berücksichtigt werden.

Gleiche Besoldung bei gleicher Leistung ohne Rücksicht auf Herkunft und Geschlecht.

Das im ganzen als Fortschritt begrüßte System von 1920 wurde mit der Besoldungsneuregelung von 1927 beseitigt, dadurch wurden der Beamtenschaft wichtige Errungenschaften genommen, auf deren Wiedergewinnung sie nicht verzichten kann.

Für die Beamten der Gemeinden und Gemeindeverbände ist die gleichmäßige Übertragung der Besoldungsneuregelung durch Landesgesetzgebung grundsätzlich sicherzustellen.

Im besonderen fordern wir grundsätzliche Einheitlichkeit in der Besoldung und eine gesicherte, von einheitlichen Gesichtspunkten ausgehende Rechtsgrundlage für alle Beamten in Reich, Ländern und Gemeinden.

II. Im einzelnen

a) Grundgehalt

Geringe Spannung zwischen Anfangs- und Endgehältern.

Erreichung des Endgehalts in der Anstellungsgruppe etwa mit dem 40. Lebensjahr.

Für jeden Beamten mindestens eine Aufrückungsgruppe in seiner Laufbahn.

Aufsteigen in Beförderungsgruppen bei höherwertiger Leistung und Tätigkeit, unter angemessener Erhöhung der Bezüge.

Durchführung der Verzahnung für alle Laufbahnen (Zusammentreffen von Beförderungs- oder Spitzenstellen einer Laufbahn mit den Eingangsstellen der höheren Laufbahn in der gleichen Besoldungsgruppe).

Ablehnung der Einführung von Stellenzulagen als Ersatz für Beförderungsstellen.

b) Örtlicher Ausgleich

Durch den am 1. November 1924 eingeführten Wohnungsgeldzuschuß wird kein gerechter Ausgleich der bestehenden örtlichen Unterschiede geschaffen; nach unserer Auffassung kann dieses Ziel nur auf der Grundlage des Ortszuschlags erreicht werden.

Die Tarifklassen des Ortszuschlags sind nach Gehaltssätzen abzugrenzen.

Keine Unterscheidung zwischen ledigen und kinderlos verheirateten Beamten.

c) Sozialzulagen

Kinderzuschläge in gleicher Höhe für alle Beamten.

Erziehungsbeihilfen für Beamtenkinder, die ihre Schul- oder Berufsausbildung nicht am Wohnort des Beamten genießen können.

d) Diätarbezüge

Annäherung der Bezüge der außerplanmäßigen Beamten an das Anfangsgehalt der Anstellungsgruppe.

Planmäßige Anstellung nach fünf außerplanmäßigen Dienstjahren.

Die außerplanmäßigen Beamten dürfen durch verspätete Anstellung keinen geldlichen Nachteil erleiden; bei Überschreitung der bestimmungsmäßig vorgesehenen Diätariendienstzeit müssen die Grundgehälter und die Ortszuschläge der Eingangsgruppe gewährt werden.

Gewährung von Unterhaltszuschüssen in angemessener Höhe während der Vorbereitungszeit.

e) Versorgungsbezüge

Übertragung jeder Änderung des Einkommens der aktiven Beamten auf Wartegeld, Ruhegehalt und Hinterbliebenenbezüge.

Gewährung des vollen Wohnungsgeldes.

Beseitigung vorhandener Härten.

Unsere Forderungen über Änderungen der Besoldungsordnung und Verbesserungen der Bestimmungen über das Besoldungsdienstalter haben wir in dieser Darstellung der wichtigsten grundsätzlichen Forderungen nicht mit aufgenommen, ebenso haben wir davon Abstand genommen, auf unsere Stellungnahme zu den Gehaltskürzungen hinzuweisen, weil unsere Auffassung hierüber bekannt ist und im wesentlichen mit der Auffassung der übrigen Spitzenorganisationen übereinstimmt.

Programm des Allgemeinen Deutschen Beamtenbundes zur Besoldungsreform

1. System und Aufbau der Besoldungsordnung

Beibehaltung des Gruppensystems unter Verringerung der Zahl der Besoldungsgruppen. Ablehnung jedes Klassen- oder geschlossenen Laufbahnsystems.

2. Eingruppierung

Für die Eingruppierung der Beamten in die einzelnen Besoldungsgruppen sind die verlangte fachliche Leistung, die Verantwortlichkeit, die Abnutzung der Kräfte und die mit dem Dienst verbundenen persönlichen Gefahren maßgebend. Der Beamte ist nach der Gruppe zu besolden, in der sich das Amt oder die Stelle, deren Verrichtungen er versieht, befindet. Den Angehörigen jeder Laufbahn ist die Aufrückung in eine nächsthöhere Besoldungsgruppe nach Maßgabe des Dienstalters zu ermöglichen. Die Unterbringung der Spitzenstellungen einer Laufbahn in der Eingangsgruppe der nächsthöheren Laufbahn (Verzahnung) ist durchgehend vorzusehen.

3. Beförderung

Der Aufstieg in höhere Ämter muß allen Beamten bei Bewährung im Dienst zugänglich sein. Soweit ein Nachweis der hierfür erforderlichen Kenntnisse notwendig ist, ist es bedeutungslos, wo diese erworben sind und aus welcher Laufbahn der Beamte hervorgegangen ist.

4. Grundgehalt

Die Grundgehälter sind in der Weise zu bemessen, daß auch in der untersten Gruppe eine im Verhältnis zu den Kosten des Lebensunterhalts und zu den kulturellen Bedürfnissen auskömmliche Existenz gewährleistet wird. Demgemäß sind die Spannungen zwischen den Gruppen von unten nach oben zu verringern. Ferner ist eine frühere Erreichung des Endgehalts vorzusehen. Die Dienstaltersstufen sind innerhalb der Gruppe gleichmäßig zu gestalten.

5. Ortszuschlag

An Stelle des Wohnungsgeldzuschusses hat der Ortszuschlag zu treten, der neben der Entschädigung für die volle Wohnungsmiete einen Spielraum zur Abgeltung der sonstigen Teuerungsmomente in Stadt und Land enthält. Für die Abstufung des Ortszuschlages nach Tarifklassen sind Gehaltsgrenzen, nicht Besoldungsgruppen, maßgebend. Die Zahl der Ortsklassen sowie die Zahl der Tarifklassen bei den aufsteigenden Gehältern ist auf drei festzusetzen. Für die Einreihung in die Ortsklassen sind die wirtschaftlichen (Industrie-, Besiedelungs-, Verkehrs-) Verhältnisse der einzelnen Bezirke maßgebend.

6. Sozialzulagen

Gefordert wird der Einbau des Frauenzuschlages und der Kinderzuschläge in die Grundgehälter. Er hat in der Weise zu geschehen, daß die in Frage kommenden Beträge zu den gemäß Ziffer 4 festgesetzten Grundgehältern zugeschlagen werden. Soweit ein Einbau in dieser Weise nicht vorgenommen wird, sind die Kinderzuschläge in gleicher Höhe für alle Beamten vorläufig beizubehalten.

7. Teuerungszuschlag

Der Teuerungszuschlag als beweglicher Faktor zur Angleichung der Bezüge an die Veränderungen der Preise ist beizubehalten.

8. Nebenbezüge

Die Einführung von Stellenzulagen wie die von Leistungszulagen wird abgelehnt.

9. Diätare

Die außerplanmäßigen Beamten sind in der Besoldung den planmäßigen Beamten in der Weise gleichzustellen, daß sie beim Beginn ihrer außerplanmäßigen Dienstzeit nach dem Anfangsgehalt ihrer Anstellungsbesoldungsgruppe besoldet werden und weiterhin in den Dienstaltersstufen aufrücken. Eine Verkürzung der außerplanmäßigen Dienstzeit auf höchstens drei Jahre wird gefordert. Die Bestimmung im § 5 Abs. 2 des Reichsbesoldungsgesetzes (Anstellungszwang) ist mit der aus der Verkürzung sich ergebenden Änderung in Zukunft durchzuführen.

10. Weibliche Beamte

Die Gleichstellung der weiblichen Beamten mit den männlichen bei gleicher Leistung ist beizubehalten.

11. Beamte im Vorbereitungsdienst

Eine angemessene Vergütung für die Beamten im Vorbereitungsdienst ist sicherzustellen.

12. Wartegeldempfänger, Ruhestandsbeamte und Hinterbliebene

Auf Wartegeldempfänger, Ruhestandsbeamte und Hinterbliebene sind Verbesserungsbestimmungen in der Weise anzuwenden, als ob ihr Wartegeld- bzw. Versorgungsanspruch am Tage des Inkrafttretens der Besoldungsneuregelung entstanden wäre. Alt- und Neupensionäre sind gleichzustellen. Eine Herabsetzung des Höchstsatzes des Ruhegehalts von 80% hat zu unterbleiben. Dasselbe gilt sinngemäß für die Hinterbliebenen.

13. Besoldungsvorschriften. Besoldungsdienstalter

Die Besoldungsvorschriften sind zu vereinfachen. Hierbei ist u. a. die Anrechnung von Vordienstzeit auf das diätarische und Besoldungsdienstalter und die Berechnung des Besoldungsdienstalters beim Aufstieg in höhere Gruppen günstiger zu gestalten. Ein Verlust am Besoldungsdienstalter beim Aufstieg darf nicht stattfinden.

14. Zahlungsweise der Bezüge

Die Inkraftsetzung der Vorschrift des § 20 Abs. 1 des Besoldungsgesetzes (vierteljährliche Gehaltszahlung) ist zu fordern.

15. Anrechnung sonstiger Bezüge

Außer im Falle des § 19 des Besoldungsgesetzes (Naturalbezüge) ist zu fordern, daß keine irgendwie geartete Anrechnung sonstiger Bezüge (Privateinkommen, Arbeitseinkommen, Kapitalertrag, Militär- oder Kriegsbeschädigtenrente, Unfallrente, Rente aus privaten oder öffentlichen Versicherungen usw.) auf die Besoldung vorgenommen werden darf.

16. Kapitalabfindung

Die Aufnahme einer Vorschrift, wonach die Kapitalisierung des Ortszuschlages oder eines Teiles davon für Zwecke des Wohnungsbaues nach Maßgabe eines besonderen Gesetzes ermöglicht wird, ist zu fordern.

17. Einheitlichkeit der Besoldung

Gleichwertige und gleich zu bewertende Stellen sind ohne Rücksicht auf die Art, wie der Stelleninhaber die erforderliche Vorbildung erworben hat, bei Reich, Staat und Gemeinden gleichmäßig zu besolden. Die Besoldungsgrundsätze und der Besoldungsaufbau bei allen öffentlichen Körperschaften sind einheitlich zu gestalten.

Die hauptsächlichsten Forderungen des Reichsbundes der höheren Beamten

1. Sicherstellung einer angemessenen Lebenshaltung. Das Diensteinkommen muß dem Beamten eine Lebenshaltung ermöglichen, die „der Achtung und dem Ansehen, das sein Beruf erfordert", entspricht. Es muß seine Unantastbarkeit gewährleisten und darf im staatlichen Interesse auch die Möglichkeit der Befriedigung kultureller Bedürfnisse nicht außer acht lassen.

2. In dem Gehalt des Beamten muß ferner ein Entgelt für die Kosten der Vorbildung, der unentgeltlichen Ausbildung in seinem Beruf und die unzureichend oder gar nicht bezahlten Dienstleistungen während der Wartezeit bis zur festen Anstellung enthalten sein.

3. Berücksichtigung des Leistungsprinzips:
   Nach der herrschenden staatsrechtlichen Anschauung ist die Besoldung des Beamten keine Vergütung für einzelne oder eine Summe von Diensten, sondern die Gewährung einer Unterhaltsrente dafür, daß der Beamte seine volle Arbeitskraft dem Staate zu widmen hat. Dabei ist aber auch der Wert der Leistungen und das Maß der Verantwortung angemessen zu berücksichtigen.

4. Angleichung des Gehalts an die anerkannt bescheidenen Realgehälter der Vorkriegszeit, hinter denen zahlreiche Beamtengruppen auf Grund der Besoldungsregelung der Nachkriegszeit mit ihren Bezügen außerordentlich stark zurückgeblieben sind.

5. Gleichheit in der Besoldung der miteinander vergleichbaren Beamten im Reich, den Ländern und den Gemeinden. Es führt zu unerwünschten Zuständen, wenn sich, wie das in den letzten Jahren vielfach geschehen, starke Verschiedenheiten in der Besoldung von solchen Beamten des Reichs, der Länder und der Gemeinden herausbilden, die nach ihrer Vorbildung, Leistung und dem Maß ihrer Verantwortung einander durchaus gleichstehen.

Anlagen

1. Grundgehälter nach der Reichsbesoldungsordnung von 1927*

Besoldungsordnung A

Gruppe	1. Stufe	2. Stufe	3. Stufe	4. Stufe	5. Stufe	6. Stufe	7. Stufe	8. Stufe	9. Stufe	10. Stufe	11. Stufe	Wohnungsgeldzuschuß nach Tarifklasse
1	8400	9500	10600	11600	12600							II
2a	5400	6000	6600	7100	7600	8100	8600	9100	9700			
2b	7000	7500	8000	8500	8900	9300	9700					
2c	4800	5200	5600	6000	6400	6800	7200	7500	7800	8100	8400	III
2d	4800	5200	5600	6000	6400	6800	7200	7500	7800			
3	4800	5200	5600	6000	6400	6700	7000					
4b	4100	4400	4700	4950	5200	5500	5800					
4a	3000	3300	3600	3900	4200	4450	4700	4950	5200	5500	5800	
4c	2800	3050	3300	3550	3800	4000	4200	4400	4600	4800	5000	
4d	2800	3050	3300	3550	3800	4000	4200					IV
5a	2800	3000	3200	3400	3600	3750	3900	4050	4200			
5b	2300	2550	2800	3000	3200	3400	3600	3800	4000	4200		
6	2400	2600	2750	2900	3050	3200	3350	3500	3600			
7	2350	2500	2650	2800	2950	3100	3200	3300	3400	3500		
8a	2000	2090	2180	2270	2360	2450	2540	2620	2700			
8b	1700	1820	1930	2040	2140	2240	2330	2430	2520	2610	2700	V
9	1700	1800	1900	2000	2100	2200	2300	2400	2500	2600		
10	1600	1690	1780	1870	1960	2050	2140	2230	2320	2400		
11	1500	1590	1680	1770	1860	1950	2040	2120	2200			
12	1500	1580	1650	1730	1800	1880	1950	2030	2100			VI

Besoldungsordnung B

Gr. 1	45 000	RM
,, 2	36 000	,,
,, 3	24 000	,,
,, 4	19 000	,,
,, 5	18 000	,, Wohnungsgeldzuschuß nach Tarifklasse I
,, 6	17 000	RM
,, 7	16 000	,,
,, 8	14 000	,, Wohnungsgeldzuschuß nach Tarifklasse II

* Die bezeichneten Besoldungsbestandteile unterliegen der Gehaltskürzung (siehe Abschnitt VII).

2. Diätenordnung für die außerplanmäßigen Beamten ab 1. November 1931*.

Beamte, die ihre erste planmäßige Anstellung finden in Besoldungsgruppe	Im 1. und 2. Diätendienstjahr, Versorgungsanwärter im 1. Diätendienstjahr RM	Im 3. und 4. Diätendienstjahr, Versorgungsanwärter im 2. und 3. Diätendienstjahr RM	Im 5. Diätendienstjahr, Versorgungsanwärter im 4. Diätendienstjahr RM
A 2 und A 3	3 400	3 950	4 400
A 4	2 000	2 300	2 600
A 5, A 6 und A 7 . . .	1 700	1 950	2 160
A 8a	1 500	1 680	1 850
A 8b	1 350	1 430	1 500
A 9 und A 10	1 300	1 400	—
A 11 und A 12	1 250	1 330	—

3. Kinderzuschlag

Für das 1. Kind . . . . 120,— RM jährlich
„ „ 2. Kind . . . . 240.— „ „
„ „ 3. und 4. Kind . . . . . 300.— „ „
„ „ 5. und jedes weitere Kind 360.— „ „

4. Wohnungsgeldzuschuß

Ortsklasse	Jahresbetrag für Tarifklasse						
	I RM	II RM	III RM	IV RM	V RM	VI RM	VII RM
Sonderklasse	2 100	1 680	1 320	960	720	528	336
A	1 800	1 440	1 140	840	612	444	288
B	1 500	1 200	900	660	504	372	240
C	1 140	900	720	540	396	288	180
D	840	660	540	396	288	216	132

Die Jahresbeträge des Wohnungsgeldzuschusses* einschließlich des z. Zt. gültigen Zuschlages von 20 v. H. sind wie folgt festgesetzt:

Ortsklasse	In Tarifklasse							
	I RM	II RM	III RM	IV RM	V RM	VI RM	VII RM	VII bei 40 % Abzug RM
Sonderklasse	2 520	2 016	1 584	1 152	864	636	402	240
A	2 160	1 728	1 368	1 008	732	534	348	210
B	1 800	1 440	1 080	792	606	444	288	174
C	1 368	1 080	864	648	474	348	216	132
D	1 008	792	648	474	348	258	156	96

* Die bezeichneten Besoldungsbestandteile unterliegen der Gehaltskürzung (siehe Abschnitt VII).

5. Spannungsverhältnis der Anfangs- und Endgrundgehälter der Reichsbeamten vom Oktober 1927

(Anfangsgehalt der Besoldungsgruppe 12 = 100)

Besoldungs-gruppe	Anfangs-gehalt	End-gehalt	Besoldungs-gruppe	Anfangs-gehalt	End-gehalt
12	100,00	100,00	4 d	186,66	200,00
11	100,00	104,76	4 c	186,66	238,09
10	106,66	114,28	4 b	273,33	276,19
9	113,33	123,80	4 a	200,00	276,19
8 b	113,33	128,57	3	320,00	333,33
8 a	133,33	128,57	2 d	320,00	371,42
7	156,66	166,66	2 c	320,00	400,00
6	160,00	171,42	2 b	466,66	461,90
5 b	153,33	200,00	2 a	360,00	461,90
5 a	186,66	200,00	1	560,00	600,00

HERMAN FINER
D. Sc. Econ. Lond. Lecturer in Public Administration, London School of Economics

The Principles and Practice of Remuneration in the British Civil Service

Inhaltsverzeichnis

This study falls into several parts. Part I describes the nature, numbers, classification, and present remuneration of the Service; Part II the machinery of control and adjustment; Part III the theory and principles of remuneration as stated by the authoritative bodies, and my own judgement of the application of the theory; Part IV attempts some comparisons of Civil Service remuneration with that of the outside world of industry, and puts some additional considerations; Part V reports the opinion of the civil service organizations on the subject; and Part VI is a summary and critique of the whole discussion.

Part I

The Nature, Numbers, Classification and Present Remuneration of the Civil Service

When the term Civil Servant is used in England it *excludes* (a) all judges, magistrates and officials of the Courts of Justice, (b) all teachers, whether in institutions of higher or lower education, (c) all armed forces (d) all police officers; it *includes* all those servants in direct pay of the Treasury, the monies being voted by Parliament, whether they are "established" officers (permanent and pensionable), or "unestablished" (permanent but not pensionable) or both unestablished and part-time; and whether they are higher administrative officers, or clerical, or industrial workers, whether they serve in London, or the provinces of England, or abroad. The various distinctions will become plain as we proceed.

The Civil Service in this sense has the following characteristics[1]: The Civil Servant holds his position at the pleasure of the Crown, and the Crown may dismiss its servants at pleasure. There is no appeal to the courts, and hardly any previous disciplinary procedure, to control the disciplinary powers of the Head of the Department in such a matter. If contracts of service are made, such contracts are subject to the superior constitutional rule that the Crown may dismiss its servants at pleasure. Further, the Crown reserves the right to vary the terms of work and pay,

---

[1] The best authority on this is Emden, *The Law Relating to the Civil Servant*, 1923.

by orders governing the Civil Service. Salary which has accrued during service may be proceeded for in the Courts, but only by a specially difficult process, and by Petition of Right. This is *de jure*. In fact, some care is taken not to dismiss or penalise Civil Servants arbitrarily. We have, however, nothing approaching the administrative law safeguards and redress of the Continent, not even *de lege ferenda*. The legal and practical position relating to pensions and retirement is also indefensible, but that we consider later, separately. We shall have more to say on what Adam Smith called the "net advantages" (and disadvantages) of the profession later.

Let us now consider the present numbers of the Civil Service, and the classes into which it falls. On April 1st, 1930, the total number was 445,000, this fell into:—

A. Industrial Workers (Royal Dockyards, Woolwich Arsenal, Post Office Engineering)	123,500
B. Minor and Manipulative Staff (Mainly Post Office)	184,200
C. Messengers, Porters. Charwomen	17,400
D. All other classes and Grades	120,400

"All other classes and grades" (D) fell into the following: (April 1st 1931)

I. Administrative	1140
(General) Executive	4375
(General) Clerical	23265
Writing Assistant	5241
Shorthand Typist and Typists	4279
	32,282
II. "Other" Executive	11,050
Departmental Clerical	16,577
Unestablished Clerical	17,325
Unestablished Typing	3232
Assessors, Collectors Distributors & Clerks to Commissioners of Taxes	3811
	51,995
III. Inspectorates	2154
Professional, Scientific, & Technical	6504
Subordinate Supervising & Technical	8722
	17380

These various classes call for some slight description, and especially is explanation of the distinction between the "General" classes and "Departmental" or "other" necessary.

Classification is vital in the discussion of the conditions of service and remuneration in a "closed" industry like the Civil Service. There has been frequent controversy about it, and there have been reforms once or twice in every generation since 1850. Always, if silently, there was a tendency for a classification arranged at one time to be modified in actual practice as new situations developed, and as officials began complainingly to contrast their position with that of their colleagues above them or below them in grade. The latest reorganization occurred in 1920. It was recommended by the Reorganization Committee of the Civil Service National Whitley Council, the body equally representative of Official Side and Staff Side[2]. The recommendation was that the whole Service should be generally classified into 5 Classes; (I) Administrative, (II) Executive, (III) Clerical, (IV) Writing Assistants, (V) Shorthand-Typists and Typists. Now this classification has not, in fact, been extended to include all Civil Servants, partly from administrative inertia, partly from difficulties of grading certain Civil Servants, for, since to be put into a definite grade implies the title to a certain range of salary, the Treasury was unwilling to include, and some classes of officials were unwilling to be included, in the general classes. The nature of the work, the responsibilities, the expectations of pay, all caused objections. Hence, besides these *General* classes, there are still many *Departmental* classes, the work, and grading and pay of which are closely similar to, if not indeed the same, as in the General classes. Still, there are differences which are important in the theory and practice of both classification and remuneration. The Departmental classes have different names and qualities in the various Departments.

There is, further, the distinction between "Established", "Unestablished" and "Temporary" Civil Servants. Broadly, by "established" is meant any Civil Servant with permanent work and a pension; "unestablished" means a Civil Servant whose work is permanent but where a pension is not granted; a "temporary" Civil Servant is one who may, in fact, be employed for many years, but the nature of the work gives rise to the presumption and the propriety of sudden termination, and there are, of course, no pension rights. The employment and remuneration policy implied by these distinctions will be discussed later. The Civil Service in April 1931, consisted of:—

Established Staff	285,000	445,000
Unestablished Staff	133,000	
Tempory Staff	27,000	

We now turn to describe (a) the nature of the work of the main classes in order to acquire some understanding of the relationship between the groups, and (b) the range of salaries enjoyed by them.

---

[2] Cf. Report of Reorganization Committee of the National Council for the Administrative and Legal Departments of the Home Civil Service, 1919.

1. *The Administrative Class* are the immediate collaborators of the Minister, and the supreme controlling authorities over the work of the staff in their Department. They are "concerned with the formation of policy, with the coordination and improvement of government machinery, and with the general administration and control of the Departments of the Public Service". (Reorganization Report, Paragraph 43.[3]). These are recruited by a general written and oral examination, completely open to competition of all British subjects, women as well as men, between the ages of 22 and 24. The intention and the practice is to recruit people from Universities who have had very good, and some, brilliant, careers. But there is also a certain amount of promotion from lower classes of the service, as a deliberate policy. Between 1921—28, for example, there were 84 appointments by competition and 47 by promotion. The Administrative class fell into the following groups:

Assistant Principals	290
Principals	360
Assistant Secretaries	160
Principal assistant Secretaries	60
Permanent Heads	40

The group of Assistant Principals is a "training" (*referendar*) grade.

2. "*The Executive Class:* to this class we would assign the higher work of Supply and Accounting Departments, and of other executive or specialised branches of the Civil Service. This work covers a wide field, and requires in different degrees qualities of judgement, initiative and resource. In the junior rank it comprises the critical examination of particular cases of lesser importance not clearly within the scope of approved regulations or general decisions, initial investigations into matters of higher importance, and the immediate direction of small blocks of business. In its upper ranges it is concerned with matters of internal organisation and control, with the settlement of broad questions arising out of business in hand or in contemplation, and with the responsible conduct of important operations."

This type of work is done by the General Executive classes, and the Departmental Executive Classes. In some Departments the Administrative and the Executive classes work together; in the main, however, Executive Classes are found at the head of Departments whose work is such that Administrative officers are not required at the top.

This class is recruited by open competitive examination between the ages of 18 and 19, normally at the end of a secondary[4] school course, but

[3] The following descriptions of the various classes are taken from the Reorganization Report.

[4] *Gymnasium.*

a considerable proportion of executive class posts are filled by promotion from the clerical class. In fact, at present, about nine-tenths of the whole executive class are promotees from the clerical class.

3. *The Clerical Class.* "To this Class we would entrust all the simpler clerical duties in Public Departments, in so far as these are not assigned to Writing Assistants in accordance with the principles already stated, and in addition the following duties:—

Dealing with particular cases in accordance with well-defined regulations, instructions or general practice; scrutinising, checking and cross-checking straight forward accounts, claims, returns, etc. under well defined instructions;

Preparation of material for returns, accounts, and statistics in prescribed forms;

Simple drafting and precis work. Collection of material on which judgements can be formed;

Supervision of the work of Writing Assistants."

This class is recruited, normally, by open competitive examination at the age of 16—17 for boys, and 16½—17½ for girls, on a syllabus of the standard of the intermediate stage of a secondary school education. In fact, in the transition period since 1920, a large number were promoted from temporary ex-Service men, from shorthand-typist classes, typists; and entrants by special or limited competition came into this grade.

checking straight-forward accounts, claims, returns, etc. under well

4. *Writing Assistants.* "Women Writing Assistants are employed in the Post Office, in the Health Insurance Departments, in the Ministry of Labour (Kew Record Office) and in the Registrar General's Department on work preliminary to machine operations (punching, tabulating, etc.); on hand copying and transcribing work (writing out acknowledgements, filling up forms, warrants and bills); on the addressing of letters; on the counting and routine examination of postal orders, insurance cards, etc.; on the casting and preparation of schedules and lists, and the writing-up of simple cards; and in custody of card indexes."

5. *Shorthand Typists and Typists.* These form separate classes, the former being recruited by examination from the typists, and the typists being recruited by competitive examination in English, Arithmetic, Typewriting, and either French or German or Shorthand.

Other classes and types of civil servant are recruited by competitive interview and scrutiny of their educational record, experience, professional diplomas, etc., according to the nature of the work.

6. *Monetary Remuneration.* All these classes and grades receive a salary or wages according to a scale sanctioned by the Treasury, but the standard

is not always settled by the Treasury alone; in some cases there is simple settlement by the Treasury; in others the Treasury gives effect to the scales recommended by special Committees, some representative of the Staff, some composed only of Parliamentary or expert advisers; or, again, by the Industrial Court. Be the method of determination whatever it may, the existing scales are as follows.

The pay of all officials is at present composed of two Elements, a Basic and a Variable Element, the latter called the Bonus. The Basic Element states the amount to be paid to all who enter a certain class, the minima and the maxima, and the increments between the two. The Basic Element was, for the bulk of the Service, laid down in the recommendations of the Reorganization Committee of 1920, while other scales were laid down by the Treasury in arrangement with various other committees at different times. The Bonus, the Variable Element, was a war-time invention and a complete innovation in the British Civil Service, which till that time, had paid its members only at fixed rates varied perhaps once or twice in a generation and after a comprehensive enquiry. The Bonus was an innovation resulting entirely from war-time conditions, that is, the swift and irregular movement of general prices, ever upwards. Private industry speedily adapted its wages and salaries to these conditions. Then, in the public service, the postal employees were granted a "war bonus" in July 1915. Demands by other Civil Servants were many; they were rejected to save the tax-payer. In 1916 all civil servants below £3 per week were granted a bonus. To deal with the now increased and diverse demands of the various classes an arbitration court was set up early in 1917, and it made a number of awards to cope with the rise in the cost of living. Beginning with the smaller salaries and wages the Boards soon raised the limit, to salaries up to over £1500 per year. There is no doubt, and there is abundant evidence, that these additions were intended to be a *temporary* method of meeting a temporary difficulty. The National Civil Service Whitley Committee was, therefore, in 1920, entrusted with the task of making something in the nature of permanent post-war proposals. In the uncertain circumstances it is natural that they should have favoured an arrangement to provide for automatic adjustments according to fluctuations in the cost of living. The Committee's recommendations were based on the difference in the cost of living between July 1914 and March 1920 (which was fixed at 130), and they proposed the following formula, which was accepted and applied, and it still is applied:—(I) On Basic Remuneration up to £91 .5 .0 a year, a Bonus for the increased cost of living was added in full i. e. 130; (II) on the Basic Remuneration between £91 .5 .0, and £200 a Bonus at the rate of 60/130 or 46% was to be paid; (III) on the element of remuneration over £200 and up to £1000, the rate of 45/130 or 35% was payable as Bonus. In August 1920, the formula was extended to officials receiving over £1000 per year Basic Remuneration; but the maximum Bonus was not to exceed £750 a year, while in regard to a few higher posts it was limited to £500 a year. By a modification the scheme introduced in August 1921, no Bonus is paid which would bring total remuneration beyond £2000 per year. The cost of living figure thus determined the Bonus payable; and the arrangement was that the Bonus should be reviewable every 6 months, in March and September. For every rise or fall in relation to the standard of 130, by fully 5 points in the average cost of living figures in the preceding 6 months as published by the Ministry of Labour, there was to be a rise or fall in the Bonus appropriate to each salary by 5/130th or 1/26th. Smaller differences than 5, either way, are ignored.

The principles thus are:— (a) automatic 6 monthly revision; (b) with the standard of the cost of living; (c) a progressive decrease in the rate of bonus as the Basic Salary increases, on the theory that the higher the salary the less, comparatively, does it suffer by increases in the cost of primary commodities.

How far this theory is adequate today we shall discuss later. The theory of the Basic Remuneration we shall discuss later on, for we have then to consider both the justification offered in support of it, and the machinery by which it is established.

Now the Bonus has, of course, fluctuated since 1920 according to the following index:—

Period	Cost of living figure
March, 1920 — June, 1920	130
July, 1920 — October, 1920	135
November, 1920 — February, 1921	155
March, 1921 — August, 1921	165
September, 1921 — February, 1922	130
March, 1922 — August, 1922	105
September, 1922 — February, 1923	85
March, 1923 — August, 1923	80
September, 1923 — February, 1924	75
March, 1924 — August, 1924	80
September, 1924 — February, 1925	75
March, 1925 — August 1925	80
September, 1925 — February, 1926	75
March, 1926 — August, 1926	80
September, 1926 — February, 1927	70
March, 1927 — August, 1927	80
September, 1927 — February, 1928	70
March, 1928 — August, 1928	70
September, 1928 — February, 1929	65

Period	Cost of living figure
March, 1929 — August, 1929	70
September, 1929 — February, 1930	70 [4a]
March, 1930 — August, 1930	70
September, 1930 — February, 1931	65 [5]
March, 1931 — August, 1931	55

Taking the two elements of Remuneration together we have the following ranges of remuneration in the service (we give only some examples, as the various grades and classes are so numerous): (see Pages 118 to 121)

Provincial differentiation on the basis of these salaries exists, salaries in London being larger than in the provinces. The existing system was recommended by the Civil Service National Whitley Council (Report, 17th February 1920, and 28th January 1921). For the General classes of the service officers in Edinburgh, Dublin and Belfast have a 5% deduction from the normal London scales; officers employed elsewhere outside London have a 10% deduction. Writing assistants and shorthand typists and typists get 2./— less per week than the London Postal Area scale. Temporary clerks are dealt with somewhat differently in London, Outer London, the large provincial towns, and elsewhere. In the Postal Service there is a five-fold and sometimes a seven-fold classification of post offices based on "volume of work," with allowances for abnormalities in the cost-of-living in the district. The industrial staffs are differentiated in so far only as their payment follows that prevailing in comparable crafts and districts. (The "Departmental" Clerical classes liable to frequent transfer, have a uniform scale.) There is some difference of view in the service itself regarding the merits of the system. The staff side of the National Council urged abolition of differentiation on the grounds that the cost of living was the same everywhere. But some organisations, including the Union of Post Office Workers advocated differential rates. The Royal Commission of 1931 recommended the continuation of the system, but with differences based on this division of the national area: (1) staff employed within the London Postal area; (2) staff employed within a 12 mile radius of Charing Cross, and in Belfast, Birmingham, Edinburgh, Glasgow, Leeds, Liverpool, Manchester, Sheffield:

[4a] Under the normal operation of the cost of living agreement, bonus for the period September, 1929, to February, 1930, would have been based on an average cost of living figure of 65. The Chancellor of the Exchequer, however, agreed that during this period bonus should continue to be based on an average cost of living figure of 70, this being the figure on which bonus has been based during the six months preceding 1st September, 1929.

[5] During the period September, 1930, to February, 1931, bonus under the agreement would have been based on an average cost of living figure of 60, but the Chancellor of the Exchequer agreed to payment on the basis of a figure of 65.

(3) staff employed elsewhere. They recommended *lump sum* deductions according to the size of the salary.

Removal Expenses are governed by the Report of the Subsistence Committee of the National Whitley Council, 1925, but the matter is too detailed for discussion here. These who are further interested may obtain a copy of the Report.

Some idea of the total amount spent on Civil Service salaries is worth giving:—

All Staffs, excluding only Industrial Staffs

	Numbers.	Total Pay.	Average Cost per Head.
1914	248,749	22,675,000	£ 91
1923	304,427	58,440,800	£ 192
1930	321,940	66,406,300	£ 206

For the year ended 31st March, 1929, we have given figures of the whole Civil Service *including the Industrial Staff* and the total Monetary Remuneration was £86,315,927, to which must be added the cost of pensions, £7,000,000[6]. Thus a total charge of £93 million was ascribed to Civil Servants. The total National Expenditure (Central Government only) was £800 million, of which about £350 million went to Debt Services, and the rest, £450 million, to expenditure on Defence, Justice, Social Administration, Posts, and Tax Collection.

Pensions

The second element in the pay-relationship in the British Civil Service is constituted by the regulations affecting retirement and pension (called superannuation), and other gratuities.

a) Retirement is compulsory at the age of 65, except where the Treasury, at the instance of the Head of the Department, extends the employment for a further period, not exceeding five years, on being satisfied that retirement at 65 would be detrimental to the interests of the Service. The Head of the Department may call for retirement of any officer after reaching the age of 60.

b) Retirement may come voluntarily, on the grounds of permanent incapacity by ill—health.

c) There may be compulsory retirement, due to the abolition of the office or to improve the organization of the Department.

[6] The Civil Service Clerical Association calculates that of 300,000 Civil Servants (not including industrial staffs):—
150,000 receive an inclusive remuneration of less than £3 per week,
225,000 receive less than £4 per week.

	Class	Basic. Remun.		+ Bonus		Increments	No of Increments
	Title	Min.	Max.	Min.	Max.		
	Administrative:						
Men and Women	1. Assistant Sec.	£ 1,000	£ 1,200	£ 1 146	£ 1 346	1000—50—1200	4
	2. Principal	£ 700	£ 900	£ 834	£ 1 044	700—25—900	4
	3. Assistant Principal	£ 200	£ 500	£ 271	£ 623	200—20—240—25—500	4
	General Executive						
Men	1. Junior Grade	£ 100	£ 400	£ 148	£ 505	100—10—130—15—400	8
Women	1. Junior Grade	£ 100	£ 300	£ 148	£ 388	100—10—300	30
Men	2. Higher Grade	£ 400	£ 500	£ 505	£ 623	400—15——500	6
Women	2. Higher Grade	£ 300	£ 400	£ 388	£ 505	300—15—400	6
	General Clerical						
Men	1. Junior Grade	£ 60	£ 250	£ 90	£ 329	60—80 (at 18) —5—100—10—120—15—150—10—250	20
Women	1. Junior Grade	£ 60	£ 180	£ 90	£ 246	60—80 (at 18)—5—120—7½—180	14
Men	2. Higher Grade	£ 300	£ 400	£ 388	£ 505	300—15—400	6
Women	2. Higher Grade	£ 230	£ 300	£ 306	£ 388	230—10—300	7
	Writing Assistant						
Reserved Women		18/- per week	36/- per week	27/- per week	54/- per week	18/- — 20/- (at 17) — 22/- (at 18) —2 - 36	9

	Class	Basic. Remun.		+ Bonus		Increments	No of Increments
	Title	Min.	Max.	Min.	Max.		
	Shorthand Typist and Typists						
Women Men	1. Typists	20/- week	32/- week	30/-	48/-	20/- — 2/- — 32/-	6
	2. Shorthand Typists	26/- week	42/- week	39/-	61/-	26—2—42	8
	3. Superintendents	50/-	50/-	71/-	71/-	—	—
	4. Chief Superintendent	£ 135	£ 150	£ 191	£ 209	135—5—150	3
	Examples of other Grandes.						
	Assessors, Collectors, etc. (Taxes).						
	A. Inspectorate						
Men	1. Inspectors and Assistant Inspectors	£ 160	£ 500	£ 221	£ 623	160—15—250—20—500	18
Women		£ 160	£ 400	£ 221	£ 505	160—10—220—15—400	18
Men	2. Inspectors: Higher Grade	£ 550	£ 700	£ 668	£ 834	550—20—700	7
Women		£ 450	£ 550	£ 564	£ 668	450—20—550	5
Men	3. Senior Inspectors	£ 750	£ 900	£ 891	£ 1,044	750—25—900	6
Women		£ 600	£ 750	£ 726	£ 891	600 - 20—750	7
	B. Tax Offices						
Men	1. Tax Clerks	£ 52	£ 180	£ 78	£ 246	52—75(at 18) —5—90—10—180	13
Women		£ 52	£ 150	£ 78	£ 209	52–75 (at 18)–5–120–7½–150	16
Men	2. Tax Officers	£ 200	£ 250	£ 271	£ 329	200—10—250	5
Women		£ 170	£ 220	£ 234	£ 294	170—10—220	5
Men	3. Tax Officers Higher Grade	£ 300	£ 400	£ 388	£ 505	300—15—400	6
Women		£ 230	£ 300	£ 306	£ 388	230—10—300	7

	Class Title	Basic. Remun. Min.	Basic. Remun. Max.	+ Bonus Min.	+ Bonus Max.	Increments	No of Increments
	Inspectors						
	Board of Education						
	Senior Chief Inspector	£ 1 500	(fixed)	£ 1 633	£ 1 633	—	—
	Chief Inspectors	£ 1 250	(fixed)	£ 1 401	£ 1 401	—	—
	Chief Inspector (Women)	£ 850	£ 1 000	£ 997	£ 1 146	850—50—1000	3
	Divisional Inspektors	£ 1 000	£ 1 200	£ 1 146	£ 1 346	1000—50—1200	4
Men	Staff Inspectors	£ 900	£ 1 000	£ 1 044	£ 1 146	900—25—1000	4
Women	Staff Inspectors	£ 550	£ 650	£ 668	£ 784	550—25 650	4
Man	Inspectors	£ 500	£ 900	£ 622	£ 1 043	500—25—900	16
Women	Inspectors	£ 300	£ 500	£ 388	£ 622	300—20—500	10
	Ass^nt Inspectors	£ 300	£ 550	£ 388	£ 668	300—15—495—20—550	16
	Legal, Scientific and Technical e. g. Chemists						
Men	Lab. Attendants	—	50/-	—	71/-	per week	—
Women	Lab. Attendants	—	40/-	—	58/-		—
Men	Junior Tech^cal Ass^nts	£ 70	£ 130	£ 105	£ 185	70—7½—130	8
Women		£ 70	£ 110	£ 105	£ 160	70—5—110	—
Men	Tech. Assistants	£ 140	£ 290	£ 197	£ 376	140—10—190—250—290	10
Women		£ 120	£ 250	£ 172	£ 329	120—7½—160—225—250	7
Men	Senior Tech. Ass^nts	£ 200	£ 290	£ 271	£ 376	200—10—290	9
Women		£ 170	£ 230	£ 234	£ 306	170—10—230	6
	Minor and Manipulative						
	e. g. *Postmen*						
	London Inner	22/-	46/-	33/-	66/-	per week	—
	London Outer	20/-	42/6	30/-	61/-		—
	Class I	20/-	41/-	30/-	47/-		—
	Class II	19/-	39/-	29/-	57/-		—
	Class III	18/-	37/-	27/-	55/-		—

Class	Basic. Remun.		+ Bonus		Increments	No of Increments
Title	Min.	Max.	Min.	Max.		
Messengers, Porters						
e. g. Boy Messengers						
London Inner	8/-	19/-	12/-	29/-	per week	—
London Outer	7/-	18/-	10/-	27/-	per week	—
Class I	7/-	18/-	10/-	27/-	per week	—
Class II	6/-	17/-	9/-	26/-	per week	—
Class III	6/-	16/-	9/-	24/-	per week	—

Salaries of Outdoor Staff of Customs and Excise Dept.

Title	Basic Min.	Basic Max.	+ Bonus Min.	+ Bonus Max.	Increments	No of Increments
Chief Inspector	£ 1 400	£ 1 400	£ 1 539	£ 1 539	—	—
Collectors	£ 1 200	£ 1 200	£ 1 346	£ 1 346	—	—
Deputy Chief Inspectors / Collector	£ 1,100	£ 1,100	£ 1 247	£ 1 247	—	—
Superintending Collectors / Collectors	£ 900	£ 1 000	£ 1 044	£ 1 146	900—25—1000	4
Inspectors and Collectors Class I	£ 800	£ 850	£ 740	£ 997	800—25—850	2
Inspectors and Collectors Class II	£ 650	£ 750	£ 784	£ 891	650—25—750	4
Surveyors	£ 500	£ 600	£ 623	£ 726	500—20—600	5
Officers	£ 120	£ 450	£ 173	£ 564	120—10—140—15—450	22
Pension Officers (Women)	£ 100	£ 250	£ 148	£ 329	100—10—160—15—250	12

d) There may be compulsory retirement on account of inability to discharge efficiently the duties of his Office.

Established Civil Servants only are provided for by the Superannuation Acts under these heads. Civil Servants come under two main Statutes: 1859 and 1909. The Act of 1859 concerns all women servants, and those men servants who were in the service in 1909 (when a new statute was passed) who elected to remain under the terms of the Act of 1859. All other established servants come under the Act of 1909.

The Act of 1859 grants a pension at the rate of 1/60th of the salary and emoluments of the office held, for each completed year of service subject to a minimum service of ten years, the maximum pension being 40/60th. When there is retirement for infirmity of mind and body, *and less than ten years service*, a gratuity may be granted at the rate of one month's pay for each year served.

The Act of 1909 gives a pension of 1/80th the salary and emoluments per year of service, up to a maximum of 40/80ths, *with the addition of* a lump sum either on retirement, for age, or ill—health, or abolition of office or on death in the service. This "additional allowance" is awarded *on retirement* at the rate of 1/30th of the salary for each year served subject to a maximum of 45/30ths; *on death,* after not less than 5 years service, gratuity is awarded to the legal representative, of one years' pay, or at the rate of 1/30th the salary for each year's service, whichever is greater; *upon death after retirement* where less altogether has been received than one years' pay, the balance may be paid to his heirs. It will be seen that there is no special provision for widows and orphans.

All awards under the Acts are normally calculated on the *final* salary, but, if a civil servant has been promoted or has otherwise changed his class in the last 3 years of service, the calculation is based on his average salary for that period, sometimes a substantial loss who a servant to has been transferred to the provinces. Since the introduction of the Basic-Scale-cum-Bonus system of payment awards also are calculated in two parts: an invariable portion and a portion varying with the cost of living index in the quarter year preceding retirement. Moreover, in the case of "additional allowances" (Act of 1909) and death and short-service gratuities only 75% of Bonus is taken into account.

The Pension (Increase) Acts, 1920 and 1924 permit the Treasury to increase pensions granted before August 1914 (and, with limitations, those between August 1914 and August 1920) by from 30% to 70%, provided the increase does not raise the total ultimate means of the pensioner above £200 when married, or £150 if unmarried.

So much as regards the mere details of the pensions scheme. The theory thereof we treat at some length later, but the salient features deserve immediate mention. (a) Men and women are differentiated: there are no benefits at all for women on death in the service after completion of not less than 5 years' service, none for death after retirement (having received less than one years' pay); on retirement for ill health or an abolition of office there is a gratuity of one month's salary for each year of service—no more. (b) The decision of the Treasury as to the award, its amount and conditions, is *final*. There is no valid and acceptable appeal to the ordinary law courts or to any other tribunal. (c) The system is non-contributory, that is, it has the quality of being a onesided award, a benefit *ex gratia*, on the part of the State, and the civil servant does not contribute thereto from his salary or wages. (d) The Treasury by Section 8 of the Superannuation Act of 1859 must not make the full calculable grant, unless the Head Officers of the Departments certify that the civil servant has served "with diligence and fidelity"; and where the servant's "defaults or demerits" appear to the Treasury to justify a diminution of the allowance, they may lessen it—in their unchallengeable discretion. It must be remembered that all "unestablished", and "established" employies with lesser salary, than £250, are included in the Staate Health, Widows, Orphans and Old Age Pensions system. The latter group does not usually come under the Old Age Pensions arrangements.

Marriage Gratuity to Women. A Treasury Minute of November 1895 authorises the payment to women who retire from the Service, after a minimum 6 years' term, to marry, of a gratuity of one month's pay for each year of established service: Maximum, one year's pay.

Security of Tenure. One other advantage is constantly ascribed to Civil Servants, that they are seldom, especially compared with outside employment, liable to loss of their employment. Legally, as we have remarked, the civil servant, even when established, is liable to instant and unchallengeable dismissal. In fact, dismissal is rare, almost to the point of non-existence, provided he maintains a level of attainment not conspicuously and dangerously blameworthy. Both the settled policy of the Treasury to attach to itself the life-long loyalty of its servants, and the sheer absence of personal incentive of colleagues to ruin others, successfully safeguard the civil servant in his employment, and even in his grade, and even in his line of advancement by way of the yearly increments. Further, dismissal on abolition of office is itself rare, since Parliament and the Executive rarely reverse accepted policies, which, in fact, necessitated the original appointment of the holders of the offices.

So much, then, for the advantages of the profession.

What does the service demand?

Of course, work of the proper quality, for stated times. The quality of the work of the civil servant is determined by the entrance qualifications, the general discipline of the Departments, and the general principles of duty to the service. The entrance qualifications are laid down by the Civil Service Commissioners, a body of three men, holding office directly under the Crown, with the assistance of occasional committees of enquiry and advisers and examiners from the Universities. The entrance qualifications are high, and it has even been said that they are in many cases too high for the level of the work to be done. The fact must also be faced, as in perhaps every civil service, that the educational qualification is no *exact* indication of specific ability for the particular work to be done: it may demand too much or too little. *Both deviations are uneconomical.* We have more to say on this later. The main thing, however, is that the service, at these rates of pay, attracts very capable people. The general discipline of the Departments is vested in the Head of the Department, and this is exercised through departmental regulations, and the power of supervision, direction, reprimand, etc., of those deputed by the Head. Periodical reports, especially for promotion, are made on each officer, and the increment of pay in each grade is supposed to be given only if there is positive satisfaction with the efficiency of the civil servants, not automatically. Adverse reports may, of course, be made, and there is a compulsion on the Head of the Department to disclose these in grave cases, and to permit argument thereon by the person concerned, *but there is no such organised arrangement of disciplinary procedure and courts as in Germany;* there is nothing but a rather informal procedure, without guarantees for the official, although the Whitley Councils now make better provision than before the war for the ventilation of grievances. Finally, there are a few general rules affecting the efficiency of the Service, but nothing so comprehensive or systematic as the *Beamtenpflichten* of German law. With few exceptions, civil servants may not become candidates for parliament or local government bodies[7]; civil servants may not engage in activities which would impair their usefulness as public servants, nor engage in any occupation which might conflict with their Department's interests, or be inconsistent with the public service. And there are various special duties for Customs and Excise, Postal Officers, and Tax Officials, and Inspectors. It is all rather piecemeal and

[7] Cf. Finer, *British Civil Service* (1927), and *Theory and Practice of Modern Government*, Vol II, Part VI. (London, 1932.)

haphazard, and settled, not by Statute, but by Treasury Regulations[8]. Altogether, however, a high level of energy, talent, interest, and honesty are maintained.

As regards the quantity of work expected from civil servants, this is regulated by the Order in Council of 1910, Article 14. All Permanent officers in His Majesty's Civil Establishments are required to attend not less than seven hours a day, and they shall be allowed a half holiday on alternate Saturdays, provided that the Head of their Department is satisfied that business will not be thereby prejudiced. In fact this minimum provision prevails over a small part of the service only, and there is a great deal of work beyond these hours, formally or informally, without any extra pay. Less than 10% of the total Civil Service, eligible for overtime pay, are, in fact, employed on a 7-hour-a-day basis. Three-quarters of an hour is allowed for lunch. Then there are certain regular periods of leave which the Civil Servant is granted; he has no legal claim to them, but they are usually respected. The leave varies with the grade and the length of service, for example:—

Administrative class—36 days: after 10 years, 48 days.
Executive class, Junior or Training grade—36 days.
Executive class, Higher grades—36 days: after 15 years' service in a grade eligible for 36 days' leave, 48 days.
Clerical class, Junior grade—24 days.
Clerical class, Higher grade—36 days.
Writing Assistants—18 days: after 5 years, 21 days.
Typists—18 days: after 5 years, 21 days.
Shorthand Typists—21 days: after 5 years, 24 days.

Unestablished and temporary clerical staffs—The periods of annual leave are normally 12 days up to 18 years of age and thereafter 18 days.

Sick leave to Established officials is allowed as follows: (1) without medical certificate, 2 days; maximum in the year 7 days; (2) at the discretion of the Head of the Department, with medical certificate, 6 months with full-pay, and another 6 months with half-pay. After a year Treasury sanction is required, when the rate of pay would be that of pension at that date. When the aggregate sick leave exceeds 12 months in five years, the Treasury decides what is to be done. Temporary and unestablished employees receive benefits substantially less than this. [See Treasury circular, 24 April 1925.]

Extra payment is made to grades of Junior Executive, the Clerical Class, the Writing Assistants and Typing grades for attendance over

[8] Cf. Treasury *Memoranda* presented to the Royal Commission, 1929.

42 hours per week; but the Industrial Staffs follow the comparable Trade Union rates and hours.

On the question of hours of attendance there has been considerable controversy in recent years, and various committees of enquiry have recommended a longer working day[9].

This concludes the first part of this report. We have shown of what the Civil Service consists, the work done by the different grades, and the concrete advantages and obligations attached to the work. We may, at this stage, conclude with the remarks of the latest inquiry into the work and remuneration of the Service, that of the famous Committee on National Expenditure of 1931 (otherwise known as the May[10] or "Economy" Report). The Committee found that the methods of control of staff and organization were "well calculated to maintain a high standard of administration and that such economies as are from time to time possible will be secured as opportunities arise. In the Executive and Clerical Grades, they believe that civil service salaries have failed to respond satisfactorily to the fall in the cost of living, especially considering that the age-composition of the service is abnormally high *(with, therefore, more high salaries than normally proper-author's note)* owing to the lack of recruitment during the war, the after-war extension, and the employment of so many ex-Service men. As compared with outside employment of a similar character the Committee found no marked divergence upwards or downwards in the salary-standard. Altogether, with some slight exceptions where salary is a little higher than in outside comparable employments, and allowing for the fact that fresh reductions of the Cost of Living Bonus had become probable, they said, "We do not

---

[9] The Committee on National Expenditure (Geddes Committee), in Part XVIII of their third report, dated 21st February, 1922: "this is a shorter day than obtains in outside employment, and well might be reviewed at the same time" (para. 14). The Fifth Report of the Select Committee on Estimates, 1922. "In conclusion, your committee cannot think that 34¾ hours, or 33½ hours if an hour is allowed for luncheon. should be considered to constitute a fair week's work in the Civil Service in London; and they are also of opinion that the practice of overtime payable to clerical staffs is uneconomical, is liable to abuse, and should be greatly restricted, if not abolished."

The Report of the Committee on the Pay, etc., of State Servants (Anderson Committee) 25th July, 1923:—"Hours.—The Civil Service rule for clerical and higher grades in London is a seven hour day, including three quarters of an hour off for lunch; in the provinces an eight-hour day. In the higher grades the seven hour day has little importance, as overtime is not paid for and the staff as a whole give generous measure. For the routine clerical classes, the normal attendance should, in our view, be eight hours, including three-quarters of an hour off for lunch."

[10] Sir George May was the Chairman of the Committee. It is a great tribute to the British Civil Service to say that the Report was mainly the work of the British Treasury Officials.

find that the general standard of remuneration as tested by its trend since the War, and by comparison of the pay of some of the large groups with outside employment, is excessive, a progressive reduction having been made in accordance with the fall in cost of living. We do not therefore feel justified in recommending any reduction on the ground that the average pay of the civil service is unduly high compared with what may be termed a 'fair wages basis.' But the Committee made three recommendations of importance: that the present scale of leave should be reduced by one-third, but Saturday holidays should be substituted equal to the number of days thus deducted, and up to one per month; that the routine clerical classes should normally attend an eight-hour day with three-quarter hours for lunch; that the marriage gratuity to women should be abolished."

8. *Ministers*. Had this article been written for publication in England only, it would have contained no mention of Ministers at all. But since Continental law and practice include Ministers of State in the Civil Service, a note regarding the position of British Ministers is not misplaced. Their appointment (by the Crown), and their dismissal (by the Crown), their resignation (offered to the Crown), and the political conditions of their terms of office, differentiate them entirely from the Civil Servant, and no one in England regards them as Civil Servants. The payment of Ministers has been settled at different times upon the creation of each separate office or its extension, and hardly any rational principle is observable in the uniformities or distinctions in the salaries actually in force. In 1920, *A Select Committee on the Remuneration of Ministers* reported on this subject It recommended that the Prime Minister, who receives £5000 per year, should receive £10,000 tho meet the heavy duties and expenses of his office, that all *Cabinet* Ministers should be paid equally irrespective of their office, and that Ministers *not* in the Cabinet, should be divided into 5 Grades, according to the importance of the office, and paid proportionally thereto. In fact, no step has been taken to carry out these recommendations and the salaries are as follows:—

The Cabinet

Prime Minister and First Lord of the Treasury . . .	£5,000
Lord President of the Council	£2,000
Chancellor of the Exchequer	£5,000
Secretary of State for Home Affairs	£5,000
Lord High Chancellor	£10,000
Secretary of State for Foreign Affairs	£5,000
Secretary of State for India	£5,000
Secretary for State for the Dominions and for the Colonies	£5,000
Minister of Health	£2,000
President of the Board of Trade	£2,000

Other Ministers

Lord Privy Seal	£2,000
First Lord of the Admiralty	£4,000
Secretary of State for War	£5,000
Secretary for State for Air	£3,000
President of the Board of Education	£2,000
Minister of Agriculture and Fisheries	£2,000
Minister of Labour	£2,000
First Commissioner of Works	£2,000
Chancellor of the Duchy of Lancaster	£2,000
Attorney-General	£2,000
Solicitor-General	£2,000
Postmaster-General	£2,500
Minister of Pensions	£2,000
Minister of Transport	£2,000

Under Secretaries of State, and Parliamentary Secretaries (i. e. Junior Ministers in the same political position as Under Secretaries of State, but in the more recently created Ministries or Boards) receive £1500 or £1200.

The Crown can grant to any person (Political Offices Pension Act, 1869, and Superannuation Act, 1834) who has held certain political offices a pension during life, according to the following scale:—

1) A first class pension not exceeding £2000 per annum, in respect of a service of not less than four years or its equivalent in the office of First Lord of the Admiralty and all other political offices remunerated with a yearly salary of not less than £5000.

2) A second class pension not exceeding £1200 per annum, in respect of a service of not less than 10 years in a political office remunerated office remunerated with a yearly salary of less than £5000 and not less than £2000.

3) A third class pension not exceeding £800 per annum, in respect of a service of not less tyhan 10 years in a political office remunerated with a yearly salary of less than £2000 and more than £1000.

The person wishing a pension must apply in writing to the Treasury and declare that the amount of his income from other sources is insufficient to maintain his station in life.

Any person receiving a political pension and at the same time receiving emoluments (salary, compensation, supperanuation allowance, or pension) payable out of the public revenue in any part of His Majesty's Dominions shall have the pension diminished or suspended (according to the amount of the payment) as long as the payment continues. No pensions in any of the above classes may be granted while four pensions of that class are subsisting. — Not more than one pension in each class is to be granted annually. Service in one class to count as half the amount of service in class above. Service need not be continuous. No pensions have actually been paid since April 1924. Two pensions then being paid were resigned by their recipients.

Uniforms and Clothing. Where, as in the Post Office, the Customs and Excise, and among the Messengers, a special uniform, or equipment like overcoats, oilskins, boots, aprons, overalls, are necessary by the nature of the job, a distribution is made by the Department in reasonable quantities and periods, the uniform is supplied free, and is valued at so many pounds per year (for example, a postman's uniform at £2 per year) for the pension calculation.

Part II

The Machinery of Control and Adjustment

We now turn to the consideration of the machinery of control and adjustment. It is composed of five permanent elements: (I) Parliament: (II) The Treasury; (III) The Civil Service Commission; (IV) The Whitley Councils; (V) The Industrial Court.

(I) There is the House of Commons. There are rarely more than three or four direct spokesmen for the civil service in the House, and they are not regarded with great friendliness, although (perhaps because) they are unusually competent. The House of Commons has not the committee organization of foreign legislatures that would enable the civil service representatives to exercise power, let us say, on the Budget for the civil service. Parliament is, on the whole, hostile to the civil service, regarded from the angle of expenditure; it is ignorant of the real services of its officials; and it is already over-occupied with many other matters. Hence, its part in the regulation of the civil service is, in fact, very small indeed. Perhaps once in five years a civil service problem assumes a critical political importance, and then Parliament intervenes. Normally, it is content to pass a general resolution, like the Fair Wages Resolution we shall discuss later, or to set up other machinery to do the work which by its cumbersome nature it cannot do.

(II) The Department especially concerned with the master-workman relationship in the public services is the Treasury. The Treasury, as a result of its position as the central control of British public finance, has acquired the supreme authority over the organization and staffs of the Departments. Article 6, Order in Council, July 1920, gives the Treasury power to make regulations for controlling the conduct of his Majesty's Civil Establishments, and providing for the classification, remuneration and other conditions of service of all persons employed therein, whether permanently or temporarily, whether men, or women. Further, the Treasury has, by statute, the administration of the Superannuation Acts. The Treasury works by written and also oral communication with the Departmental Heads; it lays down the rules regarding general discipline, such as leave, remuneration, etc. In the case of promotions from *class to class* (not within a class) its sanction must be obtained. As a result of the recommendations of various committees of enquiry, and the obvious necessities of an enormous and complicated personnel, there was established in 1919 in the Treasury a special branch, in which the work of controlling the civil service was concentrated. There is no doubt that the Treasury is fully alive to the importance of its functions, and it has practised an extensive personal consultation with the Establishment Officers[11] of the individual Departments. Further the Heads of the Departments are in frequent consultation with each other, and with the Head of the Treasury and the Controller of Establishments. The representatives of various staff organizations complain that Treasury control is (a) too close, and may produce improper uniformity and calcification, and (b) that it is undertaken only in the spirit of parsimony. All this is evidence of the real control of the Service by the Treasury.

Now the Treasury is related to the other parts of the machinery of control and adjustment as follows. Through the Chancellor of the Exchequer it is responsible to Parliament for all questions relating to the civil service, it is the mentor and the agent of Parliament in this matter, and through the Chancellor it must answer for its decisions. While the Treasury determines the numbers and the pay and conditions of work, the civil service commission tests the qualifications of candidates for specific civil service situations, but the civil service commissioners must obtain the consent or approval of the Treasury to the regulations for admission, fees, exceptions from examination. The Treasury appoints the Official Side of the National Whitley Council, within whose power it is to raise fundamental questions relating to the service. It is the recipient and administrator of the recommendations of the Departmental Whitley Councils; it is the other party in the *lis inter partes* before the Industrial Court, when classes of the civil service make claims to adjustment of pay and conditions of work before it. A further light will be thrown on its power when we deal with these other elements.

(III) As we have already indicated the Civil Service Commissioners are an examining and certification body for the individual posts to be filled in the Service. Their decision in such matters is final, and the Treasury

[11] These are officials in the various Departments in special charge of problems relating to the quantity and character of the staffs.

cannot encroach upon their discretion. But the *general* regulations on condition of appointment need Treasury consent or approval. In the lower classes of the work of the service, where the work is specific and often quantitatively measurable the Commissioners have had a complete success. Where the work is in the higher ranges of administration, the task has proved more difficult and the result less capable of measurement.

(IV) The Whitley Councils affect rather the efficiency of the work than its amount and the reward; but the latter subject is also partly within their scope, and the former is important as being part of the productivity-payment relationship.

In Great Britain, until 1917, individuals and associations in the Civil Service were obliged to act mainly by memorial (or petition) which finally reached the Head of the Department and then the Treasury. The chief disadvantage of this method was that negotiations were in writing, and personal discussion was almost entirely excluded. Anybody could memorialize a Head of the Department, but the growth of associations caused, and was partly caused by, a desire on the part of the official superiors to negotiate with a really representative body. In 1917 a vast change was contemplated in private industry and this had its effect upon the Civil Service.

After various conferences and a campaign by Civil Service associations, and an official report, a National Provisional Joint Committee of thirty members (composed equally of officials and staff sides) reported in May, 1919, on the Constitution, Objects, and Functions of a National Council and Departmental Councils for the Civil Service. By the end of July, 1919, after negotiations and the Cabinet's approval, the National Council drew up a model Constitution for the departmental Whitley Councils. Generally, it stated,

"the objects of the Council shall be to secure the greatest measure of co-operation between the administration, in its capacity as employer, and the general body of the staff in matters affecting the department, with a view to increased efficiency in the department combined with the well-being of those employed; to provide machinery for dealing with grievances, and generally to bring together the experience and different points of view of the administrative, clerical and manipulative Civil Service," respecting conditions of service within the department.

There are many Departmental Councils[12] on the model set out, with wide variations according to the peculiar circumstances of each department, and each has small numbers representing, equally, Official and

[12] In 1928 there were 68.

Staff sides. The National Council, which considers the interests of the Service as a whole, and to which the Departmental Councils are bound to refer general questions, is composed of fifty-four members divided equally between Official and Staff sides, whose representatives must be "persons of standing (who may or may not be Civil Servants)." It has consisted on the Official side of the Permanent Secretaries of Departments or other higher officials, and since 1922 of three Members of Parliament. The Controller of the Establishment Branch of the Treasury is Chairman. The Staff side representatives must be appointed by Civil Service groups or associations named in the Constitution. About one-half the members of the Staff side of the Council have been whole-time officers of associations, the rest are serving Civil Servants.

The Whitley Councils are concerned with the problems of non-industrial staffs in posts carrying remuneration only up to £700 a year[13]. The industrial staffs have special Industrial Councils.

The functions of the Whitley Councils include provision of the best means for utilizing the ideas and experience of the Staff; to secure the Staff a greater share of responsibility for the determination and observance of the conditions under which they work; the determination of the general provisions governing recruitment, hours, tenure, and remuneration; encouragement of further education of Civil Servants and their training in higher administration and organization; the improvement of office machinery and organization, and the provision of opportunities for the full consideration of suggestions by the Staff on this subject; and proposed legislation so far as it has a bearing upon the position of Civil Servants in relation to their employment.

What is the authority of the Councils? In 1919 a Committee under the Chairmanship of Sir Thomas Heath prepared and reported a scheme for the application of the Whitley system to the Administrative Departments of the Civil Service. The Committee found itself at once involved in the question we have asked. Their answer was that the Councils should be purely consultative and without executive powers. The grounds for this decision were that the heads of Government Departments were in a different situation from the managers of private business by reason of their ultimate responsibility to Parliament and therefore their lack of freedom to accept decisions of the Councils without a reservation. Since Ministerial Responsibility was an essential principle, the power could not be left unreservedly in the hands of the Head of the Department; hence the freedom to accept or reject the conclusions of the Councils. Negotiation between

[13] Including scales which commence below £700, but rise above it.

the perturbed Staff representatives and official representatives resulted in a unanimous report which became, substantially, the Constitution of the Councils. The Constitution goes beyond making the Councils merely advisory. It says that "the decisions of the Council shall be arrived at by agreement between the two sides, shall be signed by Chairman and Vice-Chairman, shall be reported to the Cabinet and thereupon shall become operative." As for the Departmental Councils, their decisions "shall be reported to the Head of Department and shall become operative." Does this mean that the decisions made overrule the will of the Cabinet and of individual Ministers? That is what the clauses say, quite plainly. It is obvious, however, that such an interpretation would make Ministers responsible for things in which they had not an effective ultimate critical and revisory power, and this thought caused anxiety. It meant that either the Official side would run backwards and forwards to the Cabinet on each important occasion, or that it would need to take an extremely cautious non-committal and negative attitude. Hence the tenth meeting of the National Council a Committee was appointed to clarify this question, and it agreed upon this definition:

"The establishment of Whitley Councils cannot relieve the Government of any part of its responsibility to Parliament, and Ministers and Heads of Departments acting under the general or specific authority of Ministers, must take such actions as may be required in any case in the public interest. This condition is inherent in the constitutional doctrines of Parliamentary Government and ministerial responsibility, and Ministers can neither waive nor escape it.

It follows from this constitutional principle that, while the acceptance by the Government of the Whitley system as regards the Civil Service implies an intention to make the fullest possible use of Whitley procedure, the Government has not surrendered, and cannot surrender its liberty of action in the exercise of its authority and the discharge of its responsibilities in the public interest."

This, if it means anything, means that a greater freedom is given to the Official side, because, if on consideration any agreed plan is discovered to have unexpected implications, it could be overridden on the grounds of Cabinet responsibility.

However, the term that agreements become "operative" does imply an obligation that in all normal cases they shall be operative. Certain consequences follow: the Official side considers the proposals beforehand and refers, where necessary, to Ministers. In other words, the obligations of Cabinet responsibility are in normal cases exercised by an attitude assumed *before* negotiation. This, as in all negotiating assemblies based upon "instructions," sometimes compels the adjournment of the discussion until fresh instructions are obtained. There is no voting—each side acts as a unit: and therefore each side must find agreement beforehand. In the background, with its hands on the ultimate strings, is the Treasury.

Where agreement is, for any reason, impossible, and a compromise cannot be effected, the Official decision naturally holds good, and then the only benefit of the system is that the Staff's point of view, having been fully expressed in Council, and by the method of question and answer and debate, may, in time, modify the full effect of that decision. No Act of Parliament founded the Whitley system. It arose out of a promise made by the Government of the day. And whatever strength it has is drawn entirely from the needs of the public service and the character of the men and women who compose the Councils. The arrangements and decisions made by Parliament, in the ordinary course of its legislative and controlling functions, set the outside limits within which the Councils may operate; sometimes an agreement will be deprived of its force by the unintentional action of the House of Commons whose main attention may be directed to service salaries, or establishment or disestablishment of a department, division or function. Such repercussions operate through the medium of the Treasury. If the House of Commons ever adopted a Committee system on the Continental model it might with advantage allow representatives of the National Whitley Council to appear before its Civil Service Committee.

Most of the Councils have done much good work in the matter of promotions, discipline, and the organization and conduct of office work: especially is this true of the departments where small devices have great value because of the largeness of the staff and the industrial nature of the work—in the Admiralty, Post Office, and the Customs and Excise Councils.

Naturally, the National Council has been active on a wide scale. It has reported upon, and secured the reorganization of the general principles and methods of promotion; a Superannuation Committee on Further Education has made its report on provision for the further education of younger Civil Servants, and lectures have been arranged by Civil Service bodies. The bonus and sliding-scale system to meet varying price-levels were secured and, perhaps most important of all, the Regrading and Reorganization of the Civil Service has been effected.

What has been gained by the institution of the Councils? Not all that was expected. The years in which the Councils were first instituted were years of world-wide hope in Reconstruction. Every belligerent country designed a special compensation for its sufferings in the War. The designs were splendid, but, when related to the full extent of human inertia and love for the indulgence of the moment, fantastic and inflated. This quality mingled with the aspirations of Civil Servants. At first there was a large release of energy in the work of investigation and inventive thought, and the work of the National Council which we have indicated was most fruitful. But there has been a slowing down, a conversion of adventure into routine. However, something very important psychologically has been gained when there can be a semi-public review of a foolish, untactful or despotic show of authority; when resentment of arbitrary interference with habit is avoided. Then, too, officials below the top grade have now a feeling that in regard to promotion, leave and other official benefits any favouritism is likely to be detected and quashed. Too much must obviously not be expected from the system by the Staff side. The Official side are still, in some cases, despotic; and the Treasury, representing the Government, is too often prepared to whittle down engagements, which cost money and energy. However, it is quite clear from the evidence given by Heads of Departments and representatives of the Staff, that the Departmental Councils have actually produced an invaluable and indispensable atmosphere of good and easy relationship between superiors and subordinates—*that is the universal testimony*. Different opinions are entertained of the National Council: it is alleged to be too large in size and too unregulated in procedure to do effective work; perhaps the real difficulty is that apart from occasional general reorganizations of the Service (as that of 1920) the work of the Civil Service poses rather departmental, than single national, problems. It is, however, useful as a medium for the ventilation of general questions, even if nothing is to be done.

The power of the associations behind the Councils is still required to maintain real official respect for the cases they advocate, and we can surmise, though we cannot exactly count the number of, small benefits silently won without overt conflict by the mere existence of organized and recognised vigilantes. The evidence before the Royal Commission of 1929 shows that matters are not always discussed in the formal meetings of the Councils, but informal discussions occur between the leaders of the officials and the Staff sides, and settlements are reached at once.

(V) The Industrial Court. Early in 1917 a Civil Service Arbitration Board was set up as a result of agitation by Civil Service Associations because the War had sent prices sky-high while wages lagged far behind. But for years before, agitation and difficulties regarding pay in the Post Office had produced special committees on the question, and the recognition that some permanent machinery ought to be established for the settlement of claims regarding payment. Two motives can be seen at work: the realization that "There is no worse tribunal in the world for fixing a scale of wages than the House of Commons," and to free Members of Parliament from intolerable pressure[14]. The Board established by the executive authority of the Government was to deal by conciliation or arbitration with questions arising with regard to claims for increased pay made by Government employees, except in the cases of industrial staffs, and where there was already recognized machinery applicable to the case. It referred only to posts under £500 a year. The Board consisted of two members and a chairman, one member was appointed from the panel of employers' representatives, and the other from the panel of employees' representatives, and the chairman was a government nominee. Civil Servants rightly complained that such a Board was not impartial, since they had no direct power of nomination or agreement in relation to the employees' representative, who was put on the panel by the Ministry of Labour in consultation with the Trade Union Congress. He was at best a representative of the general public. Many cases were heard by this Board, however, and its awards and agreements were highly important to Civil Servants. Suddenly, as part of the general post-war attack upon government expenditure and the standard of living, the Board was abolished in February 1922. The alleged grounds of abolition were that the Whitley Councils considered questions of remuneration. Now since the Whitley Councils can only declare and not enforce a recommendation this plea was fallacious. Civil Servants were driven either to accept the loss of the Court, or to resort to the strike when conditions became so bad that mere grumbling offered neither vent nor remedy, or to start a campaign for the re-establishment of the Court.

An intense campaign was conducted and ended with the re-establishment of the Board early in 1925. Its constitution is part of the Industrial Courts set up by the Act of 1919. In the present case the Court consists of a chairman who is either the President of the Industrial Court or the chairman of a Division of the Court, together with one member drawn from a panel of persons appointed to the Industrial Court by the Minister of Labour as representing the Chancellor of the Exchequer for the time being (this is the employers' representative), and one member drawn from a panel of persons appointed to the Industrial Court by the Minister of

[14] The Royal Commission of 1929—1931 says: "The acceptance of this principle (compulsory arbitration) involves some surrender of control on the part of the State over the remuneration and conditions of service ... This course, however, has some practical advantages, in so far as it avoids parliamentary agitation in connection with the claims of numerous small classes of civil servants" (p. 147).

Labour after nomination by the staff side of the National Whitley Council. Civil Servants and officials of Civil Service Associations are ineligible for appointments as members of the Court.

Only claims in regard to salaries of £700 and less can be referred to the Court, unless by the consent of the parties concerned in the claim. When negotiation fails, arbitration is open to the Government Departments on one hand and the recognised Civil Service Association, within the scope of the National Whitley Council, on the other hand, on application by either party. The matters which may be taken to the Court are claims affecting emoluments, weekly hours of work and leave. But claims can be made only for "classes," i. e. "any well-defined category of Civil Servants who for the purpose of a particular claim occupy the same position, or have a common interest in the claim." This provision limits the work of the Court, and were it not so, individual cases, and cases of small groups, where inequalities in respective pay and work were concerned, would cause a continuous rush of claims for related adjustments, and destroy any stability for the Treasury and Parliament. The whole problem of classification would be reopened and never closed. This, of course, unfortunately imposes hardship on some Officials, and the hardship is a direct result of large-scale organization and the exigencies of parliamentary control. Civil Servants are generally satisfied that they have secured a very valuable piece of machinery for removing grievances. It is acknowledged that the Court is fair, patient, and thorough. But one criticism is heard. The Treasury is the sole interpreter of the terms of the judgements of the Court, and may take action before submitting its intentions to the Court.

The Staff side have requested that the Treasury be limited in its power of interpretation, and that, say, the Ministry of Labour, should decide between its view and the Treasury view; and that there should be some limitation on the action of the Government affecting remuneration and conditions of Civil Servants without first submitting such matters to the judgement of the Industrial Court. The Government has rejected such requests on the grounds of their general political responsibility, which requires that they shall not be bound. The Royal Commission (Report, 145ff.) recommends no change in the constitution or jurisdiction of the Court, except a wider definition of "class," and the substitution of £1,000 for £700 as the upward limit of compulsory arbitration.

Between 1925 and the middle of 1929, 148 cases had been submitted to the Court, five by the Staff side of the National Whitley Council, twenty-seven by the Staff side of the Departmental Councils, and 116 on behalf of associations or groups of associations.

Into the nature of the Court's judgments and the principles evolved, we enter in Part III of this report. On the whole there is a satisfactory arrangement for the establishment of Basie Pay in relation to the necessities of the State and the ability of the workers, and also for minor and continuous adjustments. Where this machinery fails it is rather because the assessment of the total value of the work done, and the comparative value of the various classes and grades and individuals in the public service, offer inherent and insurmountable difficulties. It is to the problem and the principles of valuation that we now turn.

Part III

The Principles

A. *In General.* The principles of remuneration have been laid down over a long series of years by a number of agencies, in a not entirely systematic or co-ordinated manner. The main co-ordinating organ has been, of course, the Treasury. Apart from this there are Parliamentary resolutions, commissions and committees on the reorganisation of the Civil Service, Committees on National Expenditure, and in the last decade, the Industrial Court giving judgment in sectional claims. We will take them in turn, reporting their opinions, with only an occasional comment.

The Treasury in the 19th century, pursuing the policy of getting services for the benefit of the taxpayer as cheaply as possible, found itself confronted from about 1890 onwards with the demands of organised labour, especially in the industrial and postal grades, and the criticism was voiced in Parliament several times that pay in the government service compared unfavourably with that of workers of equivalent type in outside employment. Government contractors in particular were criticised since it was argued that here the Government had it within its power to prevent "sweating" by laying down as a condition of giving contracts that the rate of pay and the hours must meet certain standards. The latest of such resolutions was passed by the House of Commons in March 1910, and though applying directly to Government contractors as employers only, the Government declared that it considered itself similarly bound in regard to employees in its direct service. The resolution ran as follows:—

"The Contractor shall, under the penalty of a fine or otherwise, pay rates of wages and observe hours of labour *not less favourable* than those commonly recognised by employers and trade societies (or, in the absence of such recognised wages and hours, those which in practice prevail amongst good employers) in the trade in the district where the work is carried out. Where there are no such wages and hours recognised or prevailing in the district, those recognised or prevailing in the nearest district in which the general industrial circumstances are similar shall be adopted. Further, the conditions of employment generally accepted in the district in the trade concerned shall be taken into account in considering how far the terms of the fair wages clauses are being observed. The contractor shall be prohibited from transferring or assigning, directly or indirectly, to any person or persons whatever, any portion of his contract without the written permission of the Department. Sub-letting, other than that which may be customary in the trade concerned, shall be prohibited. The contractor shall be responsible for the observance of the fair wages clauses by the sub-contractor."

Thus the main principles were, conditions (1) at least as good as outside employees (2) compared with others in the neighbourhood. This is known as the Fair Wages principle, and it has been called also that of Fair Relativity, meaning relativity to comparable outside employment. The importance of this principle deserves a great deal of emphasis, since it obviously causes the Treasury, in broad questions at least, to look outwards, to private industry, for its standards. Hence, in all these years since the principle was deliberately stated, the Treasury for general classes, the Post Office in its disputes with the postal officials, the War Office and the Admiralty with their industrial staffs, have appealed to the rates payable in private enterprise. For example, Lord Haldane in October 1908 in reference to the Royal Arsenal: "Departments ask, 'Why don't you give us the things we want at the same price that we pay elsewhere? and we should send you a great deal of work.'"

The authorities, controlled ultimately by the Treasury, felt that they must (a) keep the pay and conditions high enough to attract the people they needed, and (b) low enough to justify themselves against the charge that they were being unduly generous in comparison with the practice in outside employment. This leads to a consequence which neither the law nor the Treasury now accept: that the subordinate Civil Service Associations wish to affiliate with the Trade Union Council in order to help outside employees to get better conditions, and by raising the general level, raise their own. The Government has, by the Trades Disputes Act of 1927 Section Five, forbidden such affiliation.

The principle of comparison has been applied only *as near as possible:* it is obvious that one can find exact analogies between types of work inside and outside the Civil Service only very rarely: exactly, in fact, only where there is a concrete and quantitatively measurable product: for example, carpentry, or letter-addressing, stamping and filing letters, typewriting, etc. As soon as the administrative grades are reached, or elsewhere, where the responsibility (e. g. in tax-collection, or the custody of stamps, or handling letters) becomes exceptional, the validity of analogy breaks down, and an inexactitude, either above or below the true level, creeps in.

The result of this was, in the experience of the authorities between 1890 and 1914, an uncertainty of measurement, which might have permitted the authorities to fall into the way of paying on humanitarian principles, more than was necessary in the long run, to get and retain the workers it needed. Yet the influence of the Treasury soon brought the level back to that which could be justified by rates in private enterprise. All the authorities often went *below* the payment justifiable on such a standard. In other words, competing with outside employment, they were able in the social conditions which obtained, to get workers at lower rates, and they did not hesitate to take advantage of this. The War Office and the Admiralty not seldom changed the classification of grades of their services to secure such a result. There is also evidence that Government dockyard workers, whether as a consequence or cause of the above-mentioned facts, worked at a slower rate than in outside employment.

All these things occurred where comparisons with outside industry seemed possible, although no outside employer pretends that he is especially anxious to secure a permanent tenure for his employees, while the War Office, the Admiralty and the Treasury frequently assert, as a reason for reductions in pay, that this object is very close to their heart.

The Post Office, however, is an enormous business-undertaking with characteristics not even as easily comparable as in the previously cited instances. The Reports of two important Committees of Inquiry into the Post Office bear this out. In 1907 the Hobhouse Committee[15] came to the conclusion that some of the salaries had been "fixed arbitrarily." How, then, were the actual sums paid calculated? Apparently a confused medley of the following items determined the results: cost of living, labour rates in particular districts, the amount "necessary" to get the workers, the nature of the work, responsibility and trust, and Christmas presents from the public. So also, as regards provincial differentiation, and allowances for travelling to and from work in London. Whatever the value and propriety of this method of settling the standard, whether it was haphazard or not, the Secretary of the Post Office argued that its

[15] House of Commons No. 266 of 1907.

final test was this: "There are two tests which, I think, are applicable there as well as in private employment—in the first place, the test of whether the wages command a sufficient supply of candidates... The second point in which the same considerations can be applied in Government service as in private service is as regards the qualifications of persons entering the service."

Hence, the Fair Relativity principle had in this case not been always and exactly applied, nor apparently, was it desired to apply it, except in so far as the test "whether the wages will command a sufficient supply of candidates..." necessitated an inquiry into outside rates, and an attempt to establish conditions not less eligible than they are. Further *within* the Postal Service, the various grades were tested by reference to physical output, where this was possible, and all post offices were graded according to volume of work, and the pay was thus adjusted. It had taken many years for a true combination of units to be found accurately to measure differences in volume—attendance at night, for example, and the intensity of effort over a smaller number of hours, must be "weighted" in such an output index. This output-principle, of course, excludes the cost of living principle, and the exclusion caused unrest in the service, because variations of pay in terms of time and locality were stopped. If the output was paid for, and output remained the same, why should the rate of payment be changed?—unless quite other principles of remuneration were admitted? Moreover, the Post Office, having secured its workers, and stamped them with its own peculiar technique and outlook, proceeded then to give only very small increments of pay, a thing it could do because the leaving of the situation for other employment was now more difficult than in the case of private enterprise. At the same time the Post Office was ever vigilant to adopt methods of increasing the speed of work. The Holt Committee[16] clearly revealed the policy of employing non-established and temporary or auxiliary workers to avoid those charges like pensions and sick pay which the Post Office always declared to be special privileges of Government services and one of the net advantages of the service justifying a smaller salary than would otherwise be paid. Even the Post Office, with all the difficulties of comparison with outside employment, did endeavour to have regard to outside rates of pay, and the Holt Committee of 1913 was, in fact, instructed to pursue the comparison.

When we come to the other classes of the Service, the Administrative, Executive and Clerical comparison ceases almost absolutely, and we are

---

[16] House of Commons No. 268 of 1913.

thrown back on estimates of the Ability of the Servant, the Difficulty of the Work, and the Cost of Production (Education etc.) of the Servant, while, in the background, are vague considerations of the Social Status of the Civil Servant and how this compares with professions of like status in outside employment. This subject was reviewed by the Royal Commission on the Civil Service of 1914[17], but it made no general statement of principle: it merely made a comment upon each general class of civil servant proposed. In regard to the administrative class, impelled by its desire to get university men, it recommended "that therefore the initial salary given to those who enter by the Class I examination should be high enough to encourage them to take that course, instead of entering the service at the earlier age." That is, enough to attract the supply—but what about the number of candidates compared with the number of vacant posts? And of *exactly what quality*? And what was to be the upper limit of attractive pay? These questions were not answered. The only answer, if it is any, is the generally vague one: "The State aims at attracting to its service a certain proportion of the ablest young men of each generation after they have received the education most likely to develop their ability. Such men now have good prospects offered them in the open professions and if the Government is to secure their services it must offer them prospects which on the whole are equally eligible[18]." As regards the clerical class the scale was set by relation to "some typical commercial and industrial enterprises."

However, the Royal Commission in another part of its Report altogether suddenly blurts out a famous theory of remuneration in the public service: The Model-Employer Theory. "It is an accepted principle with all parties that Government should be a 'model employer,' but the forces which are brought to bear on Government in relation to its servants are stronger than those which are brought to bear on employers. One result is to force up working expenses beyond a 'business' level." Who the parties are, who accept this principle, is not more precisely stated, but there is no doubt that a feeling does prevail both on the side of the authorities and the civil servants that the Government should not follow the conditions of outside employment exactly, but that Government should set a higher standard. It must be admitted that the principle is urged with less force by the Treasury than by the Civil Service Associations. In so far as it is accepted, and there is a tendency to its acceptance by the Treasury and by the Industrial Court, there is, of course, some modification of the other principles we have enunciated, and the difficulty of

[17] Cf. Fourth Report, Cd. 7338 of 1914.
[18] *Ibid*, para. 43.

measuring the productivity of the Civil Service adds to the temptation of applying this principle.

The next reorganisation of the Civil Service came as the result of the Report of the Reorganisation Committee of the National Civil Service Whitley Council. This report went carefully into the problem of classification and assigned to the various classes their appropriate duties and the scales of payment, but there is no statement of the theory and principles of the various rates of pay, and apparently the basis accepted was the rates hitherto payable with some extra regard for the changed circumstances of the times. But one thing is of importance which we have not noticed earlier in this survey, that is, that the Administrative Grade, the Executive Class, and the Clerical Class, were each divided into two sections a Lower or Junior and a Higher Grade, the Lower or Junior Grade in each case to serve as the first stage of an officer's career in that Class, partly as a training grade. This in reality established a kind of barrier between the two sections of each class, a barrier which should, and in many cases is, only surmountable by positively proven efficiency of the officer. Only on the condition of such proof, in other words, can the officer proceed to the higher scale of salaries in the upper division of his class.

In 1923 the Government established a Committee "to enquire into the present standard of remuneration and other conditions of employment of the various classes of State Servants employed in the Civil Service and in the three Fighting Services and to make recommendation thereon." Since the middle of 1922 there had been a big drop in the cost of living, and the question had arisen of reviewing the rather inflated pay of the war period and its immediate aftermath. The principles enumerated were as follows:

(a) "Two general considerations about the pay of State Servants occur to us. On the one hand, the State should hold the scales even between its own servants and those through whose enterprise its servants are paid. On the other hand, employees of the Crown would have a real ground for complaint if their pay were related to wages in industry only in the time of low wages. If they do not get pay relative to the boom, they must be spared the full severity of the slump. The State as a model employer offers security, a pension, a dignified service and a moderate wage in exchange for the excitement and possibilities of private employment."

Hence, there are three principles of payment: (1) regard to the earnings of the tax payers, these must not be overburdened to produce unduly large salaries for those they pay; (2) in any regulation of Civil Service remuneration by reference to the prosperity of private enterprise the full saving between boom and slump is not to be the index; (3) the general advantages of State employment: security and pension, are set off against high salaries without these, as, presumably in private enterprise; but (4) a new factor is introduced: "a dignified service," that is, I suppose, the social prestige which is presumed to inhere in the service of the State. On this last factor we shall say more later.

(b) The Committee lays down another principle: "In our view there is only one principle in which all the factors of responsibility, cost of living, marriage, children, social position, etc., *(which had been urged by various claimants for increases in pay)* are included—the employer should pay what is necessary to recruit and to retain an efficient staff."

(c) This throws the principle of remuneration back upon some estimate of "Efficient," and some estimate of the numbers necessary, and the Committee proceeds to make itself clear on this question. Thus: (1) "it is always possible to defend paying a higher rate at the start than one's neighbours on the ground that one gets the pick of the market;" (2) "one must look to no other factor than worth, in comparison with private employment if possible;" (3) "the employer should not meddle with the private life of his employees, but any attempt to base payment upon children, marriage, etc., involves discussion if not control of these things;" (4) "the employer must have a clear idea not only of the intelligence, but of the physique and other qualities required of his staff. A service which is satisfied with a clever and well-educated man can be staffed at a lower rate not only at the beginning but throughout life than another service which requires, the same educational attainments and, in addition, better physique, force of character and such special gifts as tact and the power of command." These gifts are, of course, more rare, and the small supply commands a larger salary.

In these considerations lies the very essence of all the problems of Civil Service remuneration: Supply and Demand, and Exact Statement of the Qualities of the Servant.

(d) The Committee found, or was told, that in fact "the scales of pay of these classes vary in each Department according to the class of work and the educational and professional standard of qualification."

Not, be it remembered, the productivity as directly measured, but the qualifications presumed to be necessary in order to accomplish the work to be done. But this is a rather loose and inexact connection.

(e) Another finding of the Committee needs statement. "Naturally, the quality of the candidate varies with the pay and prospects of the class he seeks to enter..."

This is, in fact, one of the great grievances of the service, that the quality of the candidate may be *intrinsically* high, but that owing to the classification of the Service and the largely segregated methods of recruitment, and the impossibility for many people to pay for, or otherwise secure, the education preparatory to the higher grades, a candidate with fine intrinsic quality is fated to work in an "unnaturally" low grade. Hence there is a strong and frequent demand on the part of the lower grades that the number of the higher positions shall not be strictly and exclusively related to the amount and kind of work to be done, but that extra places shall be available to afford the opportunities of promotion of able people from the lower ranks.

(f) The Committee finds that the Administrative Grade receives a starting salary above, but not excessively above, that of comparable entrants into the private professions, while the Civil Servant has, further, less risk of early failure and unemployment than such outside professions, and less risk of early struggles against competition. Moreover, "In the Civil Service, the risk of dismissal is almost negligeable; and even if the unsuccessful Civil Servant is never promoted, at least he is sure of a salary and pension."

(g) As regards the Professional and Technical Servants, as there was a sufficiency of good candidates at the current rates of pay there is no need for a change of principle.

(h) As regards the lower grades (meaning the Executive and Clerical) the Committee reported that they were "paid better than lower grades in many private employments, and they show also that *continuity of service* of the employee is one of the factors on which pay is based in the open market. In the Civil Service a constantly changing staff would cause serious difficulties, and it is of importance that the pay should be adequate not only to secure but to retain the services of efficient men." Thus they underlined one other ingredient in the composition of the pay of the Civil Service.

During these years the Treasury, of course, was concerned in the implementing of these principles, and, on the whole, the Committee on Pay of 1923, had very little to criticise, except on the grounds of some slight error, in a few relatively unimportant cases, in the application of the principles. But the really interesting thing is this, that the Committee in judging of the propriety of various rates of pay *tended always to judge on the principle of comparison with outside rates of pay*, and then to say whether the rates were excessive or deficient. Further the Committee was careful to add that though it might make such a judgment, it was *assuming without any examination that the work and the numbers to do the work were necessary.*

The principle applied by the Treasury, in the view of the Treasury itself was enumerated as follows[19]:

[19] Cf. Evidence of Sir Russell Scott, Controller of the Establishments Department of the Treasury, Question 49.

"The principles on which successive Governments have acted in regard to the remuneration of the Civil Service might, I think, quite briefly be summarised as follows: The first principle is that remuneration is only one of a number of factors in the conditions of service of civil servants, and that in fixing remuneration due regard must be had to those other factors in the conditions of employment of civil servants, notably security of tenure, prospects of promotion, leave and sick leave privileges, and pensionability. Subject to that, it has been held to be essential that the remuneration and other conditions of employment of civil servants, shall be adequate to ensure the recruitment to the Civil Service of a fully qualified staff, and the maintenance of an efficient and healthy public Service. It has followed from this principle that the rates of remuneration and other conditions of employment in the public Service must be such as to compare well with the rates of remuneration and other conditions of service normally available outside the public Service in competing occupations. Beyond that, it has been held that in order to achieve the main object to which I have referred, the recruitment of a fully qualified staff and the maintenance of a healthy and efficient public Service, it would not be right to prescribe for civil servants rates of remuneration and other conditions of service which were out of scale with the standards normally obtaining amongst good employers outside the public Service. For the reasons I have given already, they must not be out of scale in the sense of their being on this comparison too low; nor on the same comparison ought they to be unduly high, because any such disparity between the conditions of service of civil servants and the conditions of service outside the Civil Service would have the effect of elevating civil servants into a privileged class, and so of doing an injustice to the community which *ex hypothesi* would be worse off, and has always to foot the bill. More than that, it has been held, if I may for a moment leave out of account the temporary expedient of bonus, that the remuneration of civil servants should, as far as possible, be so fixed as to endure for a considerable period of time. The result is that remuneration in the Civil Service is apt to fluctuate less from year to year than the remuneration in certain branches of outside industry where the terms of employment of the staff are subject to a more or less frequent variation according as that particular branch of industry is faring well or ill."

Upon examination we see that "prospects of promotion" are taken to be one of the factors which will settle the rate of remuneration, that is, presumably, that were the chances of attaining higher rank less easy than they are (even if, absolutely, they are hard), the whole scale of salaries would be higher than at present. Further, we notice that in consideration of pensions, pay is presumably lower than it would otherwise be; or in other words the pensions, though said to be non-contributory, and, therefore in amount and conditions of award very much at the mercy of the Treasury without legal claim by the servant,—the pension is nevertheless regarded inferentially as a deduction from what pay would otherwise be. This inference squares very badly with the Treasury's assumption of the pension as a kind of award *ex gratia* by the Government and liable to deduction on grounds of inefficiency or misdemeanour in the Treasury's own unchallenged discretion. Attention should also be drawn to the phrase "a healthy public service" which occurs twice in the statement; it does not refer merely to physical health, but it means willing, inventive and energetic service, obedience being not obstructed by a sense of grievance.

As regards the "model employer" theory of remuneration, it was interpreted by the Controller of Establishments to mean, if it meant anything as "a doctrine stated with authority," only "that the Government sets out to be a good or, indeed, a model employer, and by that is meant that the Government would not prescribe terms of employment which compare *unfavourably* with those obtaining outside the Civil Service amongst good employers." Naturally, any other policy could only be consistently pursued if the Government had unlimited resources at its disposal.

The Treasury also claim to have acted on a principle which was enunciated by the Industrial Court in May 1927: "the broad principle which should be followed in determining the rate of wages of Post Office servants is that of the maintenance of a *fair relativity* as between their wages and those in outside industries as a whole, and as between the various classes within the Postal Service, with due regard to the adequacy of the payment for the work done and the responsibilities undertaken." All of these Acts, are, of course, extremely inexact. When we examine the further evidence of the Treasury in relation to "unestablished" and "temporary" workers it must be said that they are strict to the point of being miserly in their interpretation of the phrases *fair relativity* and "would not prescribe terms of unemployment which compare *unfavourably* with those obtaining outside." We need not look for examples of capricious philanthropy.

We now turn to the contribution to principle offered by the Industrial Court in the course of its nearly 150 cases. Let it be remembered that they are concerned with the claims of "classes" of the Service and not with the whole Service; that their powers do not extend to re-classifying the class which comes before the Court; that the Court is invoked only when the Treasury, The Admiralty and the War Office have not been able to agree on the claims with the representatives of the Civil Servants; that one claim conceded leads to others by people in analogous or contiguous grades; that the Court is concerned rather with comparisons of grades than with the whole basic arrangements and proportions already existent. The principles, so far as they are stated in support of the award, (but we do not really know whether these actually were the *motivating* forces of the Court's judgment) were these:

(a) regard must be had to the economic harship contemporaneously suffered by all outside employment, and the civil servant cannot be given a more eligible position than that;
(b) there is a presumption in favour of a rise in pay if the rise does not put new burdens on taxpayers or ratepayers;
(c) for a rise in salary, special hardship of any kind must be proven in relation to comparable grades, employments, localities;
(d) the net comparative disadvantages of a trade, e. g. its dirtiness, its noise, its detrimentality to health, its excessive responsibility, form good grounds for additions of pay;
(e) where special and unavoidable expenditure is imposed by the conditions of service, e. g. extra travel, lack of housing, removal expenses and allowances must be added to pay;
(f) as regards the "fair wages" principle of the Government, this must be taken not in the letter but in the spirit, and it would then imply "a greater degree of stability in wage rates than is usual in commercial undertakings," and so there would be no immediate or exact adjustment of conditions inside and outside the Civil Service.

But it must also be said that the Court has also based its judgments on other principles:

(1) Sometimes, when the State would have to suffer extra burdens, even in times of distress, where they deemed the nature of the duties to require higher payment, they awarded it;
(2) Sometimes it has accepted the simple demand for a "higher standard of living" as the controlling principle; and sometimes it has rejected this on the ground of "business depression," or, in other words, the condition of industry in general.
(3) More often there is what may be called the "craft" principle, that is, the appeal to what people exercising the same or a similar craft outside government employment are receiving.
(4) The battle between the "standard of living" principle and "the prosperity of the nation" is well seen in Decision No. 743 (November 1922). "The State may have certain duties towards its employees

which in some circumstances might properly differentiate it from a private employer whose action is directly determined by economic necessity and the state of the market. It would be nobody's desire to see these higher considerations weakened in any way. At the same time difficulties clearly arise if State employees of a given class or trade are placed in a permanently and substantially *(notice this term —it shows the difficulty of measuring small but real differences—* Author) better position than that of workpeople of the same class outside... while however it may be necessary that a *broad and general similarity (notice these terms*—Author) between the positions of those inside and of those outside the Government service should be maintained, it does not appear to the Court that such a principle necessitates following faithfully and minutely every change of wages either upwards or downwards that occurs in private employment. It is not unthinkable *(notice with what little positive assurance the Court approaches this problem*—Author) that the conditions and circumstances under which productive work is carried on by the State may be found to be consistent with a greater degree of stability in wage rates than is usual in commercial undertakings."

(5) Yet that judgment appears to sever the principle of comparison between those inside and those outside the Government Service: the judgment does put Government "productive work" into a separate category.

(6) Moreover, cases have been brought, resting for their validity upon a *comparison of grades within the Service* only, and without comparison of the claimant grade with the conditions of outside employment.

(7) The Court has, in fact, been necessarily drawn into a discussion of the relationship of the formal qualifications and the difficulty of the work and the grading in relation to pay.

The Treasury, where the Court gives an award against its view, is obliged to implement the award.

The pay scales which we set out in the early part of this survey were the result of the application of these various principles by these various agencies, and, as we have seen the Select Committee on National Expenditure of 1921 thought that the pay was certainly not excessively high or low. Perhaps a more considered view of the matter is obtainable from the Report of the Royal Commission on the Civil Service of 1931[20]. The

20 Cmd. 3909.

Commission accepted the test of "fair relativity" as contained in Award 1325 of the Industrial Court and as quoted earlier in this survey. The Commission admitted the impossibility of accurate comparisons owing to the immeasurability of the kind and quality of different kinds of work, but thought that "general" comparisons were possible. It insists that "Civil Service remuneration should reflect what may be described as the *long term trend*, both in wage levels and in the economic condition of the country. We regard it as undesirable that the conditions of service of civil servants when under review should be related too closely to factors of a temporary or passing character." The Report insists upon the unavoidable necessity of classification with pay scales related to grades, thus making it impossible to vary the pay for small groups or for individuals with special duties a little above or below the normal for the grade. (Let it be noticed, therefore, that the pay must be fixed, as it would be in a large scale organisation outside the service, at an average which will not discourage and aggrieve the more talented worker, or overpay the untalented slack worker. The need also imposes special vigilance that none below the average level work the average pay should be let into the Service—yet this is difficult to avoid.—Author.)

The Royal Commission denies the value and refutes the desirability of the "model employer" principle[21]. Its view is this:

"In seeking to define the relationship which should exist between the State and its employees, the phrase 'a model employer' or 'the model employer' has frequently been used. We find that different interpretations have been placed upon this phrase. Some have used it as meaning an employer who in the matter of conditions of service is ahead of other employers; others as some one in the first flight of employers; others again have used the phrase in order to emphasise the responsibilities of the State towards its employees.

We think that a phrase which lends itself to such varied and contradictory interpretations affords no practical guidance for fixing wages or for indicating the responsibilities of the State towards its employees."

Their conclusion is "that the present general standard of remuneration of civil servants is reasonable in the light of the wage levels now prevailing and calls for no substantial revision."

As regards the *Bonus for Cost of Living System* the Commission recommended its abolition and the consideration of salaries, on the grounds that:

---

[21] Let it be observed that the Royal Commission sat and heard evidence during the slump of 1929—1931. It is a not unjust question to ask: Did not the Commission report on these and other matters with reference "too closely, to factors of a temporary or passing character?"

(1) It was unfair to secure to one class in the community shelter from the fluctuation in real, as distinct from money, wages, when the rest of the community worked under a different system.

(2) Difficulties arose out of the wholesale revisions necessary every 6 months, *for the whole service* without differences between classes and grades, and then, on only a part of the salary—the fluctuating factor.

(3) The Index Number is based on elements of a household budget appropriate to some, but differently appropriate to the diverse groups in the Service.

(4) Instability of remuneration causes instability of temper, and when prices fall there is a rise in discontent.

They recommend consolidation at once and a complete review early in 1934, up or down according to the economic situation then. Two dissentients on the Commission approve consolidation, but demand the institution of machinery for automatic periodic revision. Commencing with the Basic Salary of £50 and going up to £2,000, the Commission recommends the consolidated rate to be the present Basic Rate with a percentage increase. At £50 the percentage increase is 60% and it then proceeds degressively as the Basic Salary rises: e. g. at £100 it is 55%; at £150, 42·5%; at £200, 36·3%; at £400, 26·9%; £700, 20·7%; at £1200, 12·5%; at £1500, 10%; at £1800, 8·3%; at £2000 and over, nil.

B. *The Pay of Women.* Two other questions need discussion before we proceed to a general comment upon the principles and machinery: the differentiation of pay between men and women and the principle of non-contributory pensions.

First the extent to which women are employed in the Civil Service, that is, whatever the principle of payment, the width of their opportunity to find State employment. Before the war there were about 65,000 women employed in the service; excluding those employed as matrons, nurses, Post Office non-clerical, manipulative, and industrial workers, there were only 4,000 women, of which 3,000 were employed as women or girl clerks in the Post Office, 300 as women clerks in other departments, 600 as typists, and the rest in certain special supervisory, inspectorial and investigation duties. The competition for entry was separate from the men's competitions and special to the women. Moreover, women were segregated on particular sections of work. In 1914 the Macdonnell Commission on the Civil Service recommended that the principle to be adopted was "to secure for the State the advantage of the services of women wherever these services will best promote its interests." In so far as this principle called for the employment of women they should be freely employed, *but* the object was not specially to provide employment "for women as such." They thought that women might especially be employed with advantage in the social welfare branches relating to women and children, that they should be eligible for employment in museums and libraries, and moreover that as regards the general clerical, executive and administrative positions a special enquiry should be held by the Treasury. They accepted the principle of segregated work, and special examinations for women.

During the war immense numbers of women entered the Civil Service, even as in private industry, and proved their capacity to do work hitherto reserved for men.

In July 1919 there were 170,000 women in the Civil Service. But many thousands were dismissed to make way for returned men and ex-Service candidates. This led to great disorganization, and there is still no systematic policy on the subject. The Reorganization Committee recommended that women should be employed in the clerical, executive and administrative classes along with men, with equal status and authority and with separate establishment lists and lines of promotion; and exclusive entry into the Writing Assistant and Typist Grades—but without identical salaries. "The minimum of the basic scale in each class should be the same for women as for men, and the incremental rates should be identical *up to a point.*" Parliament had in 1919, by the Sex Disqualifications (Removal) Act provided that "a person shall not be disqualified by sex or marriage from the exercise of any public function, or from being appointed to holding any civil or judicial or post..." except that regulations could be made "providing for and prescribing the mode of the admission of women to the Civil Service of His Majesty" and "giving power to reserve to men any branch of or posts in the Civil Service." In 1921 the House of Commons passed a resolution that women should be admitted into the service under the same regulations as provide for the mode of admission for men: "*Provided that* such candidates as qualify be *allocated with due regard to the requirements of the situation to be filled.*"

There were thus sufficient excuses for women to be kept out of the service, on good grounds or bad, by the men who governed the service. Thus women are excluded from: the Diplomatic and Consular Service, the Dominions and Colonial Office, the Defence Departments in the Administrative Grade; from the Defence Departments in the Executive Grade, and in various Departments, the Executive class and the Clerical Classes accept women either in general or special competition much less freely than men, often excluding them altogether. There is open entry for Inspectorships of Taxes. Officerships of Customs and excise are reserved to men. We append a list showing the numbers of women employed on April 1st, 1929[22]. The policy may be described as one of experiment with caution and a little jealousy.

Now, as regards the principle of payment. The Treasury has paid the lowest amount compatible with getting the servants it wanted; and it has followed the private practice of offering lesser pay than to men. It was the more easily enabled to do this by any artificial restriction of the posts open to women in the Civil Service which it was able to effect, for the smaller the opportunities of employment, granted the pressure for employment, the smaller the effective pay. The Macdonnell Commission could not see that the Treasury possessed a definite theory of relating less efficiency with smaller pay, though they (the Majority) were apparently convinced that women's services (except in higher branches) were "less efficient on the whole than those of men." The Minority of the Commission put the principle more sharply, and added other considerations. They based their judgment that salaries for women should be smaller than for men (1) on outside practice, and (2) "on the whole, and when measured by its output over a substantial period of time, the work of women engaged in a given employment is less productive than that of men," and (3) that the wages of men in the open market were higher because they had family responsibilities, while women, unmarried needed a lesser scale; and (4) if the rates were made equal, i. e. if women's pay was increased, the tendency would be for them *not* to be employed.

As we have seen, the Reorganization Committee differentiated between men and women's pay, once beyond the initial salary, but the Committee offered no theory of their behaviour.

1	Administrative	20		
2	General Executive	163		
3	General Clerical	6025		
4	Writing Assistants	5239		
5	Established Shorthand Typist & Typists	4220		
6	"Other" Executive	542		
7	Departmental Clerical	1887	Total Non-Industrial	75,346
8	Unestablished Clerical	2225	Industrial	3,676
9	Unestablished Typing	3194	Grand Total	79,022
10	Assessors, Collectors of Taxes	77		
11	Inspectors	431		
12	Professional, Scientific Technical	75		
13	Subordinate Supervising & Technical	682		
14	Minor & Manipulative	43168		
15	Messengers, Porters Cleaners	7398		

Such a statement of principle was best provided by the Anderson Committee on Pay and Salaries of 1923[23]. That Committee proceeds on the

[22] Memoranda, Appendix W.
[23] Cf. p. 35ff.

same principle as it applied to men: "the employer should offer women what is necessary to recruit the type he needs and to keep his service healthy and efficient." I cannot do better than to give the rest of the argument in the Committee's own words. "If for the same total cost of pay women do his work better than men, the value of women will appreciate and they will in due course get better pay till the employer finds that at changed rates men suit him in preference to women. If, on the other hand, for every £ spent in pay on a certain operation a man gives a better return than a woman, that work will tend to be reserved for men. This rule of equal pay for equal value is, we think, not only justice, but the one rule that will permanently satisfy men and women, employers and employed, producers and customers.

"The House of Commons' resolutions seem to us to point to the danger of translating the principle of 'equal pay for equal value' into 'equal pay for the same post', which is quite different. Women are newcomers in office work, and it would be dangerous to dogmatize about so novel an experiment, but we see no reason to suppose that exactly the same divisions of work or the same posts or rules that suit men will suit women; the contrary seems more probable. In the early years of her employment it is evident that for work which requires continuity of service a young woman gives less value than a young man of equal capacity and should be paid less. The prospect of marriage reduces the value of her employment to the average young women and her value to her employer. The rule in the Civil Service is to pay women on appointment to the Administrative, Executive and Clerical grades at the same rates as men. In these grades continuity of service is of distinct advantage, and we consider, therefore, that the young woman should be recruited for administrative, executive and clerical grades at a lower rate than the young man. So far as we äre advised, the Civil Service would have no difficulty in recruiting educated women of the type they require at less rates than men, and the pay of women would still be higher than they could normally obtain elsewhere.

According to the Civil Service rule, women in these grades rise at the same rate as men for the first three or four years and thereafter less rapidly to a maximum about one-fourth below the maximum for men. As the woman grows older and the risk of marriage decreases, her value in work which requires continuity of service should rise in relation to the value of a man, but, as we have indicated above, it is still an experiment to employ women in the superior clerical posts and, while we have had some valuable evidence on the relative output of work by women and men in railways and banks and other work above mere routine, we have not found any large employer who considers that in these operations the average woman is worth as much as the average man. It seems to us, therefore, that the relation now existing between the pay of men and women in these grades in their later years of service roughly meets the present situation, and that in the meantime the greatest service the State can do to women is to allow them to prove in work which suits their physique that they can show initiative and the power to take responsibility and to prove in actual practice their relative value to the value of men. We have no doubt that in the Civil Service, as in every other well-managed service, proved value will be recognised in better pay."

It will be observed that the Committee regard women as Civil Servants only, and not as women, and they are concerned not with the politics of the relative social positions of men and women, but solely with payment for proven efficiency. It will be noticed that they hardly approve of the difference in men's and women's increments, because they consider that the longer a woman remains in office the less the chances of her leaving it for marriage or other occupations, and hence the State has the assurance of *continuity* in her work and should pay for it. But they do not see the necessity of equal pay on entry to the service. They see no reason for differentiation of pay in the Writing Assistants Class and Manipulative Work (sorting, shorthand and typewriting, office machinery, telephonists and telegraphists, etc.); women suffer here less under irritation and monotony than men, and continuity is of less importance than in the more intellectual grades.

The Royal Commission of 1931 recommended[24] a breaking down of many of the existing barriers to the employment of women, and the evidence before it, did indeed show that the barriers were in many cases simply the result of masculine unreasonableness. In the military departments, and where excessive travelling was required, where detective work was necessary, it approved the barriers. Otherwise, not. The Royal Commission also thoroughly reviewed the question of "equal pay for equal work." The claim was that men and women should receive the same rates of pay "when men and women were employed in the same grade on the same or equivalent duties." This was the claim made by various women's associations and indeed by the representative organizations of the Civil Servants, men as well as women. The term of the claim must be carefully observed. It does not refer to any comparison of actual efficiency of men and women, to actual output, to productive worth to the State. It is concerned simply with a "rate for the job," the general rate prevailing for the whole grade, without any more regard to differences in productivity between men and women than is normally paid to differences

[24] Report, pp. 117ff.

between more capable and less capable men Civil Servants. It was also argued that the existence of a large class of women paid at lower rates constituted a standing danger to the lowering of men's rates. The Treasury resisted this statement of principle, and supported its position by reference to practice in the world of commerce, and the impropriety of acting otherwise than on the basis of "fair relativity" with outside conditions.

The Commission could reach no agreement on the subject, and divided almost equally. Those who would not recommend the introduction of equal pay acted on these grounds: (1) the additional expenditure involved estimated directly at £3,000,000 a year; and if extended to teachers another 5½ million pounds a year. This was an almost purely temporary agreement, depending on immediate economic distress, and was brought forward by the Treasury with emphasis; (2) there is no reason for doing in the Civil Service what is not done in outside employment, and in outside employment, with rare exceptions women are paid less than men (but the Commissioners admitted that the work upon which men and women were engaged was not strictly comparable and that women were frequently employed on inferior duties); (3) there was the feeling that women were less efficient than men (e. g. the greater sick leave for women); (4) the view was expressed that if equality were introduced it would be only a rate intermediate between that of men and women now prevailing; (5) to combat the argument that equal efficiency might be expected from people recruited by the same examinations at equal standards the Commissioners argued that only about 12,500 out of 78,500 non-industrial women civil servants were appointed by common examinations, the rest by special examinations, that if the argument were accepted it could only be applied to the 12,500 it would also, by sympathy, tend to affect the pay of the rest to whom the argument did not apply, but that, in fact, the argument did not apply to any, because the system of competitive written examination *(on a wholesale scale*, the Commissioners should have added—author) was instituted principally "to overcome the abuses which might arise under any other method of appointment." The inference is that the method of appointment is no perfect and exact test of productivity. Hence, it is no title to pay.

Those who recommended the introduction of equal pay said that (1) the present discrimination was not based upon different productivity but difference in sex, and this must act as a deterrent in the long run on the entry of the most talented women; (2) the examination *is* a test of efficiency, the nature of the work is specific and thorough and women are fully capable, as experience shows, of doing it; (3) common entry into the service and common work distinguishes the service from outside business, where the work done by men and women does differ in character; (4) great weight is attached to the Civil Service principle which has even been stated by the Permanent Secretary to the Treasury that "in the service pay is not related to individuals but to *ranks*." "In practice," say these Commissioners, "women who gain entry by examination are on its results assigned to ranks in which they are doing precisely the work done by their male colleagues;" (5) the "fair relativity" principle is repudiated.

The differences in pay, accordingly still exist, and the Treasury is no doubt influenced by the expenditure necessary to produce equality, but more so by the fact that plenty of people are available at the prices offered. There is, and perhaps always will be, in the background, the belief that women by their nature are, on the whole, more liable to sick leave, to break under a strain, to produce a smaller volume of work of equal quality, and to leave the service early and involve it in the necessity of getting a new worker with all the attendant difficulties of training and adaptation. There is always the obvious difference of sex and the belief that women are weaker and less capable than men, and it makes discrimination easier to effect and support than as between men in the same grade.

C. *Problem of Pensions*. It is difficult to find a rational statement of principle regarding the non-contributory nature of the Pensions Scheme. The system seems to have been stumbled into without adequate consideration as a derivation from the principle that the state looks after its servants and wants, at the same time, a means of securing their fidelity and efficiency and life-long service[25], although Parliament, from time to time, prior to 1859, caused deductions to be made from Civil Servants salaries for purposes of "economy." From early years of the 19th century, further, the Treasury claimed the discretion "to adapt the allowance to the individual merit and particular circumstances of each case," within the maximum. This claim was obviously incompatible with regular deductions from pay, which were in the pure nature of contributions. Various Royal Commissions, e. g. in 1857 and 1903, tool a view different from the Treasury: they held that the pension was, indeed, simply deferred pay based upon a contractual obligation. The Royal Commission of 1931 suggested three reforms: (a) the limitation of the Treasury's discretion, (b) to facilitate retirement from the service, (c) that pensions shoued be contributory. As to the first reform they recognised the need for Treasury discretion, but wished to confine it "within the narrowest

[25] Cf. Nixon, The authentic History of Civil Service Superannuation (London, 1931).

limits"—entirely within the manner of the *Rechtsstaat.* Especially was the Commission hostile to punishment of an official not immediately upon an offence, but upon retirement. It reported in favour of a contributory system on the grounds that at present the employees contribution is only "inferential or national," whereas a clearer relationship would writ, for both parties, with "a specific contribution of definite amount." A contributory system permits of easy retirement: this may be detrimental to the State by depriving it of the services "in responsible posts of mature experience." At the same time, if the scales are too heavily weighted against voluntary retirement, it may be that persons will remain in the service who would employment outside better suited to their abilities." Such a contributory system would permit of a variety of benefits for various eventualities, death, illness, compulsory or voluntary retirement, and provision for widows, orphans, or other relatives.

D. *Complexity of the Principles.* Thus the principles of remuneration are apt to be complex, and though the controlling principle appears to be the attempt of the Treasure to secure Civil Servants at the lowest possible rate consistent with original and continued efficiency, we see that, in fact, other principles do operate. But no one can say to what extent other considerations do weigh with the Treasury. No exact measurements or comparisons are possible. The utmost we can say is that for the money the Treasury gets a certain efficiency: what would, in fact, happen if the rates of pay were diminished by such and such a percentage, whether there would be a wholesale flight from the Service of the most capable, and a consequent disaster, and what would, in fact, happen if the rates were greatly scaled up, we are not in a position to say *exactly.* We must always remember that in the Civil Service we are dealing with a productive mechanism whose effort and productivity are not spontaneously determined in quantity and character by the producers' *anticipation* of what he can sell, but by the pattern imposed by Parliament. It is restricted productivity, and the measurement of the relationship between such productivity and rises and falls in pay is more inexact than in private industry.

We, therefore, see inherent difficulties in the fixing of remuneration.

E. *Promotion.* It is difficult to come upon a satisfactory and unchallenged measure of the monetary worth of a class of Civil Servants compared with all other classes; and so one fixes a scale per grade in relation to the tests to be passed. Within each grade comparative measurement largely ceases, except where work is done beyond the normal number of hours. But a difference is supposed to be measured for three purposes, the grant of the annual prescribed increments, for promotion, and for pension. According to the Order in Council governing the service increments can only be given provided there has been a positive show of efficiency. Thus distinctions are made between servants, but we have no statistical statement on which to found a judgment. There is a widespread belief that the increments are largely automatic. Not the same thing can be said of the reports regarding promotion, whether from the Junior to the Senior Grade of a Class, or from one Class to another. Of course, not all claimants can be promoted; the chance is limited to one out of several. Hence deliberate selection, and therefore deliberate comparison and judgment must be made. The British Civil Service rejects the principle of Seniority as the title to promotion. The Promotions Committee of the National Whitley Council (August 1921) agreed that the consideration ruling all promotions should be the advancement of the efficiency of the public service, and that this can only by secured by determining promotions on the ground of fitness... on promotions to posts in which the work is of a routine character seniority should be allowed more weight than in the case of promotions where greater responsibilities and initiative are involved." Thus Merit and Efficiency are the ruling considerations. The Promotion System revolves around the Annual Report Form and the Departmental Promotion Boards. Posts with a salary of less than £700 a year are involved.

It prescribes a number of human qualities, Knowledge (a) of Branch, (b) of Department, Personality, and Force of Character, Judgement, Power of Taking Responsibility, Initiative, Accuracy, Address and Tact, Power of Supervising Staff, Zeal and Official Conduct. But the relative importance of these qualities varies with different posts, and the fitness of an officer for promotion depends upon his personal combination of those qualities requisite to the work in the vacant posts. The further down the scale of routine work for example, the more would Knowledge of Branch and Accuracy count; where the official comes into contact with the public Address and Tact would be "weighted;" in the management of other people, Personality and Force of Character and power of Supervising Staff would stand out. These qualities are then judged by the certifying officers as above, below or on the average of, the grade. Exceptional qualities, good or bad, are included in the report. A judgement is then made whether the officer is (a) eminently fitted for special and early promotion, (b) fitted for promotion but not for exceptional promotion or (c) nor fitted for promotion at present. If an official falls under the third judgement or is below the average of the grade through faults entirely his own, it is part of the equity of the scheme that he shall be informed of this.

Vacancies for promotion are made known through the Promotion Boards which exist in almost every department. The Boards normally consists of the Chief Establishment Officer or his Deputy, the Head of the sub-department in which the vacancy occurs, and one or more other Departmental officers of experience and standing nominated by the Head of the Department[26]. In practice, of course, the only person who is likely to possess real knowledge of the candidate is his immediate supervising officer. The Board is compelled by the nature of its everyday preoccupations to rely upon his exact knowledge acquired in four or five years of critical observation than what it gleans from the Report Forms and conversation in a more or less hurried interview. Where it is necessary, additional evidence is called for, especially from the staff side of the Whitley Council of the department or of the district or office concerned. Any officer may make representations to the Head of the Department in regard to any promotion that has been made affecting him and the case is dealt with by the Head of the Department himself, with or without assessors, who remit it to the Promotion Board, or to a special advisory body for consideration, and from recent evidence before the Royal Commission on the Civil Service it is plain that a considerable amount of informal appeal from decisions is permitted. The members of Promotion Boards consider their duties among the most onerous they perform, for they are virtually condemning one or more aspirants to years, even decades, of their old work and a sense of frustration.

What is gained by this attention to promotion? There is of course no complete exclusion of favouritism. For, if Reports and Personal Records are drawn up, yet some one has to do this, and the personal factor still persists. But certain things are gained. The first is regularity of report: this means that there must be recurrent attention to the relative merits of subordinates; the deliberateness at stated intervals conduces to conscious attempts at distinction, and though I have heard that in England and the USA. there is always a tendency for the certifying officer to tar all with the same brush, so that the total marks tend to prove that all are equally meritorious distinctions are made. The qualities mentioned in the British Report Forms break up the vagueness of judgment into a number of more specific questions, answers to which can only be given by close attention to their purport. The second gain which underlines and makes effective the first is the heightening of responsibility brought about by the pos-

[26] These arrangements are now described, after some years of operation, in the various memoranda submitted by the Permanent Secretaries to the Royal Commission C. S.: and the evidence given before the Commission shows that they have been maintained with very great loyalty to the best interests of the Civil Service.

sibility of a representation against a flagrantly unjust promotion[27]. And, thirdly, the staff feels that this dispensation reduces the possibility of jobbery that they are having a "square deal," that causes for suspicion, and that furtive backbiting which is as bitter as gall in any "closed" occupation, have been much diminished. The Royal Commission of 1929 has met the claims of Civil Servants even further—the precise terms of an adverse report are to be divulged, and sympathetic consideration is to be given to the institution of Departmental Boards of Review which will include a staff nominee (Report, 1931, p. 78). These are important gains and well worth the time and energy expended upon the operation of the system.

F. *Increments of pay.* Even with this system, however, the problem admits of only extreme rewards or punishments—i. e. the increment, *as prescribed,* or a refusal of the increment, the promotion *as prescribed,* or no promotion; there is no possibility of a more sensitive adjustment of the reward or punishment to the specific value of the person—one-half or one-quarter the increment, or promotion with less than the normal increase in pay. Nor could more than the prescribed amount be given even where it was merited. To give an unlimited discretion into the hands of the higher officials, and to let loose ambition in the services, would ultimately cause the aggregate of salaries to rise or fall. Parliament would be presented with fluctuating estimates, and ought to examine the causes of flluctuation and attempt to relate the efficiency of the services to the increases or decreases. But that is impossible where the staff is so large and the services are not rendered to the public upon a price-system. If Parliament did not control, but permitted taxation to be raised to meet the increases without discrimination, I think we may take it that the salary bill would steadily rise. Or, suppose that it were forced down, there would be dissension among the staffs insupportable where the services to be rendered are as basic as they are said to be. The only egress from this difficulty, and, of course, it is the one taken by public services everywhere, is to lay down from time to time a set of conditions of employment which will operate fairly automatically, i. e. to limit the discretion of the superior officers and opportunities and ambitions of the subordinates[28]. In private industry the variations of price, quantity and the quality cover all good and evil: in the public services the elements

[27] The evidence before the Royal Commission, 1929, shows that such representations are made in individual cases.

[28] The system of "lump-sum appropriations" to a head of a department, which permitted him a fairly wide discretion regarding rewards in his department, was roundly condemned in the USA. as productive of serious inequity between men working in different departments. Cf. *United States Reclassification Commission Report,* 1920, p. 52.

of good and evil in the conditions of employment largely predetermine quality and quantity. Public accountability limits the number of permissible alternatives in employment policy. Further, in a "closed" service, that is closed off from the chances of independent development by the individual of useful, and money—or prestige-earning, services, the sense of interpersonal equity tends to become very strong, so that considerations of justice and fairness assume an important place. Hence a special emphasis upon impartial tests of the right to promotion: "If we are dependent upon our superiors and not upon our own capacity in relation to the outside world, then our superiors' judgement must be subjected to equitable rules." It is, finally, impossible to measure the propriety of the opportunities for promotion in the Service. The subordinate ranks always complain that there are too few opportunities; yet there are many, but, these, *in relation to the demand* seem few to ambitious people.

When we review the experience of the principle of "fair relativity" with outside employment, we see various difficulties: the pay may be known, but the amount of work in terms of *intensity* of application, and the numbers in the organization, are not easily measurable. There is the further difficulty which the Industrial Court has all along confronted in private industrial arbitration as well as in the public service: is the Court to have regard to the employers with the best equipment and organization or the worst as the criterion, and is it to go by the *utmost* the employers could bear in wage-rates, is it to take a cautious or a sanguine view of the consequences to the market? Moreover, although the Treasury has some machinery for watching the open market rates it is not highly developed, and the Industrial Court has certainly no apparatus for the careful investigations that are necessary if a right judgment is to be reached.

Whatever the Court may say in support of its judgments we wonder if it is really able to reveal even to itself its own motives: it has always acted in a humanitarian spirit, that is, with a tendency against reduction of pay, and where possible in favour of a rise. Beyond a certain point, however, the Court does not appear to have any further interest in, and it cannot be bothered with, *minute* calculations, and it must be admitted that it is a mystery how it really arrives at the extra shillings per week or pounds per year.

Then political considerations arise, that is, the general conjuncture of events and feelings regarding the present situation of the State and the ultimate propriety of State activity. For example, the argument not to pay women the same rates as men, because it would cost another £3 million pounds; and again the withdrawal of the marriage gratuity to women; and again the increase in the number of hours of work *per diem;* and again the varying willingness or unwillingness to make wholesale reductions of salary to meet exceptional distress in the State budgets. But this consideration applies especially to *numbers* in the Civil Service. Consider, for example, the attitude of the business-men on the Anderson Committee:

"We are full of respect for the work of Civil Servants, but in a business which expends £75,000,000 per annum in pay, and where the pay-roll has increased in nine years by £44,000,000, there must be great accretions of unnecessary work. In a private business this deck cargo of duties which have become necessary is thrown overboard when it becomes too heavy, or the business sinks when bad times come upon it. Our public business is so huge that no one except Parliament can order reform, and, till Parliament gives the word, duties which need never have been imposed or have long since lost their value employ the staff who still have to be paid."

"The group is interesting for another reason. The cost of some Civil Servants may be measured in their pay, but others—and notably many of the Inspectors—swell the pay roll all round the industries they inspect. It is impossible to estimate how many millions are involved in spending £5,500,000 as we do in 1923 on Inspectors—nor need anyone complain so long as the public who pay the bill are satisfied that all this inspection is necessary. It is, however, appropriate to our enquiry to point out that this indirect expense exists—an expense often out of all comparison with the pay of the Inspector—and that both the direct and indirect charges have to be met out of the same purse. The public as taxpayers pay the salaries of the Inspectors and as consumers, the indirect cost with which these inspections burden industry. Without touching on policy we suggest that the Government should limit as much as possible the number of Ministries which have to interfere with each industry. It is in our view bad business that several Departments should be employed in carrying out inspections of one industry when it would be possible to focus the demands of Government in one inspection. Reform on these lines would, we believe, reduce the direct cost of pay of Inspectors and would relieve the public of a still greater indirect expense."

Again, observe the judgment of the Select Committee on National Expenditure of 1931:

"New duties are constantly being imposed on the Civil Service and the reductions carefully and laboriously achieved year by year are frequently undone by a single Act of Parliament or Ministerial decision. Most of the decreases referred to in paragraph 45 have in fact been subsequently swept away in subsequent increases. The Anderson Committee in 1923 reached the conclusion that the immense increase in the Civil Service pay roll had been imposed on the taxpayer for reasons which commended themselves to various Parliaments before and since 1914 and that no power except Parliament could materially reduce the load. We reach the same conclusion to-day. We believe that the Civil Service is economically organised to carry out the duties which Parliament has imposed upon it. Only Parliament can reduce the burden of those duties."

"And the cost of carrying out those duties is increased by the special handicaps under which the Civil Service labours. We do not think it is generally appreciated how many restrictions hinder the free working of the Civil Service machine. Ex-Service men receive preferential treatment—a policy which departs from the former policy of selection solely by competence. The insatiable thirst of members of Parliament and the public for all sorts of detailed information necessitates the keeping of statistics more elaborate than are necessary outside the service. Parliament, through the Public Accounts Committee, prescribes by long tradition standards of accuracy and of procedure in matters of accounting which may be desirable in principle but are the reverse of simple in practice. Clearly a change of practice under any of these heads would involve serious issues of policy requiring far more detailed consideration than we have been able to give. We understand that considerable progress has been made in recent years in reducing clerical labour due to unnecessary checking and verification of records and accounts. Favourable consideration should in our view be given to carrying this process further."

Thus the larger the numbers the greater the pressure, either actual or psychological, for a restrictive control on salaries; for, it is argued, if the numbers are inevitable let us at least see that the total pay is as little as possible.

Three other things need mention. First, no class in the service has ever definitely asked for a decrease in pay on the ground that it feels it is not worth more by comparison with other grades. Secondly, the sheer inertia and habit of mankind expressed in the unwillingness to change jobs gives the Treasury the power to keep pay below what it should be. Thirdly, the 40 or 50 top men of the Service who get between £1500 and £3000 per year could earn from £500 to £20,000 a year in outside business. They give unlimited service of the most precious quality, and inspiration to their colleagues and subordinates, for comparatively small sums.

Part IV

Comparison with outside Industry, and Additional Considerations

1. *The purchasing power of the salary compared with that of private industry.* We have already seen that three committees of enquiry, one in 1923, and the others in 1931, and besides, the Industrial Court continously, have judged that with the exception of small details occasionally, the pay of Civil Servants has been neither excessively high or low in comparison with the trend of outsidee pay and the economic condition of the country. This is largely accounted for by the variable factor of the Cost of Living Bonus, if we reckon in terms of money wages. A part

of the salary, the Basic Part, represents, as the Index Figures given in an earlier part of the study show, a continually depreciated aggregate in term of real wages, less, of course, for the smallest incomes than for the larger owing to the different proportions which the Basic Salary bears to the total salary. Wages and salaries have come down very sharply in practically every branch of industry, commerce, and trade, and it serves no purpose to give exact figures of this, and it is noteworthy that in the claims which Civil Servants made for better treatment they do not press any comparison with the fate of those in outside occupations: their arguments are that there are characteristics inherent in the Civil Service that entitle them to different treatment. What they actually argue we shall state later.

2. *The prestige of public service.* There are one or two considerations which we must add if we are to have a true perspective of Civil Service conditions. One of these is the insistence by Treasury officials, committees of inquiry and publicists generally that there is a dignity and prestige inherent in the Service, and that the Civil Servant ought to accept this as a subjective satisfaction weighing against full monetary payment for his productivity. The conception is very important, especially in the ideas of those who look forward to the extension of state activity and a "planned economy," and it is one of the hopes of an exit from the pure economic acquisitiveness of our own age. There is no doubt that the public service in England always possessed a great prestige because of the social importance of its work, and when the Service was small and manned in its upper ranges by people of wealth and family, nothing existed to reduce the fulness of this sense of dignity. But in the last thirty years a great change has come over the Service: there is the unqualified onset of the career open to the talents with the Civil Service offering a livelihood in competition with other professions, and at the same time there is always the unfortunate ignorant clamour of members of parliament and the Press against the Civil Service. The former factor tends to intensify the judgment of the worth of a profession in monetary terms alone. The latter tends to put Civil Servants into a condition of sullen defensiveness. They are not praised by the agencies of publicity, they are continually insulted and chastised. The reason in simply the ignorance and brutality of the critics. Members of Parliament know too well their own helplessness in the creation and execution of policy, they know too well the real source of well-being in the State—the Civil Service. Jealousy prompts them to insult the Service. But they can also gain prestige with their electors by taunting the "bureaucrats" with "waste" and "red tape." They are able to do this because the official, at some time or another, as

an inspector or a tax collector or a medical officer, or a customs official, comes to take away, not to give—it is in the nature of his task to limit one's freedom and to take away one's property. There is no understanding by the aggrieved citizen that the action is for the benefit of certain individuals and groups in the background. The deprivation is immediately, and materially experienced, but the benefit to society is less easily appreciated, for it is social and diffused. And, on top of this, one actually has to pay salaries and pensions to these people through taxes and local rates! All economic producers and distributors curse the agency which comes to control them for the public benefit. Hence it is easy and popular to insult the Service, and, of course, the Press, which is largely the instrument of forces which want *laissez faire* spreads these insults daily. The best we can say of these forces is that they must be forgiven, for they are profoundly ignorant of the conditions which make our civilization at all possible. To these factors must be added a third: the rising social prestige of industry. On this point the remarks[29] of the Association of First Division Civil Servants (the Administrative Grade) are admirably apt, and they represent, of course, what this Grade feels about the argument regarding the prestige of the Service:

"The gradual decline of aristocratic traditions, a process accelerated by the economic changes resulting from the War, and the great development of the importance and prestige of business undertakings have, however, transformed the situation. The old prejudice against business employment has disappeared and, as was indicated in the evidence given to the Royal Commission by the Civil Service Commissioners, University graduates who have been educated at the leading Public Schools now show a marked preference for such employment."

"It has been suggested that the idea of public service as distinct from employment in profit-making industry or commerce has in itself an attraction to many young men to which weight should be given in the present connection. We recognise that this source of satisfaction exists, but we believe that the value to society of business enterprise is now so fully accepted that the attraction of direct service to the State can no longer be regarded as a substantial factor in weighing the advantages of the Civil Service against those of other occupations."

"To sum up, therefore, we submit that the Civil Service no longer enjoys the superior prestige which it formerly possessed as compared with business employment, and that men who enter the Administrative Class find themselves at no advantage, whether as regards social position or professional status, compared with their contemporaries who have entered other occupations. This important element of attractiveness, which formerly enabled the State to compete on favourable terms with external

---

[29] Cf. Statement, Appendix VIII to Minutes of Evidence, Royal Commission on the Civil Service (1929—1930), pp. 33ff.

employers, has therefore disappeared, while the other advantages commonly attributed to the Civil Service are shared by a large range of outside occupations which now compete with the State for the services of University graduates."

"At the beginning of this century employers were, for various reasons, generally unwilling to employ University graduates and a first class honours degree had as a rule little commercial value. There is ample evidence that the position has now changed, and it appears that the change is at any rate partly to what is described by Mr. Kenneth Lee, the Chairman of the Total Broadhurst Lee Company, as the business revolution of this century under which family concerns and private companies 'are rapidly merging into huge business corporations which are beyond the «one-man management» in their detail, scope and outlook, and can be worked only by a right ordering of responsible experts controlled by a higher administrative board.'"

3. *The attraction of private industry on public administration.* The result is a claim for monetary rewards as good as those obtainable in comparable outside professions and business, or the expectation that the quality of recruits will decrease. Indeed, the First Division Civil Servants show that the quality of entrants into the Administrative Grade has deteriorated in the last few years. Their statement is so important and the argument is so fraught with grave consequences to the State that we quote it in full.

"It may be asked whether we have any evidence that the quality of the successful candidates for the Administrative Class has in fact fallen off as a result of the competing attractions of other forms of employment. The answer is not easy to give, as the Administrative Class Examination was not reintroduced until 1925, and the number of vacancies filled from that Examination during the last 5 years has been comparatively small. The evidence of the Civil Service Commissioners shows, however, that there has, in comparison with the pre-war period, been some falling off in the number of candidates and in the quality of the successful candidates as shown by the percentage possessing first class honours degrees. As the average annual number of vacancies has been smaller than during the period preceding the War, the successful candidates are drawn to a greater extent from the top of the list, and, other things being equal, the average quality might be expected to be higher."

"Mr. Meiklejohn in his oral evidence to the Commission stated that, in the four years 1907 to 1910, 79 per cent. of the successful candidates for the Home Civil Service had got a First Class of some sort, while in the five years 1925 to 1929 the average for all the successful candidates was 72 per cent. It is understood that these figures include First Classes in Honour Moderations at Oxford and in Part I of a Tripos at Cambridge, but First Class Honours Degrees are usually interpreted as First Classes in a Final Examination on which a Degree can be obtained. On this basis, and taking the same periods as those quoted by Mr. Meiklejohn, we find that during the four years from 1907 to 1910 the percentages of the first 10 candidates in the order of merit who had obtained First Classes were 90, 100, 60 and 90, or an average for the four years of 85 per cent.; while in the period from 1925 to 1929 the percentages were 70, 90, 40, 40 and 60, or an average of 60 per cent. This decline from 85 per cent. to 60 per cent. suggests that there has been something more than the 'very slight drop in quality' mentioned in Mr. Meiklejohn's evidence."

"Moreover, the demand of big business organisations for University graduates is a comparatively new and rapidly growing development, which has not yet had time to exercise its full effect, and it may be expected that as the openings for well-paid business employment become better known the quality of the candidates for the Administrative Class will decline still further unless the conditions of employment in the Civil Service are made relatively more attractive. This is a point to which we attach great importance, and we submit that it is essential that the Royal Commission should take into account not only the present position but also the probable future effect of the development which we have described."

Let it be remembered that the Administrative Class constitutes the chief directive and policy-making body in the Service, and, we may say, together with the Ministers, in the State itself.

We have indirectly, then, raised the last consideration, namely the extent to which employment in the Service is desired at existing rates and with existing conditions. The Annual Reports of the Civil Service Commissioners show that in the Administrative Grade there are scores of applicants for each post vacant, and so for all other grades[30]. In the Typist grade, owing to an error in the drawing of the age-limit of entry too high, too few girls competed, but that is in the process of change.

There is not much loss from the Civil Service to outside employment in the intermediate and lowest ranks of the Service, but of recent years the tendency for men in the higher grades of the Service to accept more remunerative positions outside is increasing. This together with the falling level in the quality of recruits recently is not good for the State. Yet we have seen that generally speaking, the Royal Commission of 1931, was in favour of a pension system which should not discourage those who wanted to leave the Service from doing so.

[30] For example, in 1930, for the Administrative Grade (including Diplomatie and Consullar, Indian Civil Service, Eastern Cadet) there were 357 candidates and 115 appointments; in the Clerical Grade 2091 candidates and 952 appointments; Minor's and Manipulative, 778 candidates and 188 appointments; Tax, Inspectors, 231 candidates, 36 appointments; Writing assistants 2646 candidates, 1234 appointments; Legal Clerks, 60 candidates, 8 appointments; Shorthand Typists, 899 candidates, and 296 appointments. Cf. *75th Report Civil Service Commissioners* 1930.

Part V

The opinion of Civil Service Organizations

We are fortunate in having the opinion of the representative organizations of Civil Servants on the subject of pay and conditions recently uttered—before the Royal Commission.

First, the Administrative Grade. They think that pay is too low, and support the claim by evidence from outside professions of comparable status. They do not entirely ignore the appeal of public service; they do, in fact, insist upon the fundamental need for a high morale in the Service; but they discount the satisfaction-value of the prestige of the service at the present time. Moreover, however, capable a man may be, he is bound to the pre-arranged scale of pay; and having no alternative this should from the origin be put up sufficiently high to attract and help, in full contentment, those who, in ten and twenty years, will have arrived at the fulness of their creative maturity. It is observed that security of tenure is now as great in Banks, Insurance Companies, Railway transport, and semi-public utilities as in the Civil Service, and the tendency is all in favour of the increase of security, whereas the Civil Service is not entirely exempt from retirement consequent upon reorganizations of work. Nor ought security of tenure to be made a central inducement to enter the Service. So also with security of emoluments: the outside world compares favourably with the Service, and the Service is liable to the sudden diminution of emoluments from "political" causes. The outside world offers pension schemes, and salaries which afford a margin even when insurance premiums have been allowed for. As to hours and leave, the formal rules do not square with practice: Civil Servants work according to the volume of work to be done, not by hours, and they work, therefore, at least as long as, and often for longer hours than, business men in positions of comparable responsibility. "'It is not enough to recruit good men. They must be paid enough throughout their career to keep them efficient and the Service healthy.' This aim cannot, however, be secured if men in the higher grades of the Service find that their remuneration and conditions of service compare too unfavourably with those of similar positions in other occupations, and that they are compelled to make inadequate provision for their family responsibilities and adopt a scale of living substantially lower than that of their contemporaries outside the Service."

The Administrative Grade remarks that its Basic Pay was established in 1919 on a pre-war basis, and that as regards the Bonus, the former discriminates severely against the higher grades, giving them very little compensation for the rise in the cost of living and approximately more than before the war the pay of the subordinate and higher grades, although the proportionate responsibility and difficulty of the work is the same. Yet there has been no proper attention to their salaries; in so far as any consideration has been undertaken it has been from a political point of view and not a proposition in the economics of productive industry. This is the view of the Administrative Grade:

The question of the remuneration of the Administrative Class is primarily an economic one. "The State has to compete with other employers in a limited field for the men whom it requires, and it must in the long run fail to obtain them if it does not pay the market price. It is an unfortunate but undeniable fact that questions of Civil Service remuneration, especially those affecting the higher grades of the Service, tend to be regarded as political rather than economic questions, and that any proposed increase of Civil Service remuneration is opposed, or a proposed decrease supported, by arguments which would be irrelevant if the matter were treated solely on an economic basis. To allow such questions to be determined by political rather than economic considerations can only, we submit, confuse the issue. The legislation of the present century has resulted in a great extension of the functions of the State and consequently in an increase in the size and cost of the Civil Service. If it is thought that the process has gone too far the public, through its representatives in Parliament, has the remedy in its own hands. But so long as the work is there it has to be done, and to be done well. We feel it necessary to emphasise this point because we believe that the fear of opposition in Parliament and elsewhere to any proposal to improve the present standard of remuneration of the officials who are charged with the duty of carrying out the policy of Parliament has been largely responsible for the inadequacy of that standard."

Yet judging by outside standards, taking an average in order to discount both the exceptionally small and the exceptionally large salaries, they think that both industry and the Local Government Service show the remuneration of First Grade Civil Servants to be improperly low. The Grade does not demand the level of outside salaries, but thinks that the differences are so great that the "principle of fair relativity" cannot possibly have regulated the present situation. It has been accidentally overlooked.

Taking the present scales (as in September 1930) of salary, the Grade recommends an increase as follows:—

Officials	Present Scale £	Increments	Proposed Scale	Increments
Assistant Principal	299— 671	13	300— 750	12
Principal	887—1101	8	850—1350	13
			950—1350	10
Assistant Secretaries	1205—1404	4	1500—1800	4
Principal Assistant Secretaries	1404—1686	3	2200	Fixed

Permanent Secretaries of course have the fixed figure of £3000 per annum.

With hardly any comment the Royal Commission of 1931 recommended the following scale:

Officer	Scale	
Assistant Principal	£ 275—25—325:30 = £ 625	The entrance level lowered because the age limit reduced by a year.
Principal	£ 800—30—£ 1100	
Assistant Secretary	£ 1150—50—£ 1500	
Principal Assistant Secretaries	£ 1700	
Deputy Secretary	£ 2200	
Secretary	£ 3000	

The Executive Class equally presses for an increase of pay and does so by considerations of the importance of the higher grades of the executive class in the machinery of government, the calibre of the personnel, the relative values of higher executive and administrative work, the length of time since the basis of the present scales were determined side by side with the development of work and responsibility since 1919. They propose:

		Salary
Executive Class	Training Grade . . .	£ 100 by £ 15 to £ 400
	Main Grade	£ 250 by £ 20 to £ 500 (up to £ 600 for special cases)
	Senior Grade	£ 650 by £ 25 to £ 800
	Various titles	£ 850 by £ 50 to £ 1000
	Various titles	£ 1000 by £ 50 to £ 1200

The Royal Commission recommended scales somewhat higher than this, but with some differences regarding grades.

The Civil Service Clerical Association represents the middle range of the service, and includes 25,000 members. The theory of pay it presents is subtle and interesting[31]. It begins and ends with the "model employer" principle, and strongly combats the Treasury principle which, it alleges, is based on the "fair relativity" principle but applied in a more than ungenerous manner, the worst not the best employers being taken as the criterion. The Association denies the propriety of the outside relativity

[31] Cf. Statement of Case to the Royal Commission on the Civil Service by the Civil Service Clerical Association, 1929, p. 80ff.

principle on various grounds: (1) The irrelevance of the factors affecting payment in private industry, among which are (a) the mental outlook of particular employers (b) the degree of organization amongst employers and employees respectively; (c) the extent to which unemployment creates undue competition for work and thereby reduces wage levels (d) the variations in the prosperity of different industries in the same year and at different parts of the same year; (e) the effect of municipal and national taxation; (f) the effect of a Protective Tariff. (2) It is "for the State to set the example to private employers, and not for private employers to set the example to the State." (3) Civil Servants are of different quality than those engaged in private employment in two important respects: (a) "they are picked men and women, and they have to win their places by keen competition amongst their fellows. In probably no institution in the country is the selective process which precedes appointment so keen as in the case of the service;" and (b) the wish of the State that the Civil Servant shall always remain in the Service implies that the conditions to which the Civil Servant shall be bound shall be of a very good kind; (4) The Civil Servant is part of a monopoly Service, and has, normally, no alternative employer to whom he can hope to sell his acquired experience; (5) "The State cannot ignore the consideration of justice," as an outside employer might do, lest there be continual discontent, and lest the social conscience hold that discontent justified. (6) Yet it is recognised that "Service remuneration cannot be entirely unrelated to the standards obtaining in industry and commerce... There are practical limits to the extent to which the State can disregard the general standards of life obtaining in the community generally." But this factor ought to be qualified by reference to other factors e. g. the loss of the great opportunities of outside industry, the highly selected nature of the servants, the existence of very poor pay, practically "subsistence" wages which no shortness of hours and length of leave can compensate for, the State's moral duty to set an example to other employers, a minimum reasonable standard of life.

They proposed a threefold division of the Clerical work:

Junior	£ 80 to £150
Senior	£ 80 to £350
Supervisory	£350 to £500

They, like the Executive Class, urge that provincial differentiation of less wages and longer hours in the provinces than in London shall be abolished—that the cost of living, owing to the growth of multiple shops and standardised products, renders discrimination against the Civil Servants in Provincial Towns unfair.

The Royal Commission followed the Association, but with some differences:

	Scale
Junior Clerical	£ 80 by £10 to £100 and by 18 to £190
Overlapping Grade	£225 by £18 to £175
Higher Clerical	£375 by £18 to £500

	s. d.		s. d.	s. d.
Writing Assistants	27/–	per week by	3/–	by 1/6 to 70/–
Shorthand Typists	35/–	by 5/– to	55/–	and by 3/– to 70/–
Typists	28/–	by 3/– to	55/–	(with certain agepoints where pay is correlated to age.)

It must be remembered that the Royal Commission recommended a contributory pension system which means that, as compared, with present rates, deductions would need to be made from these rates. Further, there are changes in the extent of work of the grades, the numbers in the grades, and the incremental speed and the speed of promotion which have to be taken together with the changes proposed in pay rates. As regards temporary employment the Commission recommended that (1) it be kept within the narrowest limits, (2) that the times of appointment and the actual conditions of service be clearly temporary; (3) forecasting the future, a kind of permanent temporary class, which would not cause long-period redundancy, might be employed, and *pensioned;* and outside this, occasional work, would be really temporary; (4) annual returns should be presented to Parliament of temporary servants of over 3 or 5 years service, in order that a check may be put on such practice, and the Departments compelled to forecast their regular requirements more carefully; (5) real temporary employment should be at flat rates, without increments; (6) a large proportion of those now on a "temporary" footing can properly and without redundancy be made permanent servants—all those serving since April 1926, and those now in service not having served continuously since April 1926 should on completion of 5 years continuous service, or in August 1934, whichever is earlier be granted permanency. The Ministry of Labour demands special treatment since it has seasonal and local fluctuations of unemployment to deal with at the Exchanges. The Ministry takes 4% of the insured population unemployed as the standard to fix the regular staff; above that temporary staff is employed. The Royal Commission obviously considered that 4% was arbitrary, and that consideration of a decade hence would involve a greater permanent staff; and then that nobody should be employed as temporary for more than 6 years. Many existing clerks are to be made permanent.

Part VI
General Commentary

If we reflect upon the phenomena we have surveyed, we observe that there are two main difficulties inherent in attempts to fix proper scales of remuneration for the Civil Service. They are, the impossibility of accurately measuring the productivity of the whole Service, of each of its Departments, of the various sections of the Service in relation to each other, and the relative value of these with outside occupations, and, secondly, the absence of the kind of incentive which operates in private industry to produce a ruthless scanning and control of wasteful activities. A few words on this subject will serve to throw the phenomena we have studied against such a background as will make their qualities more significant.

The quality which marks the activities of the State is *urgency*, or public security against what our social philosophy deems to be a danger. Even in the most unlikely places, like the Postal or Medical Services, where the services appear to be of an ordinary business and private administrative nature, the element of public or social urgency enters: some groups are *compelled* to behaviour in order that others may benefit—as in compulsory notification of disease, or "unprofitable" rural postal deliveries. Thence arise certain secondary characteristics. The services are completely, or almost completely, *monopolies;* and, further, the State renounces almost completely charging the customer a price, or a direct *quid pro quo* for personal value received. It treats all its clients alike, and does not charge what the market will bear; it does, in fact, treat the destitute with more consideration than the millionaire; and it does not charge one citizen an excessive price in order to recoup itself for the time and money lost on another. The public services operate, fundamentally, to make universal provision of a necessary service to all who need it. The principle of price in a competitive market full of competitive producers and consumers is discarded.

Since the State has a monopoly, its service cannot be judged by the results attained in like industries operating outside State control, nor can the citizen cause a re-examination of qualities, quantities, and charges, by threatening to find a competing source of supply; since the State either charges equal prices to all, or no price whatever, a quantitative measure of its productivity is lacking, and the consumer is deprived of the normal means of expressing his judgment. As a rule, in ordinary private business, which, despite the advances of public administration, still occupies almost the whole field of administration of our daily wants, the consumer measures the difficulty of earning, or the unwillingness of parting with, his money, against the satisfaction he anticipates from a commodity or a services he desires. He can register his judgment of the comparative value of different quantities of goods at different prices by means of a price paid or withheld, fairly *flexibly*. His demand, and the anticipation of his demand, cause the production of goods in the special quantity and quality and time called for. The supplier who meets the conditions prospers in proportion as he meets them, *personally*, he who does not, tend to become insolvent. There is a fairly *direct* relationship between efficiency and profit, value and payment, the character and elasticity of demand and supply, in the free operation of industry, trade, and profession. Price—the index of efficiency and value—is quantitative. Solvency is a sensitive and automatic indicator of past success, and a regulator of future enterprise; it drives the producer, and it causes the producer to drive all those in his service, his mechanical apparatus, and those who give him credit.

In the services performed by the State there is no such index. Their importance is too great for individual demand and individual supply: that is why the State performs them. The resources of the State are not acquired by voluntary payment in direct proportion to the service immediately rendered, but compulsorily from the general revenue of the country on a broad judgment of how much it is desirable to spend, that judgment being made by the political representatives of the people and their technical advisers. The measurement of the value of State services is made by institutions, like parliaments, which are capable of appropriating a sum to be spent in a certain time, but have as yet not been able to develope a technique whereby it is as certain that every shilling shall purchase its full utility as in private enterprise. The distance between the consumer and the producer is occupied by intermediaries, the political parties, parliaments, cabinets, the civil service itself, who weaken or exaggerate the force of consumers' demand, even of consumers' need. Mistakes can be recouped out of revenue, without the possibility of timely, informed, or decisive criticism. All this is the substitute for a price control; the services are mainly given, sometimes enforced, free of charge. How, then, can a statement of worth be found? How can the ultimate total worth be divided up among the various classes of civil servants who have, each in their own way, contributed to the creation of this vast, but unmeasureable, global worth? How, then, can one justly distribute the reward?

It is clear, then, that the daily control exercised over the executants of policy is not likely to be either exact in relation to policy, or purchased at the lowest possible price. For the inability exactly to measure productivity by the ultimate employer, the people, or the immediate one, the members of the legislature and Ministers, has its effect all through the ranks of the Civil Service, operating primarily through all those in the managerial positions, from the higher administrative officials to the foremen in the workshops. It depends upon these, who are the ultimate permanent controllers and directors of State enterprise, whether the necessary discipline is exerted upon the executive and manipulative workers. Up to a certain point they bear financial responsibility to no one (I am not referring to legal responsibility for proper accounts, but to answerability for the sound economy of administration), for their financial responsibility cannot be accurately measured; and within the margin of uncertainty or inexactness they may be inefficient at the expense of the taxes. Within that margin, there may, of course, operate other, non-profit-making incentives, which secure a return for salary greater than what is given in private enterprise. But this applies only to a very small proportion of the service, so far as we know. In any case, whether or not such incentives are operating or not is measureable, so far, only very roughly; and only a small proportion of humanity is now in the service of the State: in England one person in every seventeen occupied persons. No accurate way has yet been invented of assaying the relationship between the output and the income of the State. That we have already seen in our discussion of the various agencies of control in the British Civil Service.

That is not all. A certain sternness and persistence are absent in the spirit and method of rating and rewarding or punishing the efficiency of Civil Servants. For the result does not *immediately affect* each individual's comfort and solvency as such an examination does affect that of individual producers and consumers in private enterprise. On the one side there is a merely linguistic and rhetorical generalisation, on the other side there is the measurement and force of hard cash.

Thus, with personal success or ruin less involved than in private enterprise, with the exclusion of personally ruthless competition and the growth of a spirit of colleagueship, and with a greater tardiness and inexactness in the instruments for the detection of inefficiency, the tendency is for the Civil Service to find it difficult to measure the appropriateness of its rewards, numbers, hours and intensity of work.

In such a background it is possible to see considerable virtue in the stern attitude taken up by the Treasury. It represents a superior controlling limit. There is a great deal to be said for its Fair Relativity Principle, not because this principle can be shown to be just, but because, in the circumstances of the limited wealth of a community, *some* test must be established, and if it is on the low, rather than on the high, side, it at once satisfies the public and imposes upon Civil Servants the necessity of producing an argument well-supported by evidence that actual pay should be above such a level.

All these difficulties exist now, when the total occupied population of the country is about seventeen million people, and the servants of the Central Authority alone less than one-half a million; when, in other words, the field of private enterprise is many times the area of that of public enterprise; and when, therefore, the field of comparison of conditions *outside* the civil service offers ample standards to the Treasury and the Industrial Court. What will happen when the range of private enterprise shrinks, and the range of public administration expands? What principles of measurement and reward shall society, and its agent, Government, then be able to apply? Now, for a standard it turns, and can turn, to the outside world. What will it do when nearly all that outside world is converted into public administration?

Kolibri 360 GmbH
Ferdinand-Jühlke-Straße 7
99095 Erfurt, Deutschland
produktsicherheit@kolibri360.de

Druck:
CPI Druckdienstleistungen GmbH
im Auftrag der
Kolibri 360 GmbH
Ferdinand-Jühlke-Str. 7
99095 Erfurt